U0593796

主编 林斯丰
副主编 张培春 林茂今 林德时

陈嘉庚精神读本

【第三版】

厦门大学出版社

图书在版编目(CIP)数据

陈嘉庚精神读本/林斯丰主编.—3版.—厦门:厦门大学出版社,2019.8(2020.7重印)
ISBN 978-7-5615-7550-5

Ⅰ.①陈… Ⅱ.①林… Ⅲ.①陈嘉庚(1874—1961)—生平事迹 Ⅳ.①K827=7

中国版本图书馆CIP数据核字(2019)第158081号

出 版 人 郑文礼
责任编辑 许红兵

出版发行 厦门大学出版社
社　　址 厦门市软件园二期望海路39号
邮政编码 361008
总　　机 0592-2181111　0592-2181406(传真)
营销中心 0592-2184458　0592-2181365
网　　址 http://www.xmupress.com
邮　　箱 xmup@xmupress.com
印　　刷 厦门集大印刷厂

开本 720 mm×1 000 mm　1/16
印张 14.25
插页 2
字数 241千字
印数 3 101～5 900册
版次 2019年8月第3版
印次 2020年7月第2次印刷
定价 28.00元

本书如有印装质量问题请直接寄承印厂调换

厦门大学出版社
微信二维码

厦门大学出版社
微博二维码

目　录

导言　陈嘉庚光辉的一生

陈嘉庚是我国近现代史上伟大的爱国主义者，杰出的华侨领袖，著名的实业家、教育家和社会活动家。他在其光辉的一生中，既大力弘扬中华民族的优良传统，又重视吸收西方文明的积极成果，思想随时代潮流不断进步。他关怀乡梓，热爱祖国，服务社会，造福人群，以其丰功伟绩和高贵品质，为后人留下了一座不朽的丰碑。

一、陈嘉庚出生的时代背景及青少年经历

陈嘉庚又名甲庚。清同治十三年九月十二日(1874 年 10 月 21 日)，出生于福建泉州同安县仁德里集美社(今厦门市集美区集美街道)之颍川世泽堂。

陈嘉庚出生的年代，正是清王朝统治最为腐败的时期。自 1840 年鸦片战争以来，资本主义列强不断发动侵华战争，逼迫清政府签订了一系列丧权辱国的不平等条约。腐败无能的清王朝根本无力抵抗西方列强的入侵，致使国家主权被肆意践踏，封建社会迅速解体，一个独立国家逐渐沦为半殖民地半封建国家。

陈嘉庚出生地——颍川世泽堂

1840 年英国发动了侵略中国的第一次鸦片战争，腐败的清政府在坚船利炮面前打了败仗，被迫于 1842 年与英国侵略者签订了《南京条约》，赔偿巨款，割让香港，开放“五口通商”。厦门正是在这一年，与上海、宁波、福州、广州一起，成为列强对华实行经济侵略的五个口岸之一。在这场战争中，福建同安人、时任江南提督的陈化成，血战吴淞，壮烈捐躯。厦门军民亦曾英勇抗击过英国侵略军，传下了反抗侵略的火种。

在门户洞开、鸦片毒害和洋货倾销的冲击下，厦门及其周边地区的农村日益凋敝，人民日益贫困，外国侵略军趁机大肆掠卖华工，将我炎黄子孙当成“猪仔”贩卖到美洲、澳洲和南洋等地，充当比黑奴还不如的苦力。据当年美国驻厦门领事的报告，1852 年的一年当中，从厦门出口被贩卖往海外各地当苦力的华工就有 5691 人。厦门成了全国最大的苦力华工出口口岸。在严重的民族危机面前，清政府不仅不思变革，反而更加腐败，对外国侵略者卑躬屈膝，对国内百姓则加重剥削和压榨。在封建主义和资本主义的双重压迫下，中国社会矛盾日益激化，民族危机迅速加剧。

1851 年 1 月，广西爆发了由洪秀全领导的太平天国农民起义。1853 年 5 月，在闽南地区也爆发了声势浩大的由黄威领导的小刀会起义。起义军打着“反清复明”的旗号，数日之间就攻下漳州府城和云霄、东山、安溪、同安等九县以及厦门城。当年隶属同安县、与厦门岛一水相隔的集美，许多乡民参加了小刀会起义，驰骋于漳、泉二府。但在清军和外国洋枪队的联合绞杀下，太平天国运动和小刀会起义最后都失败了。集美社也遭到清军的血洗，村舍几被夷为平地。

此后，列强的侵略气焰更加嚣张，1856—1860 年，英法两国联合发动了第二次鸦片战争，逼迫清廷租让九龙，赔偿军费，改订关税，增辟口岸；沙俄更因之夺得了中国北方大片领土。中华民族面临着被列强瓜分殆尽、亡国灭种的危险境地。

延平故垒

反观东邻日本，其由 1868 年明治维新走上了资本主义发展道路，随着国力的增强，也步老牌资本主义国家之后尘，对外侵略扩张。日本一开始就把征服全中国作为自己的国策，并首先把魔爪伸向我国的宝岛台湾。早在 1874 年 5 月，日本借口琉球船民事件，悍然发兵三千进犯台湾。这次军事进犯虽因台湾各族人民的抵抗，清军大举增援入台以及英国的干预未能得逞，但同年 11 月签订的《中日北京专约》，清政府反而要赔偿日本军费 50 万两，并承认琉球是日本的属国，

这无疑是中国的奇耻大辱。

陈嘉庚就是在这种内忧外患、动荡不安的年代来到了人世，中华民族的这段屈辱史在他幼小的心灵中打下了深深的烙印。

陈嘉庚的出生地集美，与厦门岛隔海相望，三面临海，一面靠山。集美，旧称“尽尾”、“浔尾”，意为“大陆的尽处”或“浔江之尾”。明末天启年间，集美大社陈文瑞进士及第，以“尽尾”、“浔尾”不雅，取其谐音，改称“集美”。17 世纪中叶，集美曾是郑成功操练水师、抗清复台的据点之一，郑成功的部将刘国轩曾屯兵于此，至今留有“延平故垒”和“国姓井”等遗迹。“国姓爷”郑成功抗清驱荷的故事在这里广为流传，也在陈嘉庚幼小的心灵中播下了爱国主义的种子。

集美社为陈氏宗族聚居之处。陈氏祖先原籍河南光州固始县（秦代颍川郡辖内，故陈氏宗人自称为颍川衍派），北宋末年始迁于此，传至陈嘉庚这一代已经是第 19 世了。陈嘉庚的曾祖父陈时赐，有兄弟五人，鸦片战争以前，有居乡的，有出洋的。出洋的一支定居在马来亚的槟榔屿和新加坡。陈嘉庚的祖父陈簪集，在集美社“耕渔自给”，所生三子，老三陈缨杞（又名杞柏，字如松）即陈嘉庚的父亲。陈杞柏于 19 世纪 70 年代到新加坡谋生，主要经营米业，也兼营地产业、硕莪厂和黄梨（即菠萝）种植加工等。到 19 世纪 90 年代，陈杞柏已成为新加坡陈氏宗亲社团——保赤宫的会董，成为闽帮侨领之一。

陈嘉庚的父亲陈杞柏

少年时期的陈嘉庚是在父亲远离家乡的情况下，由母亲孙氏一手抚养长大的。那时，父亲寄自新加坡的汇款时续时断，所以陈嘉庚童年的家庭经济并不富裕。他和同社其他孩子一样，必须帮助家里做些拔花生、收番薯、剖海蛎之类的农活，勤劳朴素的习性也由此养成。陈嘉庚少年时期的这些生活情景，几十年后被镌刻成青石浮雕，嵌挂在集美鳌园他墓前两旁的拱壁上。

1882 年，陈嘉庚 8 岁，始入本社“南轩私塾”读书。塾师陈寅，是个迂腐的学究，往往教半个月，回家半个月或一个月，教孩子们“四书五经”等又不解说，学生“念书歌”而已，不仅不懂文义，识字也不多，而且没有地理、历史学科之分，学生

南轩私塾

学习多年却“只知天下，不知有世界各国”。陈嘉庚14岁那年，改由邑庠生（清代指县学的生员）陈令闻主持家塾，讲授《四书集注》，上课时详加解说，并教破题作文，这样学了两年，陈嘉庚的课业有较大长进，对古文和报刊文字“略有一知半解”。早年的私塾生活，使他得到了知识启蒙，接受了中国传统文化的初步教育，也使他对旧式教育的弊病有了深刻认识。

1890年夏，因塾师去世，“南轩私塾”停办，陈嘉庚辍学在家。这时，他父亲来信催他前往新加坡佐理商业。对前程充满憧憬又茫然无措的陈嘉庚，告别故乡，从此踏上了“南洋客”的路途。

二、陈嘉庚爱国主义思想的形成和发展

纵观陈嘉庚的一生，爱国主义是贯穿其始终的一条红线。但是陈嘉庚爱国主义的思想与行为不是天生的，而是顺应历史发展的潮流，经历了一个逐步形成、发展和升华的过程。陈嘉庚爱国主义思想的发展，大体可以划分为三个时期：

1. 从青少年居家求学到辛亥革命时期，是陈嘉庚爱国主义思想的萌发和形成阶段。这一时期，陈嘉庚实现了“由孝到忠”的思想转变，由一个青年商人成长为一个爱国主义者。标志性事件是陈嘉庚加入同盟会，支持孙中山领导的辛亥革命，成为一个真诚信奉“三民主义”的爱国者。

陈嘉庚出生于厦门这一富有革命传统的地方，自小就从村民那里听到过许多古代豪杰志士的故事，郑成功、陈化成等家乡民族英雄的悲壮行为，深深激励着儿时的陈嘉庚，爱国主义的种子在他幼小的心灵就已开始扎下了根。少年陈嘉庚上过九年私塾，读过“四书五经”等儒家典籍，尤其是他从小好读史书，这在一定程度上启迪了他的民族觉悟，培养了他的民族感情，后来对他影响深远的孝道观念、正统意识都是在青少年时期就已经形成了。

17岁出洋之后，陈嘉庚生活在以中华文化为纽带的华侨社会，在随父经商

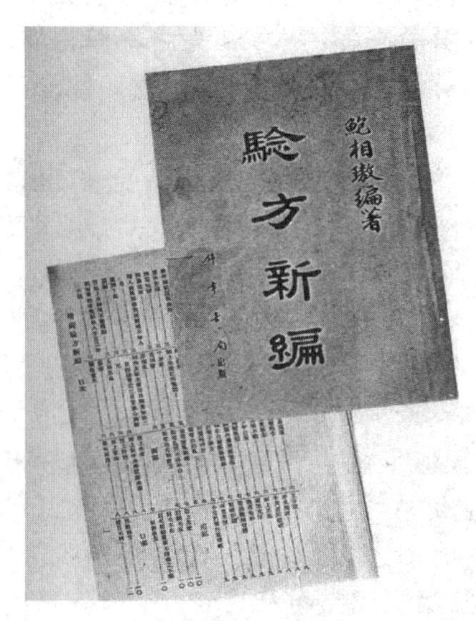

《验方新编》

期间，他恪守孝道，孝敬父母，公忠守职，勤俭持家。从 20 岁起，陈嘉庚开始热心“乡党祠堂私塾和社会义务诸事”，1894 年，他出资两千元在家乡创办“惕斋学塾”，供本族贫穷小孩就读；又自费印制医书《验方新编》数千本，供缺医少药的闽南乡民参考，开始显露出他那热心公益、服务社会的良好品质。1904 年春，由于父亲的企业破产，而立之年的陈嘉庚抱着“恢复家声、光宗耀祖”的志向，开始了独立创业的历程。为了替父还债、重振家业，他拼搏于商海，并于 1907 年还清了父亲的全部债务，在华侨社会赢得了诚信的美誉。此后，由于家庭负担的减轻、时代潮流的影响，陈嘉庚的爱国意识不断觉醒，他转而更加关注国家的前途和命运了。

20 世纪初，新加坡是资产阶级革命派在南洋活动的中心，孙中山曾多次到此宣传民主革命的主张。1909 年，陈嘉庚经友人介绍认识了孙中山。在孙中山和民主革命思潮的影响下，他于 1910 年春天加入同盟会，剪去辫发，宣布与清政府断绝关系，并积极筹款支持孙中山推翻清朝的斗争。从此，他跳出了个人发家致富的小圈子，走上了一条为社会尽责、为国家尽忠的人生道路。

陈嘉庚之所以能实现由“发家致富”到“为国效力”的思想转变，主要是他深受“救亡图存、强国兴邦”时代思潮的影响，激发了炽烈的爱国热情。陈嘉庚早对昏庸无能的清王朝十分不满，“深感弱国之痛苦”，渴望有一个强大的祖国作海外华侨的靠山。因此孙中山“驱除鞑虏，恢复中华”的革命主张使他极为向往，故热情支持孙中山的革命斗争。出洋之后，陈嘉庚生活在新加坡这一英国殖民地，受西方文化和资本主义文明的熏陶，观念日渐开放，视野更加开阔，也有助于他不断淘旧铸新，实现思想的转变。总之，加入同盟会，是陈嘉庚立志为华侨利益而努力、为振兴中华而奋斗的起点，既是陈嘉庚自觉参加政治活动的开始，也是他的爱国主义思想由萌发到形成的标志。

2. 从民国政府建立到解放战争胜利前夕，是陈嘉庚爱国主义思想的发展和

转折阶段。这一时期，陈嘉庚把爱国之情化为报国之行，他开拓实业、倾资兴学、支援抗日、反对内战，始终把国家和民族的利益放在第一位，并为之不懈奋斗。标志性事件是陈嘉庚访问延安，由拥护蒋介石逐步转为支持共产党，这是他爱国主义思想发展中的一个重要转折点。

辛亥革命推翻了清朝封建帝制，建立了中华民国政府。陈嘉庚备受鼓舞，自问“政治有清明之望矣，而匹夫之责何如”，他“爱国意识猛醒勃发”，“思欲尽国民一分子之天职”。如何才能尽到匹夫之责和国民天职呢？陈嘉庚选择了倾资兴学。他希望通过发展教育，达到改造中国、振兴中华的目的。因此，始终以“办教育为职志”，“不惜牺牲金钱、竭殚心力而为之”。他创造了现代史上私人办学的人间奇迹，也表现了一个伟大爱国者的牺牲和奉献精神。

1937 年全面抗战爆发后，陈嘉庚在中华民族面临生死存亡的关头，毅然担起领导海外华侨抗日救国的重任。他担任“南侨总会”主席，领导南洋 800 万华侨，募集巨款，捐献物资，征募机工，以巨大的财力、物力及人力支援祖国抗战。他揭露汪精卫投降卖国的无耻行径，呼吁国共两党团结抗战。1940 年，陈嘉庚率领慰劳团回国考察，他先后访问了重庆和延安。重庆“虚浮乏实，腐化堕落”，使他“绝无一项稍感满意”；而延安“政治良好、爱民如赤、勤俭为公”，使他“如拨云雾而见青天”。重庆和延安的鲜明对比，帮助他分清了是非，辨明了真伪。陈嘉庚开始动摇了对蒋介石反动政权的信念，转而把救国救民的希望寄托在中国共产党身上，他“断定国民党蒋政府必败，延安共产党必胜”。自此对共产党“一心仰服，矢志不渝”。这是他人生的一次重大的政治抉择。

陈嘉庚的爱国主义思想原本有一种正统意识的底蕴。在中国古代，所谓“正统论”是一种评价政权合法性问题的理论。由于陈嘉庚幼年所受教育和所处环境，使他形成了一种崇尚汉族建立的政权，追求“国家地理统一、实行仁政德治”为主要内涵的正统意识。这种正统意识既激励他为维护国家的领土和主权完整，实现国家的独立、统一和富强而不懈奋斗，也影响了他从反清、拥蒋，直至最终支持共产党的一次次政治抉择。辛亥革命时期，他积极支持孙中山推翻清朝的斗争，把孙中山看成像古代那些“一统天下”的“王者”，民国光复使他欢欣鼓舞。后来，他又把自称“总理信徒”的蒋介石看成“孙中山事业的继承者”，南京国民政府成立时，陈嘉庚认为此象征祖国统一，且“外国均已承认，国民应当乐从”。在此后十几年的时间里，他一直对蒋介石的政权寄予厚望，予以真诚的拥护。“西安事变”时，陈嘉庚通电谴责张、杨犯上作乱，倒行逆施；抗战伊始，陈嘉庚又

希望共产党以救国大局为重，归顺国民政府领导等等，这些都是他强烈的爱国主义热情使然，也和其受正统观念的影响有关。

访问延安，使陈嘉庚的政治态度发生了重大转变。他修正了自己头脑中的正统观念。此后几年，随着对蒋介石政权的反动独裁本质逐步由模糊到清晰的认识，陈嘉庚终于实现了自己爱国主义思想的质的飞跃，即对蒋介石集团由拥护、怀疑到反对，转而同情、拥护和支持中国共产党。这种政治抉择再次体现了他以国家和民族的利益为准绳，追求真理、明辨是非的优秀品质。

3. 从 1950 年回国参加新中国建设到 1961 年去世，是陈嘉庚爱国主义思想的丰富和升华阶段。这一时期，陈嘉庚拥护中国共产党的领导，拥护社会主义制度，他的爱国主义思想增添了新的时代内涵，发展到了一个新的高度。标志性事件是陈嘉庚落叶归根，毅然回国定居，积极参与新中国的革命和建设，奉献了他晚年的全部精力。

1949 年 5 月，陈嘉庚应毛泽东的邀请，回国参加新的政治协商会议。此时，陈嘉庚对新中国的光明前途是充满希望的，但对共产党能否治理好国家还不太放心。早在访问延安时，他就抱有疑问："然陕北地贫，交通不便，商业不盛，地方非广，故治理较易，风化纯朴。设共党若握着东南富庶市场，区域广大，不知能如此廉洁，兴利除弊，为人民造福如延安之精神乎？"中外报纸也每有中共政府能治乡村、不能治城市之论。他虽不信，但对共产党胜利后能否在短期内治理好饱受战争创伤而满目疮痍的新中国，确实十分挂心，因而他急于实地考察，看看新政府如何谋新中国发展，如何改善新中国。

陈嘉庚带着这种心情，在政协会议间歇期间和会议结束之后，即于 1949 年 6 月至 8 月，1949 年 10 月至 1950 年 2 月之间，先后到东北、华中、华东的 14 个省市的 40 多个城市参观考察。经九个月回国考察所见所闻，他看到共产党能打天下，也能治理天下。他欣慰，信心百倍，更加向往新中国。1950 年 5 月 21 日，陈嘉庚离开了生活长达 60 年的第二故乡新加坡，毅然只身回国定居。这是他一生所作的最后一次重大选择。

回国定居以后，陈嘉庚拥护中国共产党的领导，他关心国家大事，积极参政议政，支持新中国的内外政策。他不辞辛苦，为集美和厦大两校的修复和扩建竭殚心力；他老骥伏枥，为家乡和新中国的建设出谋献策；他心系祖国统一，希望台湾早日回到祖国怀抱，并号召海外华侨为祖国统一大业贡献一切力量。直到临终，他仍念念不忘"台湾必须归中国"，体现了他"报效祖国、尽瘁一生"的高尚

精神。

陈嘉庚晚年的思想实现了由爱国主义到社会主义的升华。他为新中国日新月异的变化无限兴奋,常常自豪地说:“华侨已经有了一个伟大的慈母,这就是伟大的中华人民共和国!”他在政协会议上多次深情发言:“我国社会主义建设的辉煌成就证明:社会主义使祖国富强,人民幸福,社会主义是适合中国国情的。”晚年,他与中国共产党肝胆相照,为祖国的进步而欢心,为我们工作中的缺点而忧心,对国家大事他“知无不言、言无不尽”。因此,“他不只是中国共产党的‘诤友’,而且是真心实意和中国共产党共同为国家承担责任的一个大写的中国人”。总之,陈嘉庚晚年的思想发展到了一个新的高度,他把热爱祖国、热爱共产党和热爱社会主义统一起来,形成了富有时代特色的伟大的爱国主义精神。

三、陈嘉庚一生的重要贡献与历史地位

陈嘉庚的一生历经清末、民国和新中国三个时期,又在海外经历了第一次和第二次世界大战。在他 87 年的生涯中,尽管其生平活动互为交错,但以其主要的活动内容来分,大体可以分为四个时期:(1)1874—1903 年:居家求学、助父从商时期。1890 年之前,他在家乡度过童年和少年,接受旧式启蒙教育;1890 年到新加坡在父亲经营的顺安号米店学商。(2)1904—1936 年:开拓实业、倾资兴学时期。1904 年开始独立经营工商业,1925 年前后达到顶峰,成为东南亚工商业巨子。1934 年企业收盘。1913 年创办集美学校,1919 年创办南洋华侨中学,1921 年创办厦门大学,成为“倾资兴学第一人”。(3)1937—1949 年:抗日救亡、迎接解放时期。他组织、领导南侨总会支援祖国抗战,成为抗日民族统一战线的一面旗帜。1940 年回国慰劳、访问延安后,思想发生深刻变化。1942 年至 1945 年在爪哇避难,置生死于度外,撰写《南侨回忆录》。抗战胜利后,创办《南侨日报》,支持祖国的民主革命,为建立新中国鼓与呼。(4)1949—1961 年:回国定居、参政议政时期。1949 年他应邀回国参加新政协,1950 年回国定居,历任中央人民政府委员、全国政协副主席、全国人大常委、全国侨联主席等职,代表广大侨胞积极参政议政,支援祖国建设,为国家的独立、统一和富强,鞠躬尽瘁,贡献了毕生精力。

陈嘉庚是集政治、经济、社会、文化等方面的活动于一身的领袖人物,在中国乃至整个世界发生大动荡、大变化、大转折的历史时期,他审时度势,明辨是非,言人所不敢言,为人所不敢为,对中国、东南亚乃至全世界的进步事业,都做出了

不可磨灭的重要贡献。因此，长期以来，海内外人们给予他高度的评价和赞誉，毛泽东 1945 年 11 月为陈嘉庚所作的题词“华侨旗帜，民族光辉”，可以说是对陈嘉庚一生最为准确和高度的评价。“华侨旗帜”包括了：爱国的旗帜，革命的旗帜，兴学的旗帜，艰苦创业的旗帜，团结的旗帜，友好的旗帜。“民族光辉”包括了：发扬民族传统，维护民族利益，伸张民族正气，坚持民族气节。而所有这些方面，在陈嘉庚身上都得到集中的体现。

陈嘉庚的一生，是爱国的一生，奋斗的一生。他一生所建树的业绩是空前的，最主要的有以下几个方面：

第一，陈嘉庚是海外华侨开拓实业的先驱，为东南亚的经济开发和祖国的民族工业做出了重要贡献。从 1890 年在“顺安”米号习商，到 1934 年“陈嘉庚有限公司”收盘，陈嘉庚一生经营企业的时间共计 44 年。他经营过商业、工业、种植业、航运业、报业等多种企业。在 1925 年前后的极盛时代，他拥有种植园万余英亩，大小工厂三十余所，分支商店一百余处，常年雇佣职工数万人，资产总值达到 1200 万元（新加坡币，下同，约值黄金 100 万两），成为当时东南亚最大的企业家之一。在新加坡、马来亚那样典型的殖民地社会中，陈嘉庚能够顶住当地殖民垄断资本的排挤、压迫和同行业的激烈竞争，而把企业发展到那样巨大的规模，不是靠一时的侥幸，而是得益于他锐意进取的精神和诚信果毅的品格。正如原新加坡中华总商会董事黄奕欢所指出的：“嘉庚先生所经营的这许多事业，不是为于人初为少为之时，便是为于人不敢为或未曾为之日。”例如，陈嘉庚虽然不是马来亚种植橡胶的第一人，但却是当地看到橡胶有无限发展前途的第一人。他是星马橡胶王国的四大开拓者之一，他的熟胶品制造业，是东南亚最大的一家，也是星马橡胶业最大的输出者，其直接代理商遍布世界五大洲，在一定程度上打破了帝国主义的垄断局面。陈嘉庚兴办企业还含有为祖国培养人才的深意，他的企业造就了一大批经营和技术人员，为侨居地和祖国的经济发展培养了大量人才。

第二，陈嘉庚是海外华侨倾资兴学的楷模，为祖国和侨居地的教育事业做出了卓越贡献，在海内外树起了兴办教育的一代新风。从 1894 年在故乡集美创办“惕斋学塾”算起，陈嘉庚一生办学的时间长达 67 年之久。辛亥革命之后，他怀抱教育救国、教育立国的理想，把兴办教育视为自己一生不移之宗旨。在国内，他创办了规模巨大、设备齐全的集美学村，还有号称“南方之强”的厦门大学。厦门大学是国内由华侨创立的第一所大学。他一生创办和资助过的学校多达百所

以上,这在中国教育史上,堪称“千古一人”。在陈嘉庚模范行为的带动下,东南亚各地华侨捐资兴学,蔚然成风,华文中小学的设立“几如雨后春笋”,抗战前夕就达到3000余所,男女学生40余万人,教育和国语普及的程度超过国内。这对于华侨文化水平、民族意识的提高及其与祖国联系的加强,具有相当深远的意义。陈嘉庚倾资兴学的行为,至今仍是激励海内外同胞捐资助学、热心公益的楷模。

第三,陈嘉庚是海外华侨爱国爱乡的典范,为祖国的独立、统一和富强做出了不可磨灭的贡献。他是华侨史上第一个把东南亚华侨利益与祖国命运紧密联系在一起的领袖人物。从1910年参加“同盟会”到1961年逝世,陈嘉庚从事爱国政治、社会活动的时间长达51年。他几十年如一日,始终把个人命运和祖国命运联系在一起,时时处处维护国家和民族的根本利益。他一方面通过倡办华文教育,保存中华文化,弘扬民族精神,启发华侨觉悟,使广大侨胞的文化水平和民族意识迅速得到提高;另一方面,他身体力行,率先垂范,通过自己倾资兴学、热心慈善、支援抗战等模范行动,有力地推动了广大侨胞热爱家乡、热爱祖国,关心支持祖国的独立、统一大业,积极参加家乡和祖国的改革和建设。在他的倡导和带动下,东南亚侨胞与祖国关系的密切达到了前所未有的地步。陈嘉庚以他的特殊身份和特殊方式,为中华民族做出了特殊的伟大贡献。他以自己模范的行动,为海外华侨树立了爱国爱乡的典范,他无愧于“华侨旗帜,民族光辉”这一光荣称号。

第四,陈嘉庚是华侨利益的捍卫者和代言人,是第一个把东南亚各地华侨团结在一个统一的爱国团体之内的杰出领袖。他曾经顶住英国殖民政府的压力,向国联调查团揭露鸦片公卖政策对华侨的毒害;在新加坡参事局中反对限制华人种植水稻;致函新加坡总督抗议驱逐侯西反出境;发表声明驳斥英国殖民军司令白思华对华人的诬蔑;谴责荷兰殖民军屠杀巨港华侨;积极调查华侨在二次大战中的损失;筹建华侨死难纪念碑;致电苏加诺要求共同维护印尼人民与华侨的友谊等等。他的公正言论和斗争精神赢得广大侨胞的钦敬和信任,使他成为华侨利益的捍卫者和代言人。抗战期间,由陈嘉庚领导的“南洋华侨筹赈祖国难民总会”(简称“南侨总会”,自1938年至1949年,存在11年之久),是南洋各地华侨第一个统一的组织,它使东南亚华侨第一次有了共同奋斗的目标和共同行动的纲领,从而对当时东南亚的局势和国内局势都产生了一定影响。陈嘉庚还是海外华侨与侨居国人民友好相处的倡导者,他在从事种种爱国活动的同时,注意

引导华侨遵守侨居地法律，教导侨胞在热爱祖国的同时，也要热爱侨居地。他反对帝国主义、殖民主义，同情和支持亚洲、非洲、拉丁美洲人民的独立、民主运动。因此，他不仅是一个爱国主义者，而且是一个国际主义者。

此外，陈嘉庚还是一个杰出的社会革新家，为改革社会的颓风陋俗做出了重要的贡献。他积极主张政治改革、教育改革、企业管理改革、华侨社团改革及社会生活改革等。他的一系列社会改革主张，在新加坡的怡和轩俱乐部、福建会馆和中华总商会等社团组织都得到有力推行，对国内民众也有一定影响，对社会风气的改善和社会文明的进步发挥了积极作用。

四、伟大的陈嘉庚精神

陈嘉庚光辉的一生孕育了伟大的陈嘉庚精神。陈嘉庚精神就是陈嘉庚在其奋斗一生中所体现出来的坚定信念、高尚品质、优良作风、崇高风范等的集大成。

陈嘉庚精神的内涵是丰富和多元的，根据陈嘉庚对自己"立身人格"的总结和学者的基本共识，大体可以概括为以下几个主要的方面：

1."天下兴亡，匹夫有责"的爱国精神。陈嘉庚的一生贯穿着一条主线，这就是高度的爱国主义精神。他对国家和民族怀有深厚的感情，他热爱祖国的壮丽河山、灿烂文化和勤劳勇敢的人民。目睹近代中国内忧外患、国弱民穷的现实，陈嘉庚萌生了强烈的忧患意识和高度的社会责任感。他秉承"天下兴亡，匹夫有责"的古训，发扬"先天下之忧而忧，后天下之乐而乐"的传统，始终把个人命运和祖国命运紧密相连，努力践行自己立下的"报效祖国、服务社会"的人生诺言。他爱亲人，爱家乡，更爱祖国，始终把国家和民族的利益摆在首位，"国而忘家、公而忘私"。他一生维护祖国尊严，同侵略势力、分裂行为做坚决斗争，具有高度的民族气节。从兴学救国到抗日救国，再到晚年参加建设新中国，他把毕生的精力都奉献给了祖国的独立、统一和富强事业。陈嘉庚是一个对国家和民族忠心耿耿、鞠躬尽瘁的爱国者，他报效祖国、造福人群的赤子之心令人敬佩。

2. 重义轻利、公而忘私的奉献精神。陈嘉庚一生轻金钱，重义务。为了国家和民族的利益，他克己奉公，不惜牺牲个人的一切。他深知金钱的重要性，"百事非财莫举"，但他不当守财奴。他常说："金钱如肥料，撒去方有用。""财由我辛苦得来，亦当由我慷慨捐出。"是故他把一生所获财利，全部献给了教育和进步事业，没有给子孙后代留下一分钱。黄炎培先生由衷赞叹："发了财的人，而肯全拿出来的，只有陈先生。"陈嘉庚倾资兴学，不是为了沽名钓誉，他从来反对别人为

他歌功颂德，他为集美、厦大建了那么多高楼，却从来没有一栋大楼以自己的名字命名。人的一生都要经受许多诱惑的考验，陈嘉庚的金钱观、儿女观、名利观，无不体现了他重义轻利、无私奉献的精神。陈嘉庚生前知交黄奕欢说："'陈嘉庚'三个字的涵义，成为'博爱'与'牺牲'的涵义。"

3. 诚实守信、嫉恶好善的重德精神。陈嘉庚一生的所作所为，突出表现了一种"诚信公忠"的品格。他曾说："无论个人、社会、国家、事业的发展，全赖'忠诚信义'四字。"还说："我自己所能者仅为诚、信、公、忠四字。"陈嘉庚的一生是践履诚信美德的典范。他以诚立身，以信交友；重然诺，守信用；言必信，行必果。在经商、办学、社会活动各方面，处处表现了诚实守信的品格。他履行诺言"替父还债"的举动，在华侨社会传为美谈；他回国考察据实讲话，"绝不指鹿为马"的品格，也深获中外人士的称赞。正因为他重视"以诚立身"，故能嫉恶好善，明辨是非，铮铮铁骨，刚正不阿。陈嘉庚一生非常重视自身的道德修养，他为集美学校所题"诚毅"校训，为厦门大学所题"止于至善"校训，既凝聚着他对全体师生的殷切期望，也是他自己人格精神的集中写照。"诚则人敬，信则誉满。"陈嘉庚事业的成功与他华侨领袖地位的确立，都与他具有这种诚信重德精神分不开。

4. 刚健果毅、坚韧不拔的自强精神。陈嘉庚意志刚强，坚韧不拔。在经商过程中，他锐意进取，勇于拼搏，成就了东南亚大工商业家的地位。在办学过程中，他艰难困苦，屡遭挫折，却百折不挠，愈挫愈奋，使学校弦歌不辍。为了祖国抗战事业，为了新中国社会主义建设，他更是不顾年迈之躯，呕心沥血，不遗余力，做到"鞠躬尽瘁，死而后已"。所有这些，无不折射出陈嘉庚坚韧不拔的意志特征。在他身上，体现了一种自强不息、奋斗不止的精神。他说："毅者乃困而不挠之谓也。"他经常以孟子"天将降大任于斯人也，必先苦其心志，劳其筋骨，饿其体肤……"的话勉励自己，去迎接各种困难和挑战。他说："畏惧失败才是可耻"，"世上无难事，惟有毅力与责任耳"。他乐于在实践中磨炼自己的意志和品格。他一生屡受挫折而绝不屈服，身处逆境而奋起抗争，几经波折而处变不惊，为"毅以处事"做了最好的诠释。

5. 艰苦朴素、勤勉节俭的清廉精神。陈嘉庚常说："人生在世，不要只为个人的生活打算，而要为国家民族奋斗。""应该用的钱，千万百万也不要吝惜；不应该用的钱，一分也不要浪费。"于公，他把千万资财献给祖国的教育事业，毫不吝惜；于私，则苛求自己，俭朴淡泊，锱铢必较。他从小就养成勤俭节约的好习惯，后来成为富翁，仍旧保持艰苦奋斗的本色。他生活在繁华的新加坡，却从来不尚

奢华，不讲排场，不贪图个人享受。他不吸烟，不喝酒，粗茶淡饭，乐在其中。他平日身上的现款不超过 5 元，几十年只看过一部电影，还是为抗战筹赈义演的片子。他晚年定居集美，享有国家领导人待遇，但生活上仍然十分俭朴，把节省下来的每一分钱用于学校建设，还曾留下两毛钱糖果招待陈毅元帅的佳话。目睹陈嘉庚故居的件件遗物，每个参观者无不为老人家那种克己奉公、克勤克俭的高尚品质而感动不已。陈嘉庚一生治事勤劳，工作认真，从不养尊处优，直至晚年生活上的许多事他都坚持自理。他艰苦奋斗的一生，为当代人树立了一个光辉的榜样。

6. 与时偕行、革故鼎新的创新精神。陈嘉庚一生勤奋好学，重视实践，思想和行动随时代发展不断前进，具有开拓创新的精神品格。在企业经营方面，他善于把握商机，眼光敏锐，高瞻远瞩，勇于创新，因而能在激烈竞争中卓然立于商界。在兴学育才方面，他善于学习借鉴中外文明成果，结合时代发展需要，重视职业技术教育、华侨华文教育等等，形成了一套先进的、富有特色的教育思想，许多精辟见解，至今仍不失其现实的指导意义；在改造社会方面，他崇尚科学，反对愚昧，提倡移风易俗，反对封建陋习，提出了一系列社会改革主张，为推动社会文明进步做出了重要贡献。尤其是他从爱国主义走向民主主义和社会主义的爱国道路，充分体现了他一生紧跟时代步伐、矢志追求真理的品格。陈嘉庚的伟大之处，不在于他一贯正确，而是他求真务实，服膺真理，因而能不断矫正自己的思想和行为，随时代发展而不断进步。这是他一生能有诸多建树，为国家、民族和华侨社会做出积极贡献的重要原因。

爱国主义是中华民族精神的核心，也是陈嘉庚精神的核心。陈嘉庚精神就是由他的诸多优秀品质围绕爱国主义这个核心而构成的整体性范畴。陈嘉庚精神的丰富内涵都是他爱国主义精神在不同方面的体现。他一生为国为民、无私奉献、自强不息、艰苦奋斗、开拓创新等种种行为，都来自于他对国家和民族的深厚感情，来自于他对祖国统一富强的不懈追求，都是爱国主义给了他无穷无尽的力量。无论是奉献精神、重德精神、自强精神、清廉精神、创新精神等等，都源于他矢志不移的爱国之心与报国之志，都是爱国主义精神的延伸和拓展。因而，只有从爱国主义出发，我们才能够准确理解和把握陈嘉庚精神，并做出融会贯通的解释。离开了爱国主义，无论是重德、奉献，还是自强、清廉等等，都会因狭隘、空洞而缺少了现实的内容。

在中国近现代史上，陈嘉庚精神曾经激励和感召无数国内民众和海外华侨关心祖国的前途命运，为祖国的统一富强和民族振兴而团结奋斗。在今天新的历史条件下，结合新的时代精神，学习、弘扬陈嘉庚精神，对于建设中国特色社会主义，完成祖国统一大业，实现中华民族的伟大复兴，仍然具有重要的现实意义。

第一章 开拓实业 诚信果毅

经营实业，积累财富，这是陈嘉庚能够报效祖国、服务社会的物质前提和经济基础。青少年时代的陈嘉庚，是一个恪守孝道、善事父母的孝子，他曾抱着“恢复家声，光宗耀祖”的孝子情怀，拼搏于商场，逐利于四方。辛亥革命之后，陈嘉庚在时代潮流的感召下，“爱国意识猛醒勃发”，从此跳出了个人发家致富的小圈子，走上了一条为社会尽责、为国家尽忠的人生道路。

一、陈嘉庚的创业历程

陈嘉庚从一个渔村少年成长为东南亚华侨工商业巨子，虽然有一些客观因素和有利条件，但关键在于他个人的优秀品德、坚毅个性和开拓进取的精神。他自 1890 年南渡经商至 1934 年企业收盘(其主营企业收盘后，仍有一些小规模的工商业经营活动)，在商海搏浪 44 年。陈嘉庚充满艰辛的创业历程，大致可分为三个阶段。

1. 助父经营 积累经验(1890—1903 年)

陈嘉庚的父亲陈杞柏自 19 世纪 70 年代赴南洋谋生，经过 20 多年奋斗，至 19 世纪 90 年代，他经营的企业已有一定规模。他开设的“安”字号米业已拥有“顺安”等多家米店，经营大米批发和零售业务；他开办的菠萝罐头等工厂，有的产品远销欧美各国；经营一家硕莪粉磨厂，生产硕莪粉外销；同时，还兼营房地产业等。随着工商业的成功和发展，陈杞柏在华侨社会的地位日益提高，成为福建帮的领袖之一。

这时的新加坡是英国海峡殖民地的首府，总人口 18.4 万人，其中华侨占了三分之二。华侨中闽南人多达 4.5 万人。在新加坡历史上，一些公共福利设施多是闽侨捐钱首创的。当时新加坡姓陈的华侨中，富商巨贾、社会地位显赫的不乏其人，因此有“陈天”之喻。

1890 年秋，陈嘉庚接到父亲的来信，催他前往新加坡佐理商业。陈嘉庚远渡重洋，开始了他随父学商的经历。父亲开设的顺安米店主要向暹罗(今泰国)、

安南(今越南)、缅甸等地采购大米,然后卖给新加坡的零售米店及外销的商行。那时陈杞柏并不直接管理米店的业务,而是委托陈嘉庚的族叔经理,兼管财政。陈嘉庚的到来使族叔有了得力的帮手。他一边学习经营,熟悉各项业务;一边兼当记账员,协助族叔管理银钱货账。

两年后,因族叔回国,米业和财项均交给陈嘉庚料理。在他的协助下,其父经营的各业又有了新的发展。1892 年陈杞柏在柔佛买地种植黄梨(菠萝),并创办日新号黄梨罐头厂。地皮物业和硕莪厂都有获利,米店每年也有五六千元的利润,全部资产除欠账外,大约存 10 余万元。陈嘉庚"自来洋及回梓三年,守职勤俭,未尝枉费一文钱,亦无私带一文回梓。执权两年,家君未尝查问,在膝下三年,终日仆仆于事业,亦未曾撄其怒也"。

1893 年秋,陈嘉庚遵母命回乡完婚,娶板桥乡秀才张建壬之女张宝果为妻。婚后在家一边经营渔业,一边跟塾师叶某补习文化。1894 年冬,出资 2000 银元在集美建"惕斋学塾"。"惕斋"是取"惕厉其躬谦冲其度,斋庄有敬宽裕有容"之意。这是他捐资兴学的开端,也是他热心"社会义务"的最初表现。

1895 年夏,陈嘉庚第二次出洋到新加坡,仍在顺安号服务。他公忠守职,为父亲增殖财富尽心竭力。至 1897 年,陈杞柏所营各业利路畅通,地皮及屋宅价值日高,逐月可收入屋租 2000 余元。硕莪厂转手卖给别人后,在柔佛加办黄梨罐头厂一所,并经营黄梨园数区,面积数百英亩。顺安米业的规模也比以前扩大了。但流动资金仍感不足,"还米账常近五十天"。1897 年冬天,正当陈嘉庚初显身手之际,传来慈母病逝的噩耗。陈嘉庚悲痛万分,恨不得立即飞回母亲灵前。无奈父亲以营业无人替理为由,不许他回乡奔丧。直到第二年(1898 年)秋,陈嘉庚才回到集美择地安葬母亲之灵柩。但因风水先生说所开的墓穴方向不合,须待至两周年方可入葬,所以"乃权厝于穴之侧,并从俗为之延僧作佛事"。1899 年春,陈嘉庚带着家眷第三次出洋到新加坡,仍在顺安号营商。这时,陈杞柏名下的资产约有 40 余万元,所营各业均有进步,特别是屋地业,每月可收屋租 3000 余元。顺安米店的收入也比以前增加不少,银关为十余年最宽松之景。

1899 年冬,陈嘉庚因母亲之灵柩到了正葬之年,又一次将顺安的业务和财款交给族叔管理,带着家眷回集美改葬母亲,并遵循儒家礼俗,为母亲守孝 3 年。

1900 年初,厦门市发生特大火灾,大火烧了一天多,千余间店铺房屋付之一炬,倒塌的瓦砾砖土堆积满街,清理后挑往提督、打铁两码头海滩填海,不到一个月的时间竟填平数千平方米实地。有人向陈嘉庚介绍说:向厦门官厅买 1 万元

的地，就可以建店屋数十间。陈嘉庚认为有利可图，就写信向父亲报告，得到许可后即购地兴工建筑。总共建了三层楼屋 54 座，二层楼屋 3 座，耗资 4.5 万元，前后花了两年多时间才竣工。

1903 年 7 月，陈嘉庚第四次出国到新加坡。一进顺安店，只见门庭景象和各人神色与往常大不相同，死气沉沉。各事凌乱不堪，似无人照顾。上楼拜见父亲，虽久别相见，却闷闷不乐，毫无欣容快意。族叔身染麻木症，神情沮丧，问起经营情况，均推不知。他连忙调出账簿，仔细查核各项账款，外欠的流动借款竟达 32 万元之多，比三年前他回乡时增加 20 多万元。陈嘉庚大吃一惊，再查看资产部分，屋地业产依然只有 30 万元左右，并无增加，而顺安米店的资本却被掏空，黄梨厂还欠市面白铁皮等款项 5 万余元，加上拖欠大笔利息等项，共计亏空 25 万元。究其原因，除了父亲疏于管理、族叔身染疾病外，主要原因是被苏氏(陈杞柏在新加坡娶的妾，嗜赌成性)及其螟子(养子)舞弊、侵吞、挥霍 10 余万元，加上资金周转不灵，向印度"齐智"(指东南亚地区的印度高利贷商人)借高利贷付重利之失策，又遭屋地业大降价，可谓祸不单行。陈嘉庚后来回忆说："家君一生数十年艰难辛苦，而结果竟遭此不幸，余是以抱恨无穷。"但在此艰危之际，陈嘉庚不忍脱离父亲而去，儒家的孝道意识促使他毅然决然地接下父亲留下的烂摊子，决心重整旗鼓，"恢复家声"。他首先将企业做了一番清理和调整：将金胜美、庆成、振安三店收盘；将柔佛罐头厂出顶；新加坡罐头厂招潮州侨商合作，改称日新公司；保留顺安米号，但范围缩小，至年底也收束停业。不久，又卖去空地一段。经清理、对抵，尚负债款 20 余万元。按当时当地法律和习惯，父亲死亡或破产，儿子不必承担债务。但陈嘉庚却召集债权人宣布："立志不计久暂，力能做到者，决代还清，以免遗憾也。"

陈杞柏惨淡经营数十年的实业虽然宣告失败，但对陈嘉庚事业的影响却是十分深远的。首先，陈嘉庚在顺安学习商务、理财与经营米业共十多年，掌握了商业知识，积累了实践经验，使其后来能在商战中从容不迫，周旋有方。其次，陈嘉庚在顺安的经历，使他有机会和商界人物接触，不少人在后来成为其朋友和社会事业的伙伴。再次，顺安的经验，使陈嘉庚掌握了经营米业的方法与途径，为黄梨业、橡胶业的发达奠定基础。换言之，顺安的经历是日后陈嘉庚实业与事业成功的因素之一。

2. 独立创业　日渐昌盛(1904—1925 年)

陈嘉庚在独自经营期间总结吸取了父亲经营时期的经验教训，善于审时度势，掌握信息，抓住有利机遇，权衡利弊，因时因地制宜地经营企业。他敢于攻克难关，努力借鉴西方先进的企业管理方法，从而调动了职工的积极性，提高了经济效益，增强了企业活力。

重起炉灶，经营黄梨。1904 年春，而立之年的陈嘉庚用仅有的 7000 元资本，开始了他独立创业的阶段。他在新加坡郊外的汫水港山地，因陋就简，利用茅草木料盖起厂房，并购置旧机器，花了两个月时间，就赶在夏初黄梨产季开始时投产，取名“新利川”。没有流动资金，各原料如白铁、糖枋等，都向市面华、洋商赊取。黄梨罐头生产后，卖给洋商就换回现金。

这一年春末，日新公司的合伙人去世，按照英国法律应当取消其股份，全盘归陈嘉庚所有。但陈嘉庚不忍如此，便与合伙人的家属商量，其营业股份照旧，但经理权须归陈嘉庚执掌。合伙人家属不同意，陈嘉庚于是依律通告，并核结一切账目，办完相关手续后将其母利 17000 余元交还，日新罐头厂收回自办。由于经营有方，到了这年夏天，两厂获利近 4 万元，连同旧日新公司母利及收回顺安账尾，共有资本 7 万元。这是陈嘉庚初出茅庐掘得的第一桶金。事业有了良好的开端，于是，他又投资两万元开设谦益米店，为新利川建新厂房，增添新设备。

陈嘉庚在帮助父亲经营实业时，仅负责经理米业和财项而已，对黄梨厂如何经营，则没有过问。那时售黄梨罐头，只与两三家交易，多系洋商，由父亲直接经办，每次数千箱或万箱，每季卖几次，售完了事。所生产的都是普通装罐头，十分简单。陈嘉庚过去没有介入，也就不知道黄梨业的利害。到了亲自经营此业，才从实践中体会到此业“极需有才干思想，若能精于核算，用心选择制造出售，每箱可多获五六角”。当时新加坡从事黄梨罐头加工的有十多家，最能干的就数曾与陈嘉庚合伙、已经过世的潮州人，其他多乏精明之流，所以陈嘉庚得以“独占大利”。他摸准欧美加拿大的十多家洋行的采购规律和新加坡各厂的供货及价格行情，认定杂色庄罐头较有利可图。于是每天上午九点多就和姓叶的副手分头到各洋行探询各国来电订货内容，凡有杂色庄罐头的订单多被其承揽。他还每天深入工厂视察生梨采买的质量，逐日核算得失，规定买来的生梨，必须当天加工完，第二天装罐，并以此作为采估梨价和研究剖工损失的标准。在“新利川”附近，黄梨园很多，全年可提供加工 30 多万箱罐头所需的黄梨。但陈嘉庚担心几年后生产退化，采买困难，就想自己买地栽种。于是在距离“新利川”几英里远的马路边，花了 2500 元购买了 500 英亩的空芭地，命名为“福山园”，并积极砍芭种梨，计划一年内栽种完成，再过两年全园所产黄梨就可供“新利川”生产 2 万多箱

罐头。这样的规模和栽种速度是其他各家黄梨园所没有的。黄梨业竞争激烈，其他厂家大都无利可赚，而陈嘉庚由于经营得法却有不错的收益，到年底“日新”、“新利川”两厂，得净利 2 万余元。谦益米店得利 8000 余元，加上其他收入，这一年共获利 6 万余元。

1905 年秋，陈嘉庚在交通运输方便的梧槽港口租房子开办“日春”黄梨罐头厂，兼制冰糖。这个地方是收采外地运来生梨的最佳地点，不受海潮涨落制约，工厂离码头也很近。冰糖厂炼制冰糖的原料则是从印尼爪哇购买的砂糖，煮成冰糖，还款账期三四十天，而加工冰糖只要八九天，加上装配下船最多 15 天。如果使用信用汇票，则不用 20 天便可收款。不仅不用投入资本，还可先期收存款项。这对资金不足的陈嘉庚而言，无疑是最佳的选择。他加工冰糖的设备也与别的厂不同。新加坡的冰糖厂有十多家，基本上都是潮州华侨经营，使用的都是大锌锅，燃料用柴薪，所制冰糖多寄往香港销售。而陈嘉庚则使用内铜外铁的煮锅，与黄梨厂共用蒸汽炉，燃料则用锯木屑，每天可节省数十元。这一年，他的三家黄梨厂和谦益米店共获净利 4.5 万元。

替父还债，赢得信誉。1906 年，宏图初展的陈嘉庚，心中却还压着一块大石头，最念念不忘的就是如何替父亲清还企业收束时还欠着的 20 余万典押和借款。但统计独立经营两年半，虽然赚了 11 万元，各项支出合计 8 万余元，所剩仅 3 万元。要还清债务，即使债主愿意折减半数，也需 10 余万元，至少也要八九万元。原本希望夏季黄梨厂能再获利四五万元，便可考虑还款事宜，不料市场变化，价格下降，乏利可图，福山园初出产，适逢败市也不见利，三厂仅获利 1 万元。故无力与顺安债主议还旧欠。

这一年初冬，与谦益米店相邻的恒美号米店，因合伙人意见分歧而散伙，其经理准备另招股东。陈嘉庚得悉后，认为该店专营熟米加工(将谷子在水池浸两天，然后加热气蒸熟，在砖庭晒干运入厂磨净壳糠)，销往印度，价格比生米每担高出 1 元多，“算来甚有好利”。于是就招一友人一起入股，与原经理合作，资本共 6.5 万元，陈嘉庚出 4 万元，经理及友人各 1.25 万元。仍用“恒美”字号，专营熟米。加入恒美后，熟米价格又上涨，原来的晒谷砖庭不够用，产量受限，便在距米厂不远的大港边(有淡水可用)，购买了一块地，铺设砖庭，三四个月后竣工，产量大大提高。每月可获实利 1 万多元，经济状况有了较大好转。陈嘉庚舒了一口大气，毅然找了前顺安号及产业抵押的债主，郑重其事地提出愿代还父债。谈了几个月，因债主回印度等拖延至 1907 年冬才达成协议，这一笔原已无望的呆

账，最终以折还9万元完结。其中交现款6万元，剩下的3万元限4个月还清，并计一分利息。双方在律师处立约，并登报存案。全部家当才十几万元的陈嘉庚，一下子拿出9万元代还父债，这在当时的华侨社会中成为一大新闻，也展露了青年陈嘉庚的诚信品格，使陈嘉庚赢得了很高的信誉。

试种橡胶，开拓米业。1906年，在马六甲埠，陈齐贤以200万元的价格卖出一块2000英亩的树胶园，引起轰动。因为当时东南亚地区橡胶业尚未发展，人们对橡胶还不了解，只有少数几个地方种植，规模不过百余亩，也都没有割胶见利。留学英国的林文庆听英国人介绍橡胶产业的情况，认为大有可为，便鼓动陈齐贤投资种植。陈齐贤投入20多万元，种植了大规模的橡胶园，几年后伦敦方面组织股份公司来新加坡承买。对于此事，西方的报纸虽有登载，但华文报纸却只字未提。陈嘉庚虽然听人说起过，但没有引起注意，而且与陈齐贤、林文庆两人也没有来往。直到这一年的夏天，一个偶然的机会，一个英国人在某洋行跟陈嘉庚提起陈齐贤出售胶园获得巨款的事情，劝陈嘉庚栽种橡胶，一定可获厚利。陈嘉庚了解到陈齐贤处还有剩余的橡胶树籽出售，便向他买了18万粒，花了1800元。雇人在福山园菠萝株间每隔5米挖洞套种，两个月内完工。这是陈嘉庚经营橡胶业的开端。

1908年春，恒美公司向印度人租的位于芽笼桥头的白米厂租期到了，印度人不肯续租，硬要出售，陈嘉庚不得已只好以16万元的价格承买，付现款4万，其余12万元以七厘半的利息典押。买后不到两个月，熟米大降价，每担实利只有一角多，而合股的经理料难获利，便坚决要撤股，无法挽回，就在年终核结数目，付给他本金和红利4万余元。这样一来，银根难免稍感拮据。幸好不久后熟米价又转升，每担实利三四角，所以每月还可得利数千元，年终盘点共得利6万余元。由于新加坡黄梨罐头产量骤增，且欧美多产生果，罐头的需求量下降，造成售价步步下跌，许多黄梨厂家亏本甚至倒闭。好在陈嘉庚经营有方，三厂每年仍得利一两万元。

1909年春，陈嘉庚又投入2.5万元在福山园附近收购了500英亩的套种橡胶树的旧黄梨园。这些旧黄梨园杂草丛生，老园主以为乏利可收，所以廉价出售。陈嘉庚买来后，即组织工人将黄梨和杂草清除，专门培育橡胶树，这样福山园的橡胶树就已经有1000英亩了。这时，胞弟陈敬贤回乡结婚。几个月后，父亲陈杞柏在集美不幸谢世，陈嘉庚因营业所缠及银根关系，不能奔丧，就安排妻子和儿子回去，丧事由胞弟负责料理。可是祸不单行，不久恒美厂发生火灾，机

器设备和货物都被烧毁，虽然机器投了 4 万元的保险，但货物没有保险，损失仍然惨重。为了保住熟米市场，陈嘉庚急忙筹款 6 万余元重建工厂，置办机器设备，并扩大规模，到年底终告竣工，恢复生产。由于恒美重建急需用钱，加上生产规模扩大，日产白熟米增加，流动资金也必须增加，因此银根甚形困迫。刚好这时候树胶行情看好，每担由 200 余元升至 300 余元，橡胶园及股份也随佳市而活动，陈嘉庚就以福山园作抵押向广益银行贷款 7 万元。到了第二年（1910 年）春，又与陈齐贤等签订合约，以实收 32 万元的价格将福山园预售给他，约定到年底为止，任他经手转售，所加之价归他所得，届期如售不出，则合约取消。但在合约签订时须借给陈嘉庚 8 万元，利息七厘半，限期两年，而且不论何时，如果广益银行要收回 7 万元贷款，陈齐贤必须代为清还，限期与 8 万元同。这两笔共 15 万元资金，都主要用于恒美厂。自与陈齐贤签约后，胶价又上升，不到两个月，陈齐贤便将福山园以 35 万元的价格卖给英国人，三个月内 32 万元如数交清。这笔钱除了还广益银行 7 万元、陈齐贤 8 万元外，还剩 17 万元，陈嘉庚立即又在柔佛地区找地开垦橡胶园。一处在笨珍港，名曰祥山园，拟栽橡胶兼树茨；一处在老谢港，仍然取名福山园，距新加坡较近，拟种橡胶兼黄梨，按每月 150 英亩的速度开垦种植。

1911 年春，为了恒美厂的稻谷采购事宜，陈嘉庚专程前往暹罗（泰国）的曼谷，准备在曼谷河边租栈房（仓库），采购稻谷运来新加坡。以前稻谷都是向泰国的商行采购，很不方便，价钱也高，所以想直接在当地采购。不料除了米厂外，曼谷的栈房很难租。这时有朋友介绍说北柳港黄梨很多，可供全国生食之需，精通黄梨业的陈嘉庚听后很感兴趣，就坐了好几个钟头的火车前往视察，果然黄梨园很多。粗略估计只要采三分之一，则每年可制黄梨罐头四五万箱。此时黄梨市价已经上升，新加坡经过几年的不景气，黄梨产量大大减少，而泰国还没有人制造。加上北柳地区盛产中下等的稻谷，非常适合作加工熟米用。若在此设厂生产黄梨罐头，同时采购稻谷，诚为一举两利。陈嘉庚很快捕捉到这一难得的商机，立即决定买地赶建黄梨厂，机器有的从新加坡进，有的就在泰国购置，赶在夏季到来时竣工投产。与此同时，码头和栈房也开工建设，一个多月就建成了，起名为“谦泰”。

在泰国期间，陈嘉庚经朋友介绍认识了一位祖籍福建的“鸣成”号老板，此人有几百万的家产，在曼谷和北柳都建有米厂。陈嘉庚到北柳参观他的米厂，是近年才建的，也加工熟米。他的砖庭挡雨遮谷是用活动可进退的屋盖，庭股边安有轻便轨道，出入湿干稻谷及屋盖，都从轨道运载十分便利；不仅如此，"鸣成"厂活动屋盖的好处还在于湿的稻谷晾晒在砖庭上后，遇到下雨或夜晚，只要将屋盖推出遮盖即可，不需要反复聚拢晾晒，节省了不少人力，又可受空气助干，减少霉烂损失。陈嘉庚参观之后，对其机智深深敬服，自叹不如。此人刚开始经营此业，真可谓后来居上。陈嘉庚回新加坡后，立即参照"鸣成"厂的做法对恒美米厂进行改造，修建了轻便轨道，新造了砖庭屋盖，费时数月，耗资近2万元。

1904—1911年，是陈嘉庚独立创业的头七年。他在经营中兢兢业业，胆大心细。在此期间，他不仅能重信义偿还父债，同时还因其黄梨罐头产量约占全新加坡产量的一半而赢得"菠萝苏丹"美称，还初步摸索出种植橡胶的经验，且已拥有四家菠萝厂、两家米厂（店）、两处橡胶园。自1904年独立经营至1910年底，共获利73万余元，扣除还清其父遗留债款、厂房设备折旧、家用及义捐等，尚有资产45万元。当年在新加坡，能如此赢利，已称得上有一定实力的华侨实业家。1909年12月，他被选为中华总商会第六届委员会协理（福建帮四大协理之一），这是他跨入华侨社会上层的标志。

思乡心切，回梓办厂。自1903年7月第四次出洋至1912年已近10年，陈嘉庚思乡甚切，加上辛亥革命推翻了清朝封建王朝，建立了中华民国，陈嘉庚备受鼓舞，"思欲尽国民一分子之天职"，故决计回国，在集美社创办制蚝（牡蛎）厂和集美小学校。主意既定，他便着手在新加坡筹备制罐机器及火炉等，花去7000余元，还写信给在日本的朋友，委托代聘一位熟悉制海蛎罐头的技师，约定月薪国币200元，冬天到厦门报到。至于海蛎罐头，陈嘉庚在新加坡曾买外国货试过，味道虽然没有新鲜的好，但加工后海蛎颗粒比集美出产的还大。他嫌颗粒太大，心想像集美出产的那么大可能比较好。秋天回到集美后，制蚝厂就紧锣密鼓地开始筹备了，年底试生产，没想到效果很不理想，只好宣告失败。失败的原因有两个方面，一是集美的海蛎在海中的生长期只有八九个月，不耐高温，煮久后缩小了很多。而国外的牡蛎在海中生长一年多或者两年，个相当大，又比较老，所以能耐高温，煮久不致变形。二是聘请的技师缺乏经验，试制的样品十来天就变臭了。制蚝厂没办成功，亏损了4000多元。他把机器设备折价8000元，与厦门友人合伙成立大同罐头食品有限公司，陈嘉庚占20%的股份。

欧战发生，艰难维持。1913年秋，陈嘉庚带着集美小学校开办成功的欣慰和制蚝厂失败的遗憾，第五次出洋。检视各业近两三年的经营情况，效益平平。在泰国成立的谦泰黄梨厂，经营已三年，约得利5万余元。但后来因北柳港水质

变咸，经理人不知预防，导致损失 3 万余元。于是就把谦泰厂转让给他人，机器屋栈均廉价卖掉。然后在曼谷租了一家小米厂经营白米，并为恒美厂采购稻谷。在新加坡又承盘了两家经营不善的黄梨厂，这样全新加坡黄梨厂生产的罐头，陈嘉庚的公司约占一半，年可达七八十万箱。但因市价不佳，竞争激烈，利润很有限。在柔佛笨珍港所开的橡胶园即祥山园，因当地疾病流行及其他不顺，虽然已经投入了 5 万余元，但也不得不放弃。1914 年欧洲战事（即第一次世界大战）发生后，黄梨罐头几乎成了奢侈品，政府对船运限制很严，洋行不但停止订货，连以前订的期货也不肯领。陈嘉庚的黄梨厂内积压了好几万箱的货发不出去，黄梨厂被迫停工。紧接着因德国一艘战舰在印度洋攻击许多商船，造成船东恐慌，航运受阻，洋行和印度商人先前预定的 1 万余包熟米也不来提货，10%的订金也以银行汇票及抵押不通为由分文不给，恒美厂也运转困难，银根困苦不可言喻。市账虽可停还，任其催逼，而各厂费及工人生活，则不能置之度外，艰难维持，度日如年。一直持续到冬季，状况才有所改观，黄梨罐头和熟米，因船运稍松，慢慢有人来提货，到了年终存货才差不多出清。

从 1911 年到 1914 年四年间，陈嘉庚的企业总共获利 14 万余元，但祥山园和制蚝厂的损失、建集美小学校和两年的校费、义捐以及家庭开支等加起来也差不多 14 万元，收支相抵，资产没有增加。当年卖橡胶园剩的十几万元，也都投到新开柔佛福山园、大同罐头股份、泰国米厂等实业中去。所以银根一直没有宽舒过，还经常需要向银行贷款。

抓住时机，发展航运。自欧战爆发以来，船只紧张，运输困难，在安南（越南）和泰国采购稻谷，非常不方便，各船运公司都不愿意运稻谷，销往印度的熟米也没有船运。开春后熟米虽然有人要，但稻谷供应不上，巧妇难为无米之炊。在不得已的情况下，陈嘉庚决定自己租船运输。他租赁了两艘船，一艘“万通”，载重量 1300 吨，租期两年；一艘“万达”，载重量 2500 吨，租期一年。经营数月，颇为顺利，既解决了自己的运输问题，也承运其他的货物。陈嘉庚看准机会，再向香港租两艘商船，每艘载重量 2000 吨，这样一共租了 4 艘船。之所以这么大胆，是因为曾与英国政府签订承运枋木片往波斯湾的协议，每航次往返要一个月，虽然利润不高，但船期比较灵活，可在两个月内自行安排。所以别的货如果运价高就先运，不好赚或期限到了，就运枋木去波斯湾交货，风险很小。这一年（1915 年）陈嘉庚光租船一项就获利 20 余万元。第二年（1916 年），因看好船运，他又出资 30 万元购买了一艘轮船，名“东丰轮”，载重量 3000 吨。所租的 4 艘船中 3 艘租期已到,被船东讨回,只剩下万通轮。这时租金已大幅提高,就没有再租别的船了。这一年轮船获利30多万元。1917年秋,又投资42万元买了一艘轮船,载重量3750吨,原为澳大利亚的客货两用船,时速较快,达14海里,改名为“谦泰轮”。这年冬,陈嘉庚把所买的东丰轮和谦泰轮租给法国政府,每月租金12万元,扣除用费和维修费,可以剩五六万元,合同期至战事结束再加6个月,这一年航运得利50余万元。但是好景不长,1918年春东丰轮在地中海被德国军队击沉,秋间谦泰轮也在地中海被击沉,幸好事先都投了保险,两艘船共获保险公司理赔120万元,扣除本金,保险金和租金仍有60万元。欧战四年陈嘉庚仅航运一项共收入160万元,算是获利甚丰。只是航运业从此中断,不能再以航运谋利,十分可惜。

欧战以来4年,另一项为陈嘉庚赚进近100万元的竟是转售白铁皮,这是没有预料到的。1915年的时候,陈嘉庚把黄梨厂都集中到加笼区一家工厂,每天可生产两三千箱。但受战争影响,黄梨罐头销路不畅,减产60%以上,原来订货采购的可供全年使用的白铁皮派不上用场,而白铁皮的价格却一天比一天高,转手出售比生产黄梨罐头还好赚,欧战第一年就得利20余万元。尝到甜头后,陈嘉庚每年仍按原渠道向供货商订购相当数量的白铁皮,小部分用于生产黄梨罐,大部分转售出去,赚取差价。所以四年间得利近100万元,可谓东边不亮西边亮。恒美和谦益两厂也有5万元的收益。

主攻橡胶,独树一帜。受战争及市场变化影响,黄梨业获利无多,几位合伙人和经理多无心经营,陈嘉庚担心有危险,就出让给他人承受。原来位于土桥头的黄梨厂拆去机器,只留下锅炉,改造成树胶厂,添置加工橡胶所需机器,并建吊栈,耗费5万多元。一开始先代别家作绞工,来料加工,每月能绞五六千担,一年就收回投资。恒美米厂也因泰国一下子增加了许多熟米加工厂,竞争激烈,新加坡又不产稻谷,更难与竞争,已现乏利景象,前景很不乐观。陈嘉庚果断决定将恒美米厂改造成树胶厂,晒谷的砖庭改建成平房安装机器,原有栈房改建成四五层的厂房用来吊胶,并添置了加热设备,费款20多万元,号曰“谦益”。自己买湿胶片来加工为胶布,在当地卖给各洋商。后来刚好有一个美国广告公司的经纪人,来新加坡招登广告,陈嘉庚就托他介绍美国胶商来交易,他回美国时就介绍给胶业协会经理人。1918年,陈嘉庚又用轮船的保险款在柔佛高踏丁宜路买了1000英亩橡胶园和2000英亩空山地,价格40万元。他还花了32万元在新加坡马珍律港边买了3.3万平方米的空地。陈嘉庚还与他人联合在新加坡创办裕

源公司、振成丰公司、槟城树胶公司等，这三家公司都经营树胶，陈嘉庚占的股份约三分之一，资本 50 余万元，每年可分得利润 10 余万元。这时，谦益胶厂的资本已增至 200 余万元，且直接与美欧客商交易，每年可获利五六十万元。福山园的 2000 英亩橡胶已经七八年了，黄梨已除去，专顾橡胶，再两三年便有利可收。新买的空山地雇人栽种橡胶，计划一年多完工。自此，陈嘉庚营业的重点逐步转移到橡胶业上来。当时，新加坡华侨经营橡胶进出口贸易的有四五十家，只有陈嘉庚独树一帜，除不通过洋行而直接与欧美商家交易外，还同时经营橡胶种植、生胶加工和熟胶成品制造，集原料供应、工业生产和对外销售于一体，实存资产总值达 400 万余元，已成为崭露头角的华侨大实业家了。

陈嘉庚公司外景

决意回梓，胞弟接理。1918 年冬，欧战停息，陈嘉庚便想回国长住，以办教育为职志，聊尽国民一分子之义务。于是他把各营业机构改组成陈嘉庚公司，并让其胞弟陈敬贤加入为股东，然后写信回国请陈敬贤南下新加坡接理各项营业。1919 年 4 月，陈敬贤到新加坡，兄弟俩交接业务后，陈嘉庚于 5 月启程第五次回国。行前，他做出了两个不寻常的举动：

一是为了使集美学校的经费有可靠的来源，他在新加坡聘请律师按英国政

府条例办理财产移交手续，将在南洋的所有不动产全部捐作集美学校永久基金。包括橡胶园 6500 英亩和货栈、店屋地皮面积约 16.6 万平方米。

二是在新加坡恒美厂宴请同业时宣布：此后本人生意及产业逐年所得之利，除花红以外，或留一部分添入资本，其余所剩之额，虽至数百万元，亦决尽数寄归祖国，以充教育费用。

陈嘉庚回国后，企业交给陈敬贤经营。1919 年秋，陈敬贤来信告知，马珍律港边所买空地的旁边又有一块约 2.2 万平方米的空地要出售，因地段稍差价格比较便宜，陈嘉庚就回信让陈敬贤买下来，花了 20 余万元。该地在新加坡河港边，几十吨的驳船可以进出，填平后很适合建货栈。陈嘉庚回国后，新加坡的屋地业行情猛涨，新加坡币开始贬值，南洋各地发战争财的人纷纷到新加坡置业，所以屋业价有的升至两三倍。因为屋业价位好，陈敬贤又与友人合作，买下了马律珍港对面的一块空地，并积极赶建，意在建后卖个好价钱，但原材料也涨得很厉害。1920 年初，陈嘉庚写信给陈敬贤，授意将土桥头的树胶厂，改造为树胶熟品制造厂，生产胶鞋底、马车轮等橡胶制品。后又去函指示将正要拍卖的远利火锯厂以 25 万元的价格收买，兼营黄梨厂。

在陈嘉庚回国期间，原来与人合资兴办的裕源、振成丰、槟城树胶三家公司，因合伙人心怀异见、经营不善、侵吞货款等原因，在短短几个月里，相继散伙，陈嘉庚共亏损 30 余万元。1921 年，新加坡的屋地业价格大降特降，陈敬贤与友人合建的栈房卖不出去，即使亏本，也没人接手。橡胶园则因胶价下跌，也停止采割。

在陈敬贤的主持下，虽然遇上新加坡经济不景气，但也取得不错的业绩，三年共获利 280 余万元。只是集美厦大两校大规模建设耗资 200 多万元，加上其他投资、合营的三公司亏损、支付银行利息等，收支大抵相当。

调整战略，再创辉煌。1922 年初，陈敬贤积劳成疾，患有痢疾，并兼有胃病和咯血疾（即肺痨病），苦不堪言。只好返回集美调养。陈嘉庚不得不第六次出洋，继续执掌公司的各项事务。原计划几个月后再回国，但到新加坡之后，发现树胶业竞争十分激烈，有好几家也直接与美国的胶商做生意，效益已大不如前。而集美厦大两校又都在扩大规模，所需经费主要依靠经营橡胶所得，所以陈嘉庚从长计议，转变方针，采取了下列强化橡胶经营的措施：

——以低价买进马来亚各埠处于停工、半停工状态的胶厂九家，连同原槟城树胶厂共十家，逐厂扩充吊栈热房，改善机器，年内竣工，每月可产胶布 3 万余

部分产品的广告

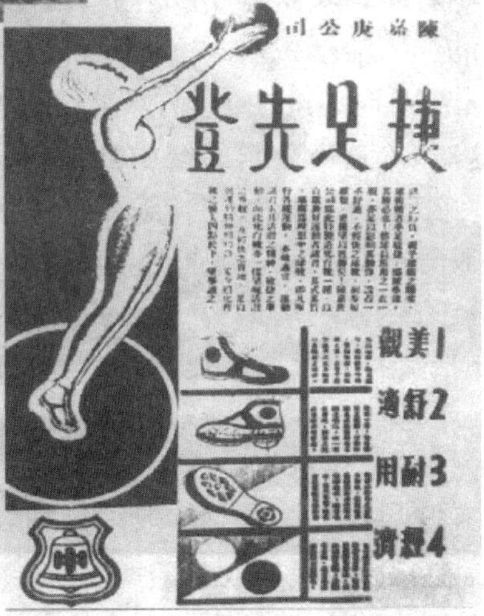

钟牌商标和捷足先登广告

担，一年得利 100 多万元。

——扩大橡胶园。在新加坡、柔佛等地大规模开辟新胶园，买进 8000 余英亩，使胶园总面积增至近 1.5 万英亩，成为南洋华侨大橡胶园主之一。

——发展胶品制造业。他认为生胶制造厂已扩充到最大限度，橡胶园也达到饱和状态，惟熟品制造厂尚有发展余地，因而不惜投下巨资，扩大经营，大量生产各种轮胎、胶靴胶鞋、医疗用具、日用品等橡胶制品。

——为推广推销新产品，在马来亚和荷属东印度各大商埠自设分店，在香港、上海等国内十几个大都市也分设商店，实行自销为主、请人代理为辅的销售策略。

——注册了“钟”牌商标，闻名遐迩的名牌产品胶鞋打出了“捷足先登”的广告。考虑到每年所用商标、广告等印刷品数额巨大，给人承印不合算，于是自办一家印刷所，接着创办了《南洋商报》。《南洋商报》为陈嘉庚商业活动的宣传、社会地位的巩固及名声的传播，起到了巨大的作用。

上述措施实施后，又逢英国政府限制树胶出产，胶价上涨，公司利润直线上升。1922 年获利 110 余万元，1923 年获利 120 余万元，1924 年获利 170 余万元，1925 年创纪录获利近 800 万元，为一生中登峰造极、得利最多及资产最巨之时。据陈嘉庚本人估计，他当时所有的资产：橡胶园 1.5 万英亩，价值 600 万元；谦益各胶厂厂房、机器 100 万元，活动资本 400 万元，树胶熟品制造厂机器及厂房 150 万元，活动资本 150 万元；火锯厂、黄梨厂及米店共 50 万元；空地及栈房 50 万元；合计 1500 余万元，除欠银行贷款近 300 万元外，实有资产 1200 万元。

这时，陈嘉庚公司的结构如下：(1)总管理处，设在新加坡利峇峇厘律一号(华侨一般又称“吊桥头”)，陈嘉庚任董事长兼总经理。(2)生橡胶部分：设厂 12 间，橡胶分栈 16 间，黄梨厂 2 间，由陈嘉庚长子陈济民(即厥福)主持。(3)熟橡胶部分：有熟橡胶制造厂 1 间，由陈嘉庚及其次子厥祥、三子博爱共同主持。(4)其他制造厂：饼干厂、肥皂厂、制药厂、制革厂、皮鞋厂、火锯厂。(5)种植园：橡胶园 1.5 万英亩。(6)公司分行 80 余间，代理商百余家。除东南亚各主要商埠外，分行或代理店分布在国内 40 多个城市和英、法、德、西班牙、葡萄牙、荷兰、奥地利、土耳其、日本、印度、埃及、阿尔及利亚、摩洛哥、马达加斯加、好望角、澳大利亚、新西兰、加拿大、美国、墨西哥、牙买加、古巴和阿根廷等。这时，公司雇佣的职工达 3 万余名，职员中除有少数德国、英国技师外，多数是福建人，且不少是集美学校的毕业生。

陈嘉庚公司总管理处

至此，陈嘉庚不仅在新加坡，而且在整个东南亚地区都算得上一位实力雄厚的大实业家了，他的影响力也在逐步扩大。1923年2月，陈嘉庚被推举为新加坡怡和轩俱乐部(1895年创立，号称“百万富翁俱乐部”)总理。

3. 惨淡经营　企业收盘(1926—1934年)

1926年春起，橡胶价格连连暴跌，加上公司里的好几个骨干自立门户，也经营橡胶业，与陈嘉庚的公司竞争，使陈嘉庚公司陷入困境。各胶厂不但无利可图，而且亏损日甚一日。原计划创办的造纸厂，已付购买机器款20万元，也只好自动放弃。这年各胶厂亏损30余万元，厦大、集美建筑费及经常费90余万元，造纸机器定金损失20万元，共支出180余万元。1927年，胶市无好转迹象，加上各小厂竞争激烈，“绝无毫利可图”。他投资10余万元承买裕源公司环球饼干厂的全部股份，加装新式机器，扩大生产，该厂是当时新加坡最大的三家饼干厂之一。年终结算，胶园、各胶厂、制造厂、黄梨厂都没获利，饼干厂、火锯厂、罐头厂及米店得利数万元，只够义捐及家用。这一年厦大、集美两校经费70余万元，利息40余万元，共支出120万元。

一波未平，一波又起。1928年，由于日本胶制品在东南亚削价倾销，陈嘉庚的胶品制造业遭受了沉重打击。当时《南洋商报》宣传抵制日货，揭露奸商走私，因而使私销日货的奸商痛恨不已，8月7日晚暗中雇人放火焚毁陈嘉庚的胶品制造厂，使其损失近百万元(除保险费外损失50余万元)。各胶厂都无利可获，其他营业仅获利数万元。在此艰难之际，陈嘉庚不忍放弃办学事业，仍旧给厦大、集美两校提供60余万元。这一年，共支出160万元。因为资金无法周转，售出橡胶园6000英亩。自1926年至此，三年的惨淡经营，艰苦维持，其资产损失过半，此时仅存600万元。

1929年10月，纽约股票市场发生空前危机，很快波及世界各地。世界性经济不景气来临，新加坡橡胶价格猛跌，陈嘉庚公司遭受空前打击。其橡胶制造厂所产胶鞋，过去每双值2元以上，这时才卖2角。各厂各分店所存原料及制成品价值也下跌100余万元，且原料和产品大量积压，营业一蹶不振。而为了支付厦大、集美两校经费以及贷款利息，又加欠银行100多万元。有人劝陈嘉庚停止校费，以维持营业，陈嘉庚不忍放弃义务，仍毅力支撑。他说："盖两校如关门，自己误青年之罪少，影响社会之罪大，在商业尚可经营之际，何可遽行停止。一经停课关门，则恢复难望。若命运衰颓，无可挽回可能，原属定数，不在年开三几十万元校费也。果不幸而因肩负校费致商业完全失败，此系个人之荣枯，与社会绝无关系也。"

1930年3月29日，陈嘉庚公司橡胶制造厂(旧厂)失火，损失40余万元。自1929年至1931年的三年中，陈嘉庚公司所经营的企业只有火锯、饼干等厂稍有微利，但仅抵义捐及家费，而企业损失及厦大、集美两校经费达320余万元，所欠银行借款无法偿还。1931年10月，他被迫接受银行条件，将陈嘉庚公司改组为陈嘉庚有限公司，银行派人另组董事会，总经理仍由陈嘉庚担任，副总经理一人，由董事会指派，限定补助厦大、集美两校的经费每月不得超过5000元。此时，厦大、集美两校经费极为困难。某国垄断集团提出停办该两校为条件，把陈嘉庚的公司改组为其附属公司继续经营发展，但陈嘉庚断然拒绝。他说："宁使企业收盘，绝不停办学校。"随后，他将自己在新加坡经禧律42号的私宅3幢大厦过名易主，将卖得的钱用于厦门大学。

陈嘉庚公司改组为有限公司后，营业缩小，米厂已停闭，种植园和黄梨罐头厂也无力经营，而橡胶制造厂却受董事会牵制，陈嘉庚个人的资产实际上已转入他人之手。因缺乏流动资金，他于1933年春将新加坡、槟城两处橡胶厂出租给南益公司(其长婿李光前任总经理)。6月，营业似有转机之希望，但股东们决议将公司在马来亚内地各厂停闭，外地所有的分店也全部结束。为了保存厦大、集美两校，他不得已将巴双厂租给南益公司，约定有利时分出一半作为两校经费；

麻坡厂租给益和公司(集美族亲陈六使任总经理),得利全部充作集美校费;怡保、太平等厂招经理人和自己合租,得利抽三成作校费。7月1日,英国政府提高进口税率,因新加坡是英国殖民地,所产胶鞋不在增税之列,因而伦敦8大家老主顾和其他商家纷纷订购陈嘉庚工厂所产胶鞋。形势令人欣喜,估计制造厂每月可以生产各色胶鞋、胶靴二三十万双,获利12万余元,一年之后,此业必可中兴。不料8月间,伦敦方面突然来了一位英国商人(伦敦8家大商行之一的代表),持有汇丰银行的介绍信,要求陈嘉庚工厂所生产的橡胶鞋归他一家承销。陈嘉庚严词拒绝,新加坡汇丰银行经理竟威胁说:"我英国之权利不容他人染指。"陈嘉庚看清了在外国资本的掯制之下,企业前景悲观,发展无望,于是决定全部收盘。从这年冬季起他将各厂分别清理,将饼干厂招李光前承受,约明得利三分之二作两校经费;新加坡制胶厂仍续租给南益公司,每月加租1000元。1934年初,清查账款,尚欠市面7万余元,陈嘉庚通知各货主领回原物,或取成品抵数。2月13日,召开股东非常大会,决议该公司自动收盘。

当陈嘉庚的公司收盘之时,80余处分店的货物家具尚值200余万元,制造厂机器、栈房除逐年折旧外,尚估值230万元,仓库里的原料值60余万元,生熟品数万元,树胶园可值100万元,胶厂40万元,饼干厂及火锯厂等20万元,地皮栈房20万元,合计680万元。而收盘最大损失为分店及制造厂机器,收回不足三成。

二、陈嘉庚创业的成就及其成功之道

1. 陈嘉庚创业的成就

创造了白手起家、渐成巨富的奇迹。华侨在海外创业,途径殊异,或白手起家,或继承遗产。创业成功者,仅居少数;成巨富者,更是凤毛麟角。陈嘉庚独立创业伊始,已积累了10余年的从商经验,并一定程度上承继了其父的社会影响与人缘关系,然而却背负着其父遗留下的巨额债务。因此,从总体上说,陈嘉庚不能算是真正的白手起家。但是,若从经济上分析,他不但是彻底的白手起家,而且是负巨债创业,这在华侨界是极为罕见的。他凭借个人的远见卓识和超人胆略,把握商机,开拓进取,经过20多年的艰苦奋斗,终于奇迹般地成为东南亚华侨工商业巨子。陈嘉庚公司鼎盛时期是家名副其实的跨国公司,其资产总额与雇员总数在东南亚工商业界名列前茅。从他被推选并多届连任有"百万富翁俱乐部"之誉的新加坡怡和轩俱乐部总理的事实,亦可窥见其身份与地位。由于

他具有雄厚的经济实力，加上高尚的人格，他在侨界、在侨居地、在祖国的地位与影响力与日俱增，为祖国、为侨居地所做的贡献日渐重大。正如他自己所说："先有营业，而后能服务社会，继而后得领导南侨襄助抗战工作。"

奠定了东南亚橡胶王国发展的基础，为侨居地的经济繁荣做出了巨大贡献。 陈嘉庚的经营活动以橡胶业为主，获利也主要来自橡胶业。在东南亚种植、经营橡胶，他不是开创者，但他是集大成者。在橡胶业上，他的主要贡献是：首先，陈嘉庚大胆尝试种植橡胶树，成功后大力发展橡胶种植业，成为东南亚最早大规模种植橡胶树的实业家之一。因此，他与林文庆、陈齐贤、黎德利被称为新加坡、马来亚"橡胶王国"的四大功臣。其次，陈嘉庚经营的橡胶熟品制造厂是东南亚最大的橡胶制造企业。他从投资种植橡胶到利用当地价廉的生橡胶，生产胶片，以供出口。又从生产、出口胶片到创办橡胶熟品制造厂，并建立产品推销网络。他的橡胶企业成为融农、工、商为一体的大企业。这种经营模式，在东南亚是首创。他的成功做法，引得众多企业纷纷仿效，由此推动了东南亚橡胶业的发展，也直接促进了新加坡、马来亚等地的经济繁荣。再次，陈嘉庚开拓了熟橡胶商品国际贸易，他是新加坡、马来亚橡胶业最大的企业家和出口商，拥有规模宏大的生橡胶厂和熟橡胶制品厂，每年生产了品种繁多、数量巨大的橡胶制品，通过中国各大中城市和分布在东南亚各国大商埠的分公司，以及五大洲四五十个国家和地区的直接代理商，有组织地开辟了国际市场推销网，从而在华侨中第一个打破了英国垄断资本在橡胶业上的垄断局面。

通过经营企业，培养了大量实业人才。 陈嘉庚创业负有多重使命，其中之一便是培养实业人才，增强经济实力，为祖国为侨居国争得权利，推动祖国和侨居国经济和社会的发展。他认为20世纪是橡胶工业时代，东南亚不待说，连日本都有400多家橡胶厂，而中国竟然没有一家像样的胶厂。新加坡是产胶区域，政权虽属英国，但所需男女工人概我华侨，化验制造各机器十分完备，出品种类也很多，可以训练职员工人，如师范学校之训练学生，希望他们将来回国可以发展橡胶业，故不惜资本，积极勇进。他的橡胶厂便如师范学校，培养了大量橡胶业人才。其中有的成长为东南亚巨商，成为推动当地经济、社会发展的重要人物。例如李光前、陈六使，他们都在陈嘉庚公司工作过，受到陈嘉庚的多方指导和帮助，后来的家业都超过陈嘉庚。但他们始终是陈嘉庚的追随者、拥戴者和支持者，在陈嘉庚的社会活动、抗日救国、捐资办学、兴办社会公益事业等方面无不给予大力支持。

2. 陈嘉庚创业的成功之道

作为一位成功的企业家，陈嘉庚目光远大，胆识过人，不仅具有非凡的经商才能，还有在商场上指挥若定的大将风度，对经济决策和经营方法每每有独到之处。

诚信经营，取信于人。少年时代的私塾教育和良好的家风，使陈嘉庚接受了中华民族优秀文化和传统的熏陶，奠定了陈嘉庚以诚信立身商界的思想基础。1904年，陈嘉庚的父亲陈杞柏企业倒闭，负债20余万元。按照当时当地的法律和习俗，父亲死亡或企业破产，后辈无须承担其债务。但毕生以诚信立身的陈嘉庚，当时虽然身处窘境，仍"立志不计久暂，力能做到者，决代还清，以免遗憾也"。4年后，当他的企业有所收获后，立即还清了父亲遗留的债务，从而赢得了企业界广泛的信任与赞赏。他的工厂生产的"苏丹"牌菠萝罐头成为当时的世界名牌，原因在于他的诚实经商，为顾客负责，严把产品质量关。其工厂生产的熟胶品，出厂前须经过化学房、试验房、药房部等多道检验，完全合格才能出厂销售。他认为："品质精究优美，则畅销自然可期，良好之成功必矣。"他对待产品价格的原则是"门市零售定价不二，以昭信用"。他认为"货真价实，免费口舌；货假价贱，招人不悦"。因而他严格规定："货品损坏，买后退还，如系原有，换之勿缓。"处处从消费者利益着想，取信于人，因而陈嘉庚的名字、陈嘉庚工厂的产品都成了人们信赖的品牌。

把握商机，开拓进取。陈嘉庚独立经营企业时，从自己熟悉的米业、菠萝业入手。因为经营这两个行业，一来投资少，资金周转快；二来原料有保证，销售有渠道；三来随父经商时，对两业有接触，情况明，有赢利把握。加上他办事精明果断，说干就干，能因陋就简，不失时机地快速上马投产经营，结果第一仗就打得很漂亮。实践证明，陈嘉庚主观设想符合客观实际，经营作风也是雷厉风行，值得称道。在第一次世界大战期间，海上运输异常危险，一般商家多退避三舍。但陈嘉庚深知"不入虎穴，焉得虎子"之奥秘，敢想人之不敢想，敢为人之不敢为。大胆涉足航运，开始是"逼上梁山"，继而"自觉上山"，连年得利均甚丰厚。此举说明陈嘉庚善于捕捉商机，敢于和善于冒大风险，在经营决策上胜人一筹。在与商界的广泛交往中，他获悉橡胶业有大利可图，立即以1800元购18万粒橡胶种子试种，3年后，这片橡胶树即以32万元卖出。后来，他进一步认识到橡胶在工业生产、民用、军事和交通运输中的广泛用途，认为20世纪是橡胶的世纪，于是即时改变经营方针，集中财力主营橡胶业，终于获得了巨大成功。

任人唯贤,善用人才。陈嘉庚独具慧眼,任人唯贤,知人善任。为了使企业不断地发展壮大,陈嘉庚在经营管理中,处处留意发现和培养管理人才,只要忠实可靠又精明能干,一经发现就破格提拔,委以重任。例如,李光前原是一家国货公司英文秘书,但他为人诚实,有才华,通晓中英文和涉外业务,深得陈嘉庚赏识。经过培养考察,予以重用。结果使公司橡胶业务迅速发展,其本人才华也得以充分发挥,尔后更成为南洋后起的华人领袖。创办橡胶熟品制造厂后,他聘请化学科技师温开封为总经理。后期聘请傅定国任总部部门经理。李光前、温开封、傅定国后来都成为陈嘉庚的女婿。1919 年 5 月至 1921 年底,他委派胞弟陈敬贤主持陈嘉庚公司业务,三年获利达 280 多万元。又如族弟陈六使,原为陈嘉庚公司橡胶园的普通员工,由于年轻干练,有魄力,工作认真负责,被陈嘉庚发现后,改派他到另一家橡胶厂工作并逐步让他任高级职员,工作出色,管理能力得到迅速提高。后来,陈六使也成为新加坡著名侨领和大实业家。他们事业有成后仍然念念不忘陈嘉庚当年的栽培与提携,继续忠诚地支持陈嘉庚开创的公益事业,为当地和家乡的建设发展做出重大贡献。同时,陈嘉庚认为:"化学工业与检验技师为制造业命脉,得之则生,不得则死。"为此,他重金聘请了一批具有较高技术水平的外籍工程师到企业工作。

建章立制,重视管理。陈嘉庚从其父企业破产中吸取深刻教训,又从经营实践中体会到加强企业管理的重要性,因而始终十分重视企业管理的各个环节。从大的方面看,他主要从以下几个方面着手:

一是建立健全规章制度,使各项工作有章可循。自 1919 年起,陈嘉庚就亲自为公司制定了一套管理制度。1922 年公司改组,各项规章制度更趋系统化。随着公司规模不断发展,各项规章制度逐步健全。1929 年,他又重新修订《陈嘉庚公司分行章程》。章程内容包括经理职权、服务、营业、货物、账务、视察员、推销员、广告等十四章,共 332 条文。除此以外,他还建立了定期汇报、定期总结以及加强总行与分行联系等各种制度。因此,总行对各分行情况了如指掌。这对于领导各分行开展业务活动是十分有利的。

二是建立组织严密的管理机构。成立陈嘉庚公司时,陈嘉庚就将业务重新组合,按业分流,并实行三层式结构,以统辖各个企业。指挥权分别掌握在陈嘉庚、助手和各部门主管手中。各部门及其主管直接处理新加坡、马来亚以及其他国家、地区业务。职员直接向其部门主管负责,管理各工厂、胶园、分行、零售店的工人和生产。在新加坡设立"陈嘉庚公司总管理处"(即总公司),分别管辖生

橡胶厂、熟橡胶品制造厂、橡胶园和黄梨园等各部门业务。对于重要的业务，如熟橡胶品制造厂、橡胶原料加工和出口，都委派总经理，并分区配置视察员。在制造厂内部，还委任总巡、财政、主任、机器总管等，并分设各个不同的生产部门，各部门配备主任 1 人。各地分行则委派经理、协理、财务，他们分别对总行负责。

三是营造良好的企业文化，增强公司员工的凝聚力。他以自己倾资兴学的爱国情怀，激励公司员工的积极性，增强企业内部的团结。他在亲自为《陈嘉庚公司分行章程》撰写的序言中，扼要地阐明陈嘉庚公司的宗旨："本公司及制造厂，虽名曰陈嘉庚公司，而占股最多则为厦门大学和集美学校两校，约其数量有十分之八。……两校命运之亨屯，系于本公司营业之隆替。……则厦集二校之发达，本公司营业之胜利，其责尤全系同事诸君。诸君苟奋勉所事，精勤厥职，直接兴教育实业，间接福吾群吾国矣。""章程之设订，在训练办事人员，使其共同遵守，则思想集中，步趋一致，实收指臂相使之效，宏建事业发展之功。"同时，在《章程》每页条文上端眉头，附印了实用的警句 80 条，主要内容包括经营方针、任务、经营作风、职守、服务态度、职业道德等。这既是陈嘉庚文明经商的经验总结，也是他高尚精神的体现。陈嘉庚公司规模庞大，职员众多。为了使公司和分行来新加坡的职员有一个"适当休息场所，以涵养其性趣，收束其身心"，"使青年职员增益知识，活泼身心，互相切磋琢磨，养成大有作为之人物"，陈嘉庚特拨巨款设立"陈嘉庚公司俱乐部"，由其长子陈济民主持，总公司、分公司职员都是俱乐部成员。在俱乐部内设置美术、音乐、戏剧、体育等部，购买图书、杂志、报纸，以供阅览；建造球场、弹子房，以供运动。

四是树立深入实际的工作作风。陈嘉庚认为："一种实业的成功，不在初创时拥有雄厚的资金，而在经营得法与否，初创时都是极其渺小，经过长期奋斗，渐渐扩大，终成巨富。"陈嘉庚办事一向认真负责、一丝不苟。兴实业、办教育，不是只停留在口头上，而是深入实际。陈嘉庚担任公司董事长兼总经理，对重点企业每日必到，从早到晚，认真巡视，发现问题，及时解决；发现经验，迅速推广。他处处精打细算，注重修旧利废和成本核算，不图形式而求实效。在生产和经营中，厉行增产节约，反对铺张浪费，使企业蒸蒸日上，财源不断涌进。陈嘉庚对于重大的产供销问题，都要亲自过问。1911 年为保证恒美熟米厂原料的供应，他亲自前往泰国北柳港，并在该港建造仓库，以供储存稻谷。1922 年，为在马来亚收购九个小胶厂，他不惜先后"两月走各埠三次，经陆水途 4000 英里，费车舟 500 余元"。1924 年，为使熟胶制品广开销路，他亲自到马来亚、印尼各埠，设立首批

分行,等等。

得道多助,侨众拥护。陈嘉庚独立经营以来,艰苦创业,倾资兴学,热心公益。他早年参加同盟会,支持孙中山,拥护辛亥革命。1911 年被新加坡闽籍华侨推举为福建保安会会长,1923 年任新加坡怡和轩俱乐部总理,1929 年被推举为新加坡福建会馆主席,1938 年出任南侨总会主席。他一向忠诚为社会服务,为维护华侨正当权益,为发展当地社会经济,做出了重大贡献。反过来,新马和南洋各地爱国华侨和华人也衷心地信任、支持和拥护他,为他的事业的迅速发展和承担的社会重任而鼎力相助。这种有形无形地互相凝集的力量所产生的价值,是难以用金钱数字来衡量的。

3. 陈嘉庚的用财之道

俗话说:"会赚钱只是一半本事,会赚钱又会花钱才是大本事。"世界上会赚钱者不少,发财之后真正懂得花钱者不多,而其中的佼佼者更少。陈嘉庚认为经商赚钱只是手段,不是目的。其最终目的是要将赚的钱都拿出来为社会办好事办大事,为社会培养大批有用人才,以便建设一个能与"欧美列强并驾齐驱"的独立统一和民主富强的新中国。陈嘉庚的金钱观,从一个侧面折射出了他伟大的爱国主义精神。他花钱有几条原则:

——"取诸社会用诸社会"的原则。他时常对友人说:"我的金钱取诸社会,亦当用诸社会","财自我辛苦得来,亦当由我慷慨捐出"。他还引用西方谚语说:"金钱如肥料,撒播才有用。"

——"用钱必须得当"原则。他用钱的座右铭是:"应该用的钱,千百万也不要吝惜,不应该用的钱,一分也不要浪费。"

——"自奉节俭,一心为公"的原则。他说:"今日中国贫困极矣,吾既为中国人,则种种举动应以节俭为本。"他还说:"人生在世,不要只为个人的生活打算,而要为国家民族奋斗。"

——"不能只知发财,不知救国"的原则。他针对少数人存在只顾私利而不知救国的倾向,语重心长地批评说:"我们如果终日只知赚钱不知救国,纵然发了财,但是做奴隶,做亡国奴,发了财又有什么用?"

——"多为社会想,少为儿孙计"的原则。他认为:"儿孙自有儿孙福,勿为儿孙当马牛。"他还常以"针无两头利"为比喻,指出"我既立意为社会服务,当然不能再为儿孙计;若兼为儿孙计,则不能尽量为社会服务"。"父之爱子,实出天性,人谁不爱子,惟别以道德之爱,非多遗金钱方谓之爱。且贤而多财则损其志,愚

而多财则益其过，实乃害之，非爱之也。”

据早年有关历史资料记载：陈嘉庚从 1904 年独立经营到 1931 年企业临近收盘的 28 年间，其各种费用总支出 1331 万元，其中捐资兴学支出 837 万元，为兴学而支付银行利息 380 万元，两项合计共 1217 万元，占总支出的 92%，捐赠其他公益事业、还债及佣金等合计 74 万元，占总支出的 6%；家庭费用 30 万元，仅占总支出的 2%。由于陈嘉庚在海外家庭人口众多，家庭费用平均每月不到 1000 元。如果不是处处精打细算勤俭节约，区区小数，何足维持？陈嘉庚曾说：“鄙人在新加坡时，地处繁华，每月除正当费用外，零费不及两元。所以如此者，盖以个人少费一文，即为吾家多储一文，亦即为吾国多储一文，积少成多，以之兴学，此余之本意。”

在集美，他自己原有一栋住宅，抗战期间为敌机炸毁，一直没有修复。晚年回国定居后就住在集美学校校董会一间狭小房子里，个人生活极端俭朴。由于经常参与国事活动，人民政府发给他的工资是行政三级，每月 390 元，加上地区补贴共计 539.80 元。这个数额与其当年营业收入相比是微不足道的，用之于晚年生活及保健是完全必要的。可是他却自定每月伙食标准 15 元，嘱炊事员不得超支。余款全部存入集美学校会计处，作为公用。有时来了贵客，只是加几样小菜，连中央领导光临也不例外。

总之，陈嘉庚用钱的最重要原则，是处处为国家为社会着想，而不为个人和子孙打算。这种金钱观充分体现了他先忧后乐、无私奉献的人生价值观。

第二章　倾资兴学　百折不挠

陈嘉庚一生被人们传为美谈的事迹很多，而倾资兴学是其功绩卓著、彪炳青史的业绩之一。在陈嘉庚那里，爱国爱乡、兴教兴学，这二者是一脉相通的。爱国爱乡是他兴教兴学的力量源泉，兴教兴学则是他爱国爱乡的生动体现。在长达67年的时间里，陈嘉庚怀抱"教育救国"、"教育立国"的信念，始终以"办教育为职志"，倾其资产，费尽心血，创造了私人兴学办学的人间奇迹。陈嘉庚一生办学时间之长、创办及资助学校之多、捐资之巨、成绩之著，堪称中国近现代史上第一人。

陈嘉庚兴学起始于19世纪末，兴盛于20世纪20年代。这是世界革命风起云涌的时代。在新文化运动前后，许多先进的教育工作者以改造中国社会、推动社会进步为目的，摆脱传统教育思想的束缚，积极汲取西方现代教育思想，开始了各种各样的教育试验，形成了形形色色的教育思潮和教育运动。这一时期，陈嘉庚的思想、经济条件和社会地位也发生了巨大变化。在思想上，他接受孙中山的民主革命思想，加入了同盟会，大力资助孙中山及其领导的新政权；他同政界、文化界、教育界、新闻界进步人士广泛接触，同著名教育家蔡元培、黄炎培等人过从甚密，交谊深厚。在经济上，他经过多年奋斗，积累了巨额资产。在社会地位上，由于他的经济实力、诚信的品格、为社会服务的精神和组织领导才能，他已逐渐成为东南亚华侨的领袖人物。这些为陈嘉庚兴学办学提供了各种主客观条件。

一、矢志兴学　报效祖国

1893年，陈嘉庚奉母命回乡完婚。1894年冬，陈嘉庚有感于南轩私塾停办后社里儿童求学无门，便出资2000银元，在集美创办了惕斋学塾，供本族贫寒子弟入学就读。这是陈嘉庚捐资兴学的发端。惕斋学塾门前有石刻楹联两副，其正联为："惕厉其躬，谦冲其度；斋庄有敬，宽裕有容。"其副联为："春发其华，秋结其实；行先乎孝，艺裕乎文。"两副楹联反映了陈嘉庚早期的办学思想，即兴办学

校的目的，一方面为国家为社会培养人才，一方面提高人们的文化道德修养；学生在学校一方面要广泛学习科学文化知识，一方面要养成良好的道德品质。惕斋学塾的办学模式已与旧私塾大不相同，是陈嘉庚兴办新学的一种尝试。至于办学经费的来源，一是他从商三年所得的薪酬积蓄，二是父亲给予的结婚费用的节余。

惕斋学塾

辛亥革命之前，陈嘉庚还先后捐助同安县阳翟小学建筑费和经费计 5130 银元，占该校全部侨捐资金的四分之一，被推举为阳翟小学永久校董。此外，他还于 1906 年在新加坡集资创办了道南学堂，这是他兴办华侨教育的开始。

陈嘉庚在几十年后回忆说："生平志趣，自廿岁时，对乡党祠堂私塾及社会义务诸事颇具热心。"这说明陈嘉庚从 20 岁起，其立身人格发生了一次阶段性的变化，即开始超越"小我"，走向"大我"。创办惕斋学塾、资助阳翟小学等善举，体现了陈嘉庚热心公益、服务社会的良好品质，是他开始把对父母之爱扩充到对同宗族和同胞之爱的具体表现。

1. 集美学村　举世无双

辛亥革命推翻了清朝封建帝制，建立了民国政府。身为同盟会成员，陈嘉庚备受鼓舞，他自问："政治清明有望，而匹夫之责如何？"因此，他一方面积极资助孙中山及其新生政权；另一方面，"思欲尽国民一分子之天职"，"自审除多少资财外，绝无何项才能可以牺牲，而捐资一道窃谓莫善于教育，复以平昔服膺社会主义，欲为公众服务，亦以办学为宜"。因此，他决计回国兴办学校。

创办集美小学校。 1912 年 9 月，陈嘉庚怀着兴学培养人才的宏愿，从新加坡回归故里，筹办集美小学校。当时，集美社人口 2000 余人，无别姓杂居，分六七房，各房办一私塾，男生一二十人，女子不得入学。为了统一办学，陈嘉庚就在

大祠堂召集各房族长商议，反复讲明办学的目的，请求各房停办私塾，得到了各族长的赞同和支持。他出钱修缮祠堂，暂借了集美社大祠堂、房角祠堂和“诰驿”(大祠堂对面)为校舍，聘校长教员 7 人。当时同安全县师资连同简易科毕业者仅有 4 人，其中 1 人改从商业，另 3 人中陈嘉庚选聘了 2 个。1913 年 3 月 4 日开学，适龄男童报名入学达 135 人，分为高等一级、初等四级，定名为乡立集美两等小学，奠定了集美学校的基石。

1913 年集美学校第一座校舍

陈嘉庚暂借祠堂创办集美小学后，又从长计划，决定建筑集美小学校舍。可是，当时集美住宅稠密，乏地可建，且地形为半岛，三面环海，耕地有限，村外坟墓如鳞，加上村民风水迷信观念甚重，在村外择地建校舍也行不通。幸好村西有一口海滩围堤的大鱼池，面积数十亩，陈嘉庚就以 2000 元的价格向各股主收买。4 月立即动工，在鱼池四周挖深沟，挖出的泥土填平水池，形成小洲，高五六米，即使涨潮也不至于被淹，再建造木质平屋为校舍，周围开辟为操场，此即校史上所称的“填池建校”。8 月 20 日竣工，秋季开学迁入新校舍。受“女子无才便是德”及男尊女卑的封建思想影响，那时，集美社的女孩子没有上学的机会，而且劳动负担很重，要帮助家务，带弟妹。为了改变这种状况，让女孩子也享有受教育的权利，陈嘉庚于 1916 年 10 月委派陈敬贤回集美增办女子小学校，并筹办师范

和中学。在创办女子小学的过程中，陈敬贤和夫人王碧莲深入各家各户，苦口婆心地做动员工作，有时为了让一个女孩子上学，要说服三代人。为了鼓励女孩子上学，陈嘉庚决定给每个女孩每月补助 2 元，结果招收了 65 名女生。1917 年 2 月，集美女子小学正式开学，校舍暂借"向西书房"，校长由男小校长兼任，聘请女教师 4 位。随着学生人数的增加，陈嘉庚后来选择在环境适宜的寨内社(明末郑成功部将筑垒操练水兵的遗址)，购地为校址，耗资 6 万元，建造了一幢三层楼的新式校舍，取名延平楼，于 1922 年 9 月落成，集美小学迁入上学。为保留历史遗迹以教育学生，陈嘉庚还嘱人在延平楼前的岩石上题刻"延平故垒"四个大字。1936 年秋季，集美男小、女小合并为一校，称"集美小学校"。

集美小学

创办师范和中学。1912 年底陈嘉庚曾亲自到同安考察办学状况，全县人口 20 余万人，只有县立小学一所，学生 100 余名，私立 4 校，学生 300 余名，可见教育之落后。他发现同安县小学教育不振，师资缺乏是一个主要原因。他获悉福州有所师范学校，便前往考察，发现这所学校条件很好，但弊端也不少。主要是招生时严重"走后门"，贫苦青年学生入不了校门；入学者毕业后多数不从教职，依靠父兄权势转行改业。所以，八闽大地广大农村小学教师缺乏，初等教育前途堪忧。陈嘉庚当即表态："等力能办到，当举办师范学校，收闽南贫寒子弟才志相当者，加以训练，以挽救本省教育之颓风。"集美小学的开办，虽然仅仅是个开端，

但它很快就引起了一系列的连锁反应。首先是本校的学生不断增加，接着是全县及邻近一些地区也想办学，小学教育开始发展起来。而小学教育要发展，首先需要师资，因此办师范也就迫在眉睫了。而小学生学习几年后也面临升学的问题，中学也必须尽快兴办。

1918 年竣工的中学居仁楼

1916 年，已经南渡新加坡的陈嘉庚派遣胞弟陈敬贤回到集美，创办师范和中学。创办师范和中学首先遇到的是选择校址问题。陈敬贤选择集美小学西北隅(属内池范围)及池外为师范校址，用加倍价格收买用地和公私坟墓(又补贴迁葬费)，解决了校址问题。随即开始大规模的校舍建设。至 1918 年初，先后建成了尚勇楼、居仁楼、立功楼、大礼堂等校舍和大操场等，建筑费共 20 余万元。其次是延聘校长和教师问题。陈嘉庚从新加坡诸华侨小学处得知师资来源，提前函托江苏省第二师范学校校长贾丰臻代聘，并交由陈敬贤办理。陈敬贤于 1917 年 5 月亲临江浙等省考察教育，聘请师资。年底，首任校长、教职员陆续抵校筹备开学事宜，师资暂时得到解决。由于首聘师资的素质问题，1918 年 5 月陈敬贤再赴江浙托聘第二任校长和教师。陈嘉庚针对福州师范招生弊端带来的严重后果，决定改革招生制度，他致函闽南各县勤学所所长，代为选拔有志教职的贫寒青年，大县五六人、小县三四人，共 120 多人，详填履历，到校加以复试。凡违

背定章或不及格者，绝不录取。经过严格选拔，既扩大了生源，又保证了质量。

1918年3月10日，集美师范和中学开学，由于初办招收学生程度参差不一，分别编为三年制师范科讲习班两班、五年制师范预科两班，另设中学一班，学生共196人。陈嘉庚为激励师范学生勤奋好学，特在经济生活上予以许多优惠：即入学费、住宿费、膳费均免，被子、蚊帐、草席和春冬两套制服均由学校无偿供给。既减轻学生家长经济负担，又使学生在校无后顾之忧，集中精神攻读。因此，闽南、闽西和广东东部及南洋侨生，慕名接踵报考集美师范学校。

1920年竣工的师范三立楼

校训和校歌。在创办集美学校的过程中，陈嘉庚和陈敬贤充分吸取了中华民族源远流长的优秀文化传统，结合他们立身处世的感悟，概括提炼出“诚毅”二字，于1918年2月确立为集美学校校训，希望师生具有实事求是、言信行果的为人之道和刚强果决、百折不挠的处事毅力。校训在1918年3月10日集美师范、中学的开学典礼上向全校公布，并写入同一时期颁布的校歌中，要求师生“‘诚毅’二字中心藏，大家勿忘，大家勿忘！”陈嘉庚曾语重心长地对集美学校的师生说：“我培养你们，我并不想要你们替我做什么，我更不愿你们是国家的害虫、寄生虫；我希望于你们的只是要你们依照着‘诚毅’校训，努力地读书，好好地做人，

好好地替国家民族做事。”陈嘉庚不仅是“诚毅”的积极倡导者，而且是其实践的楷模。从陈嘉庚的生平可以看出，他所倡导的“诚毅”的“诚”，首先是指对祖国、民族、家乡的忠诚和热爱，其次是指待人以诚、诚信处事；“诚毅”的“毅”，首先是指大是大非问题毫不含糊、立场坚定、爱憎分明，其次是指勇于开拓、坚忍不拔、百折不挠。“诚毅”校训激励着一代又一代集美师生对中华民族忠诚不贰，在人生道路上孜孜以求、勇往直前，成为集美师生为人处世的共同价值取向和精神追求。

集美学校校训

集美学校校歌全称是“福建私立集美学校校歌”，它是与集美师范中学教职员服务简章以及“诚毅”校训一并在 1918 年 2 月确定，3 月 10 日公布的。校歌的歌词是：“闽海之滨，有我集美乡，山明兮水秀，胜地冠南疆。天然位置，惟序与黉，英才乐育，蔚为国光。全国士聚一堂，师中实小共提倡。春风吹和煦，桃李尽成行。树人需百年，美哉教泽长。‘诚毅’二字中心藏，大家勿忘，大家勿忘！”校歌由当时集美学校闽籍教师黄鸿翔作词，许子川谱曲。歌词中“全国士聚一堂，师中实小共提倡”一句，原为“泉漳士共提倡，孕育师中在一堂”，1921 年改为“泉漳士聚一堂，师中水商共提倡”，1923 年 6 月改为“泉漳士聚一堂，师中实小共提倡”，1927 年后再改为“全国士聚一堂，师中实小共提倡”。

创办幼稚园。集美幼稚园于 1919 年 2 月由陈嘉庚委派陈敬贤创办。这是我国由国人创办的较早的一所独立幼稚园。当时先借用渡头角旧民房开办，聘

福建私立集美學校校歌

1＝F（或G）

2／4（莊嚴）

5·5 5·5 | 5·3 | 1 3 | 2— | 3·3 3·3 | 3— | 6·6 2·2 | 5— |

閩海之濱 有我 集美 鄉， 山明兮水 秀， 勝地冠南 疆。

5 6 7 1 | 2 3 4 5 | 6 6 6 6 | 5 4 3 2 | 5·5 5 | 3·3 3 | 2 1 7 6 | 2 2 5 |

天然位置，惟序與黌，英才樂育，蔚爲國光。全國士 聚一堂，師中實小 共提倡。

6 4 | 5·5 5 | 1 2 | 3·3 3 | 6 5 | 43212 | 3 1 | 21765 | 1 1 2 2 | 3·3 3 |

春風 吹和煦，桃李 盡成行。樹人 需百年，美哉 教澤長。誠毅二字 中心藏，

6 5 | 3 1 | 2 5·4 | 3·2 1 ‖

大家 勿忘，大家 勿 忘。

註：

五綫譜原稿是： 6 5 | 5·5 5 ‖ 據國內外人士習慣唱成： 6 4 | 5·5 5

春風 吹 和煦 春風 吹 和煦

集美学校校歌

主任1人、教员4人，设4个班，学生140多人。1919年6月，陈嘉庚回国后发现幼稚园学生多、园舍挤，光线又不足，室内没有活动室，室外缺运动场地，不利于幼儿教育和身心健康，决定另选园址，新建园舍。几经周折，到了1925年秋，才选定在集美学村东北隅的二房山建园舍。1926年夏，巍峨壮观的一群西班牙哥特式园舍落成。前排“养正楼”，寓培养幼儿从小养成好习惯，矫正不良习气，促进身心健康发展之意；中排正中一口圆水池，两侧东是“熙春楼”，西是“群乐楼”；后排“葆真堂”居中，左右是教室，楼堂各为二层，共24间。同年秋季，幼稚园搬入新园舍上课，各地前来参观的人士盛赞是全国幼稚教育之第一建筑物。

创办水产航海教育。陈嘉庚目睹旧中国“门户洞开，强邻环伺”，“船舶川行如织，但航权均操洋人掌握”的可悲状况，痛心疾首。开阔的视野和个人经营航运的实践，使他认识到水产、航海事业对各国经济建设的重要性。他指出：“我国人口居世界第一位，沿岸领海环抱万里，不让任何大国；而所有船舶之数尚不足与最少船舶之国比拟，甚至世界数十国航业注册，我国竟无资格参加，其耻辱为

何如？故今后我国欲振兴航业，巩固海权，一洗久积之国耻，沿海诸省应负奋起直追之责。”“我国海岸线最长，渔产最富，而渔业不甚发达，抚躬自问，惭愧滋深！从今而后，甚望国人当仁不让，急起直追，庶几海疆利益，有挽回之希望也。”要“开拓海洋，挽回海权”，就要振兴渔业、航业，“欲振兴航业，必须培育多数之航业人才”。可是当年偌大的中国，仅有吴淞商船学校培养寥寥无几的毕业生。他义无反顾地负起了“直追之责”，选择在被迫开放为五个通商口岸之一的厦门，在他自己创办的集美学校开办水产、航海教育，以实现他“造就渔业航业中坚人才，以此内利民生，外振国权”的宏愿。1920 年 2 月，集美学校水产科开办，招收旧制高等小学毕业生 45 名，学制 4 年。为了鼓励学生学习水产、航海专业，陈嘉庚特地规定水产、航海学生“待遇同师范生，学膳宿费全免”，还由学校发给统一的制服和被席蚊帐。为解决水产、航海教师难聘的问题，他早在 1917 年就致函上海吴淞水产学校，委托物色人选，并资送该校 3 位高材生往日本留学，预聘他们回国后到集美任教。1924 年和 1925 年又先后资送 5 位本校学生赴日本东京农林省水产讲习所深造，学成后陆续回母校任教。为培养学生的实践技能，满足学生出海实习的需要，他于 1922 年 1 月向英国购买渔船机器，由本校教师设计，雇请船匠在集美建造了一艘载重 31 吨的实习船，定名为“集美一号”，还建造端艇 4 艘，分别定名为“郑和号”、“祖逖号”、“海鸥号”等，供学生操艇练习和海上采集标本用。1926 年 5 月又不惜花巨资从法国买进一艘载重 274 吨，主机功率 420 马力，航速可达 10 节的拖网铁壳渔船，定名为“集美二号”。该船是中国第一艘、也是当时全国最大的拖网渔船。由于坚持严格训练，因此集美学校培养出来的水产、航海专门人才质量较高，在水产、航海界享有盛誉。

水产航海校舍

创办商科。陈嘉庚从亲身涉足南洋商战的 30 年中，深刻领悟到商业教育的重要性。他经过自身的经营，追溯南洋社会历史的发展，反思我国的经济境

1926 年购置的实习船“集美 2 号”

况，认为：(1)南洋实业几百年来发展迅速，主要的贡献应该首推侨居于斯人数众多的华侨，“则中国欲发达实业，南洋实为重要之地”。(2)我国商业之不振，不在于土地、物资、人力和资本诸原因，“所独缺者，商人不知商业原理与常识”。补救的方法，莫善于兴学，其根本是科学，科学源于专门大学。(3)侨商历史上对南洋建树之功，不但未能获得报答，且一再受殖民主义者的压迫，复屡遭土人排外歧视。(4)日本采取经济南侵政策，东南亚强敌崛起。因此，他认为“侨商若欲求免天演之淘汰，务必急起直追，学习西式簿记知识，银行、贸易、技术本领”，从而诱发了创办商科的构思。1920 年 8 月，陈嘉庚在集美学校创设商科，旨在培养有学识之才，援助我南洋广大华侨经营商业；同时希望通过培养商业人才，改变国内墨守成规的商业经营方式，以谋民生问题的解决，以期建设新国家。商科初办时只有 25 名学生，第一组生源委托菲律宾教育会代为考送，修业年限为 4 年，待遇与中学相同，隶属于中学，主要授以商业必需的知识和技能。

创办女子师范并定总校名。为了进一步打破重男轻女的封建思想的束缚，大力提倡女子上学，陈嘉庚于 1921 年 2 月在集美学校设立了女子师范部，辖女子小学，招收女子师范讲习科和预科，首期共 100 多名学生。1921 年 2 月 23 日，定“福建私立集美学校”为总校名。内分师范、中实(包括中学、水产科、商科)、女师(女小隶之)、小学、幼稚园 5 个部，全校学生 1409 人。学校还先后设置

了一系列为师生学习、工作、生活服务的公共设施，如 1919 年 9 月设立医务处，次年独立设置为集美医院；1920 年设立集美图书馆；1922 年设立科学馆；等等。1924 年 1 月，水产科改为水产部，商科改为商业部。

消费公社、储蓄银行和成人之美储金。 为了免受零售商的剥削，也为了学生学习、经营商业，集美学校设立了消费公社。1921 年 3 月，公布消费公社章程及招股简章，向各部校友募集股金，集资 5000 元。5 月开始营业，以薄利多销、货真价实、服务优惠为原则，公社略有盈利，购者皆满意。秋季起由学生任经理，后因办理不善，账目不清，由学校派员接办。早在 1919 年 6 月，学校就成立"校主办事处"及"银行部"，1921 年 8 月，设立"校长办公室"后，陈嘉庚把银行部移交给校长管理，更名为"集美学校储蓄银行"，用意在于"欲谋教职员及学生存款之便利，养成节俭储蓄之良好习惯，并有利于商科学生之实地练习"。储蓄银行除接受储蓄外，还开办抵押借款和信用借款，教职员可以用薪俸作担保，借款数以月薪的三分之二为限，借期不超过两个月。学生借款分为教职员担保和 4 位学生连带保证两种方式，借款数不超过 8 元，借期也以两个月为限。逾期未还清者，不得再借或再担保。为了资助经济困难、品学兼优的本校中等各部的毕业生升入国内外大学或专门学校学习，自 1924 年起，学校设立"成人之美储金"，归学校储蓄银行管理。成人之美储金帮助了许多优秀毕业生升学深造，其中不少人后来成为有成就的专门人才。他们对母校和校主都充满着感激之情。

同安教育会。 1919 年 6 月，陈嘉庚从新加坡返回集美后，深入同安不少乡村调查，目睹农村经济衰落，教育事业落后，心中甚为忧虑。为了培育后代，陈嘉庚倡议组织"同安教育会"，自任会长，并带头认捐开办费 1 万元，常费逐年 5000 元，作为"同安教育会"的经费。陈嘉庚又函告新加坡同安籍华侨，号召支援家乡发展教育事业。按照他的计划，同安县 10 年内创办 200 所小学，普及小学教育。他自己每年补助办 20 所，每所 1000 元，另动员同安籍富侨创办 50 所。为了实现这一计划，1920 年，他在集美学校设立教育补助处，开始补助同安兴办小学。补助原则是以生员计算，每年每个高等生补助 8 元，每个初等生补助 5 元，设备费每人 3 元。在师资方面，陈嘉庚提出担任小学校长、教员必须是师范毕业生，他根据集美师范的毕业生情况，拟逐年分配到小学，逐渐推广，提高教育质量。1924 年 1 月教育补助处移交给集美学校校长办理，改为"教育推广部"，校长兼主任，男女师范部主任兼视察职务，继续补助同安小学。1925 年，陈嘉庚在南洋的商业大发展，获得巨利，来函称："几有诚意公益者，当由近及远，计划扩大补助

办学的范围。”遂把补助范围从同安扩展到闽南和闽西地区。据统计，从1924年至1935年间，获得经费补助的同安、安溪、金门、厦门、福州、泉州、惠安、永春、德化、仙游、诏安、云霄、漳浦、石码、海澄、东山、永定、上杭、龙岩等20个县市共73所学校，其中中学2所，小学71所（包括3所女校），补助金额达17余万元。为了帮助各校提高教学质量，教育推广部还举行了六次补助学校的校长会议，研究和交流经验，传播初级教育新思想。同时，举办了两届暑期小学教师讲习班，聘请上海、浙江等地教育家为讲师，传授教育学及教学经验，以提高小学教师水平和教学质量。

创办农林部、国学专门部和幼稚师范。陈嘉庚在《南侨回忆录》中指出：“我国素称以农立国，然因科学落后，水利未兴，改良无法，故收获不丰，民生困苦，本省虽临海，农业实占一大部分，尚乏农林学校，以资研究改良，余对农科尤为注意。”1925年5月，他指示集美学校校长与同安仁德里洪塘社乡民签订契约，购买天马山麓附近荒废山地，筹建农林部校舍务本楼，并开辟农林试验场，聘请北京农业大学教授、林学系主任叶道渊为农林部主任。1926年春，农林部正式开学，招收学生130多人。同年秋又开辟畜牧场，添购牲畜甚多，并培育许多树苗，派人到各乡游说植树造林，带树苗下乡教村民种树，力图掀起一场造林运动。1926年9月，集美学校设立了国学专门部。1927年2月，设立幼稚师范，以解决幼稚园师资严重不足的问题。

校舍建设的“黄金时期”。1919年至1926年，是集美学校校舍建设的黄金时期。陈嘉庚第五次从新加坡回到集美，共住了两年九个月（1919年6月—1922年3月）。在此期间，他亲自主持校舍的扩建工作，含辛茹苦，付出了大量的心血。当时建筑校舍，不但需要花费大量资金和精力，而且要敢于同封建势力作斗争。为了扩建小学，陈嘉庚选中了“延平故垒”背后的一块坟地。可是当时乡人深受封建迷信影响，慑于“神鬼”作祟，无人敢于平坟破土，甚至有的教职员亦托故辞职。陈嘉庚认为，办学校必须移风易俗，亲自带乡亲们到坟地，手执硬木杖，捅捅这墓穴，敲敲那墓碑，风趣地说：“这里没鬼，赶快开工！”众人在他的开导下，才破土动工。至1922年9月，“延平楼”就落成了，闹鬼的谣言也随着消失。在这两年多时间里，陈嘉庚主持建设的校舍有医院（1920年9月竣工）、图书馆（博文楼，1920年11月竣工）、科学馆（1922年9月竣工）、立德楼（1920年3月竣工）、立言楼（1920年7月竣工）、约礼楼（1920年11月竣工）、即温楼（1921年4月竣工）、明良楼（1921年6月竣工）、手工教室（1921年2月竣工）、钟楼

(1921年10月竣工)、尚忠楼(1921年2月竣工)、诵诗楼(1921年2月竣工)、延平楼(1922年9月竣工),以及西膳厅、俱乐部、消费公社和操场等。

1921年竣工的明良楼

1920年竣工的图书馆

从1923年至1926年,是陈嘉庚企业蒸蒸日上,“得利最多和资产最巨之时”。他认为这是发展学校的难得机会,一再函促集美学校负责人加速校舍建设和增添设备,扩大规模,大量招生。往往“钱未到手,就先准备把它用掉”。因此,这几年中,集美学校又建设了允恭楼(1923年8月竣工)、文学楼(1925年8月竣工)、敦书楼(1925年8月竣工)、葆真楼(1926年9月竣工)、音乐室(1925年2月竣工)、务本楼(1925年12月竣工)、崇俭楼(1926年2月竣工)、瀹智楼(1926年8月竣工)、肃雍楼、校董住宅、军乐亭、植物园、网球场、浴室、大膳厅、农林建筑办事处、工人住所等。

陈嘉庚对校舍建筑既有整体规划,又讲究美观实用。1923年2月28日,他给集美学校校长叶渊写了一封长信,全面阐述了自己对集美校舍整体规划的意

见，他指出："论集美山势，凡大操场以前之地均不宜建筑。宜分建两边近山之处，俾从海口看入，直达内头社边之大礼堂；而从大礼堂看出，面海无塞。大操场、大游泳池居中，教室数十座左右立，方不失此美丽秀雅之山水。"陈嘉庚在建设校舍的过程中，既讲究中西合璧，又注重民族风格，重视听取美术行家的意见。他尤其重视满足教学用房的需要，除了建设数十座教学楼外，还建设了为教学服务的公用图书馆、科学馆、体育馆、美术室、音乐室等。

集美成为"永久和平学村"。1923年8月底，时值军阀混战，闽军、粤军分据厦集海峡，隔海对峙，闽南战事紧张。闽军数千人驻扎集美学校，诛求无厌，骚扰殊甚，严重影响学校的正常教学秩序。9月3日，集美学校中学部八组侨生李文华、李凤阁乘帆船赴厦门，行至高崎大石湖附近，被闽军臧致平部枪击，李文华身中三弹，李凤阁身中一弹。两天后，李文华死于医院。此事激起师生的极大义愤，纷纷抗议军阀的罪行。在新加坡的陈嘉庚曾同林义顺和新加坡中华总商会分别致电闽军、粤军首领，要求他们把驻军撤出集美村界外。鉴于战祸蔓延，旷日持久，教育辍废，为谋彻底安全计，根据陈嘉庚的函示，集美学校校长叶渊倡议划学校为"永久和平学村"。并缮具请愿书及各种文件，派代表分别向南北军政当局请求承认划集美为和平学村。同时，向本省军政各机关，各长官，请其签名承认；请求全国实力派领袖、名流签字赞同；向驻厦领事团声明，如有犯及集美学村之事发生，请其主张公道，为精神上之援助。目的是为了鼓励华侨兴办教育，学生能安全求学，将来为国家建设出力。请愿书申明，请求承认"集美学村"公约，内容是：(1)公认集美学校设立地为学村。(2)集美学村范围，北以天马山为界，南尽海，东及延平故垒及鳌头宫，西抵岑头社及龙王宫。(3)学村范围内，不许军队屯驻、毁击及作战。(4)有破坏前项规定者，即为吾人公敌，当与众共弃之。这一倡议、请愿，获得各有关军政当局、大学、报社、名流人士等复函，并表示极力赞同、支持和承认。孙中山也于1923年10月20日批准在案，并由大本营内政部电令闽粤两省省长及统兵长官对集美学校特殊保护。电文说："该校创设有年，规模宏大，美成在久，古训有徵，芽蘖干霄，人才攸赖。兴言及此，宁忍摧残！应请贵省长转致两省统兵长官，对于该校务宜特别保护，倘有战事，幸勿扰及该校，俾免辍废，则莘莘学子，永享和平之利。""集美学村"由此得名。1927年3月，集美学校各部改为独立校。此时共有11所学校，即集美国学专门学校、集美师范学校、集美中学、集美水产航海学校、集美商业学校、集美农林学校、集美女子初级中学、集美幼稚师范学校、集美小学、集美女子小学、集美幼稚园。这时的集美学校已发展为规模壮观、社会影响广泛、蜚声海内外的集美学村了。

创办集美大学的设想。陈嘉庚自1913年起在集美创办了初、中等学校和各类职业学校后，觉得这些还不是解决振兴祖国文化问题的根本。他认为，“法治之根本，非在中小学也……端赖正当专门大学”。于是，他于1921年4月，假集美学校校舍创办了厦门大学，同时设想把集美学校也办成大学。1923年初，陈嘉庚连续给集美学校校长叶渊写了三封信。他在1月27日第一封信中明确提出：“本校将来应改为大学”、“厦大办不到之科而由本校承办，并助吾闽各科学之完备也”，并就师资问题提出了“愿往欧美留学或调查考察，以一年为限。应开各费，由本校负责。薪俸与优待费，仍旧准（原来标准）给。”“若于普通学毕业（指大学毕业）后，有意再留一、二年更求高深之学问者，本校可助其学费，裨他年回国得尽本校之职务，而壮名称实于集大（指拟办的集美大学）也。”他在2月23日第二封信中提到，预算过几年如能获利250万元，“可供两大学（指厦门大学与集美大学）之费”。他在2月28日第三封信中，则详细地表达了自己的设想：“故今日计划集美全部，宜以大学规模宏伟之气象，按二十年内，扩充校界至印斗山（在集美学村北面）。建中央大礼堂于内头社边南向之佳地……至于大学校舍之地址，弟意非内头社，后则许厝社后诸近处，另独立山冈，建较美观座座独立之校舍。”由此可见，创办集美大学是陈嘉庚当年的夙愿，他曾经有过很周密的计划。

2. 厦门大学 南方之强

1919年，提倡民主与科学的“五四”爱国运动在北京爆发，并波及全国。“五四”运动使陈嘉庚看到了新的希望。这时，他在新加坡经营的实业正蒸蒸日上，在集美创办的各类学校也粗具规模。为实现救国宏愿，他决心在此基础上倾资创办大学。

陈嘉庚认为，在家乡闽南创办一所大学非常必要。他说：“国家之富强，全在乎国民，国民之发展全在乎教育。”他还说：“何谓根本，科学是也。今日之世界，一科学全盛之世界也。科学之发展，乃在专门大学。有专门大学之设立，则实业、教育、政治三者人才，乃能辈出。”从当时福建省的情况看，陈嘉庚也认为兴办大学非常必要。他说：“民国八年（1919年）夏余回梓，念邻省如广东江浙公私立大学林立，医学校亦不少，闽省千余万人，公私立大学未有一所，不但专门人才短少，而中等教师亦无处可造就。”

1919年6月，陈嘉庚回到集美，一卸下行装就四处勘地筹办厦门大学。他先是在报上刊登《筹办福建厦门大学附设高等师范学校通告》，指出：“专制之积

弊未除，共和之建设未备，国民之教育未遍，地方之实业未兴。此四者欲望其各臻完善，非有高等教育专门学识，不足以躐等（逾越）而达。吾闽僻处海隅，地瘠民贫，莘莘学子，难造高深者，良以远方留学，则费重维艰，省内兴办，而政府难期。长此以往，吾民岂有自由幸福之日耶？且门户洞开，强邻环伺，存亡绝续迫于眉睫，吾人若复袖手旁观，放弃责任，后患奚堪设想！鄙人久客南洋，志怀祖国，希图报效，已非一日，不揣冒昧拟倡办大学校并附设高等师范于厦门……”

教育为立国之本

7月13日，陈嘉庚邀集各界人士在厦门浮屿陈氏宗祠开特别大会，说明筹备厦门大学的动机和经过。他说：“鄙人不揣绵力，拟在厦门倡办大学校及高等师范学校，欲将详情报告各界。……鄙人羁留海外，前后凡30年，此次回国，拟长住梓里稍尽义务。抵厦之后，数次往勘演武亭地势，闻外间有误会将实行林君文庆模范村之议，不知鄙人拟办之事与林君旨趣大不相同。业经揭诸报章，谅邀洞鉴。窃吾人欲竞存于世界而求免天演之淘汰，非兴教育与实业不为功。此固尽人所知，然就进化之程序言之，则必先兴教育，而后实业有可措手。鄙人于教育一事实门外汉，本不敢以扣槃扪烛之见贡献于方家之前，第为爱国愚诚所迫，欲出而提倡举办。爰于民国二年创办集美小学校，方知小学教师缺乏，继办师范、中学，欲以培植师资及预备专门人才。开校一年有半，教员屡更，成绩未见，复觉中学师资更难。敝处如此，他县可知，岂非进行教育之大阻碍。私心默察，非速筹办大学高师实无救济之良法……”“今日国势危如累卵，所赖而维系者，惟此方兴之教育与未死之民心耳。若并此而无之，是置国家于度外而自取灭亡之道也。……试观吾闽左臂（指台湾），二十年前固已断送，野心家得陇望蜀，俟隙而动。吾人若不早自反省，后悔何及？诚能抱定宗旨，毅力进行，彼野心家能剜我之肉，而不能伤我之身，能断我之臂，而不能得我之心。民心不死，国脉尚存，以四万万之民族决无甘居人下之理！今日不达，尚有来日，及身不达，尚有子孙！如精卫之填海，愚公之移山，终有贯彻目的之一日”。

陈嘉庚还论述了培养各级师资的必要性与迫切性，但对政府却无可指望，

"当轴者既不能为我谋,则吾民不可不早自为谋,兴学责任讵有旁贷"。谈到为国家培养人才的重要性时,他说:我国现有大学,强半为外人所创办,其内容不过神学、文学、医学等科目,而农工商等关系社会经济发展和国家生存的重要专业,则少有所闻。他准备创办的大学,力求完备,为国家培养教育、经济和政治的专门人才,因此必须年筹几十万或百万元的经费或千万元基金,可收学生数千名,但自己"绵力有限,唯具无限诚意",他愿意以身作则,带头示范,并公开表示:"自己先认捐开办费 100 万元,作两年开销;再捐经常费 300 万元作 12 年支出,每年 25 万元。"并拟于开办两年后,学校略有规模时,即向南洋富侨募捐。"诚恳希望内地诸君及海外侨胞,负起国民责任,同舟共济,见义勇为,则数千万元之基金,不难立集。"

陈嘉庚对创办厦门大学的开办费和经常费的资金来源,在 1919 年 5 月他回国之前,就作了安排。他把在新加坡的全部不动产充为集美学校永久基金,并对其经商所得之利又提一半附益之。聘请律师,立约为据。并预立遗嘱,来日托新加坡中华总商会及道南学校董事代理收款,以便源源接济学费。集美学校永久基金就是陈嘉庚回国用以创办厦门大学费用的保证。陈嘉庚回国前表示,这次回国"至速四五或五六年方能再来",但回乡并非"家居安乐享福",而是为竞争义务。如何竞争义务?就是"捐巨金以补助国家社会之发达是也。而补助之最当、最有益者,又莫逾于设学校兴教育之一举"。"本家之生理(经营)产业,大家可视为公众之物,学校之物,勿视为余一人私物。"他还说明了将财产充为公益基金,而不留给儿孙后代的原因。

至于为什么要尽出家产以兴学,陈嘉庚在 1920 年 11 月筹办厦门大学的演讲词中提到:"(一)尝观欧美各国教育之所以发达,国家之所以富强,非由于政府,乃由于全体人民。中国欲富强,欲教育发达,何独不然。(二)南洋实业,日益发达,其进步之速,实有一日千里之慨,而土地又大,未开垦之地颇多,各国人侨居于斯数,首推中国。则中国欲发达实业,南洋实为重要之地。乃反视在南洋之华侨,广帮余不知,不敢言,请谓闽帮,余乃抱悲观。每见许多华侨,多不愿回国者,虽有回国者,亦不过拥巨资作安逸之富家翁,专从事于种种奢华。在福建曾见华侨嫁女,乃费至千万之多,实为奢华之极;而对于实业教育各问题,反置之不问。故余谓长此以往,华侨财愈富,其有害于中国尤深,因之乃每欲设法援救之。援救之方法无他,惟有身先作则。创办数事,以警醒之。兹出家财之半,或十分之三四,恐仍不能动其心,改将所有家财尽出之,以办教育,并亲来中国经营,以

冀将来事或成功,使其他华侨,有所感动也。”

要办学校,必须要有一个理想的校址。陈嘉庚认为:校址问题为创办之首要。厦门居闽省南方,与南洋关系密切,而南洋侨胞子弟多住厦门附近,因此设在厦门最适中。在厦门尤以演武场附近山麓最佳,背山面海,坐北向南,风景秀美,地场广大。第一步规划占地 200 亩,第二步可扩至附近,占地 2000 亩。将来学生众多,大学地址必须广大,以备今后扩充。创办大学虽说是件大事、难事,而陈嘉庚却说到做到。陈嘉庚经多次勘察,向厦门道尹提出拨地要求,遭到厦门防营守使的反对。于是,他邀请厦门道尹、思明县长、警察厅长等,实地勘察演武场,一致认为与军队防营实无妨碍,遂正式呈报省政府。但福建省督军兼省长李厚基要求陈嘉庚必须购买 4 万元省公债,才肯发给地照。陈嘉庚立即向华侨富商募捐,凑足款数上报,但李厚基仍不答应,借口公债是别人买的,不能代替,一定要自己捐资买公债才算数。陈嘉庚只好从准备建设厦门大学的建筑费中拨出两万元买公债,才得到演武场的地皮,这一折腾,就延误了半年的宝贵时间。1920 年初,道尹转来省政府批准之公函,演武场为校址从此决定。

校址确定后,他一面从上海聘请美国工程师毛惠来厦绘制规划及建筑图,着手筹建第一批校舍;一面物色校长,原来准备聘汪精卫担任校长。汪精卫在新加坡时与陈嘉庚认识,1920 年汪精卫到漳州访问粤军总司令陈炯明,陈嘉庚就邀请他到集美参观,并劝他放弃政治生涯而专心做学问。汪精卫回去后来函告诉陈嘉庚,愿意出任厦门大学校长,陈嘉庚回函应承。但汪精卫实际上并无心于办大学,先是再三推延到厦门的日期,后来则派他的夫人当“代表”先期来厦充数,在鼓浪屿居住。不久因粤军回粤成功,汪精卫便来函以“将回粤办政治未暇兼顾”为由提出辞职。于是厦门大学便组织了筹备委员会,推举蔡元培(时任北京大学校长)、郭秉文(时任南京高级师范学校教务主任兼任东南大学筹备员)、余日章、胡敦复、汪精卫、黄炎培、叶渊、邓萃英、黄孟圭等为筹备员,1920 年 10 月在上海开会,拟定办学大纲,并推举邓萃英为厦大校长。邓萃英(字芝园)是福州人,曾留学日本,当时任教育部参事,并兼教育部次长。他派何公敢、郑贞文来厦筹备建校,着手在上海、福州、厦门、新加坡等地招生,先设商学和师范两部,经过严格入学考试,共录取新生一百多人。1921 年 4 月 6 日,厦门大学在集美举行开学式。因校舍尚未兴建,暂借集美学校的即温楼、明良楼和一些辅佐房屋作为厦门大学的临时校舍。福建省、厦门市社会各界代表、中外来宾及学生共 1000 多人参加了开学典礼。美国著名教育学家杜威博士及其夫人也应邀参加,并连

续两天讲演大学旨趣等。校训初定为“止于至善”。厦门大学的创办,标志着福建省有史以来由华侨创办的第一所大学诞生了。

厦门大学校舍

1921 年 5 月 9 日“国耻日”(1915 年 5 月 9 日,袁世凯与日本签订丧权辱国的“二十一条”不平等条约,国人视 5 月 9 日为“国耻日”),演武场厦门大学校舍奠基开工。基石镌刻陈嘉庚亲笔题写的:“中华民国十年五月九日厦门大学校舍开工陈嘉庚奠基题”,嵌于群贤楼中厅墙根下。校舍因美国工程师绘制的图纸占地大且造价高,不予采用,而根据自己的设计投建。1922 年第一批校舍落成后,厦门大学师生从集美学校迁往厦门新校舍上课,以后又陆续新建了一批校舍,招生规模也逐步扩大,校务蒸蒸日上,聚集了一大批国内学界翘楚,组成了实力雄厚的师资队伍,成为全国著名的大学之一。

厦门大学校门

3. *海外办学　开启新风*

陈嘉庚热心兴学,不但创办了著名的集美学校和厦门大学,还在他的侨居地新加坡创办和赞助了许多学校,并长期担任新加坡福建会馆主席,领导这个会馆兴办许多中小学,对当地文化教育的发展建立了不可磨灭的功绩。

陈嘉庚在《南侨回忆录》中说:“民国未光复以前,南洋华侨无所谓教育,其时

厦门大学奠基石

新加坡道南学校

学校甚少，虽有私塾，亦极有限。若英属虽设有英文校，所读所教只能备英人使役而已，不但无专门或大学，便是相当中等学校亦难得；若荷印荷文学校，则不许从祖国来的华侨子弟入学，暹罗则须读简单暹文。由是各处华侨子弟，既乏中国文化，致多被外国及土人所化矣。”正是在这种情况下，新加坡福建会馆于 1906

年11月8日创办道南学堂。1910年，陈嘉庚被选为道南学校第三届总理（即董事会主席），即积极向闽侨募捐5万元，建筑新校舍，并在国内物色校长、教员。

辛亥革命以后不久，陈嘉庚除了开始在家乡集美办学，还大力支持新加坡福建会馆先后兴办了爱同学校（1912年成立）和崇福女子学校（1915年成立）。当时新加坡是英属马来亚的首府，英殖民政府对教育甚形敷衍，像历史、地理、化学以及提高文化素质的课程极少开设。后来美国教会学校开办，质量较高，殖民政府所办学校才不得不改善，但对于地理及化学等中学生也没有机会学，与美国人在菲律宾办的学校相差甚远。1918年，美教会学校校长那牙仰慕陈嘉庚热心教育，特来拜访陈嘉庚，谈到马来亚缺少一所大学至为可惜。该教会久欲倡办星洲大学，但在新加坡募款困难，所以愿望一直没能实现。那牙校长提出，如果能募集100万元，大学就能办起来，现美国教会机关愿捐半数50万元，希望当地亦能捐得50万元。他们筹谋已久，但新加坡的富人多推诿不肯先捐，恳请陈嘉庚首捐10万元，其他的他们自有办法。陈嘉庚当即答应，但声明以该大学须兼教中文科，所捐10万元作该科基金为条件，那牙接受这一条件，乃由律师立定合约作10年交清，每年交1万元，约字中声明如办不成，须将原款及利息交回，由教会主教与陈嘉庚签押作据，即交去首期捐款1万元。美主教与陈嘉庚签约后，该校长转向其他华侨募捐，个人认捐5万元者已有数人，其他两三万元者亦有多人，不久之间50万元业已募足。于是一面向当地政府申请注册开办大学，一面花费10余万元在市区外购置土地数十英亩，并立即设计拟建校舍，计划一年后即可开幕。不料英国殖民政府对注册申请拖延了一年多才驳回不准，认为最高学府容外国人设立，于国体有关，大学的事情应由英政府负责创办。美教会遭此意外，遂打消计划，陈嘉庚已交的3万元捐款按理应当交还。后来，美国教会请求陈嘉庚把这笔款充作该教会中学的理化基金，陈嘉庚便答应了。

在辛亥革命前清朝学制变动后，南洋华侨学校寥寥无几。辛亥革命后略有进展，但都是小学校，马来亚还未有正式中学。1918年陈嘉庚召集多位侨领，在新加坡倡办华侨中学。在筹办过程中，得到了同德书报社、国风幻境演剧团以及曾江水、钟水泮、林义顺等慷慨解囊和大力支持，共募捐5万元（陈嘉庚捐1.3万元）。接着，他们联络了新加坡和马六甲十六所华侨学校总理，于6月15日开特别大会讨论。会上，陈嘉庚以临时主席身份发表演讲，说明创办中学势在必行。"吾侨如不早为之所，其贻误后生，奚堪设想！""诚以救国既乏术，亦只有兴学之一方，纵未能见成效，然保我国粹，扬我精神，以我四万万民族，抑或有重光之一

日乎！”接着又说：“勿谓海外侨居与祖国全无关系也。有志者当更希望进一筹，他日于相当地点，续办专门大学，庶乎达到教育完全之目的。世界无难事，唯在毅力与责任耳。”经过不懈努力，南洋华侨中学于1919年3月21日开学，向上海聘请校长和教师，规定该校用国语教学，著名作家老舍曾在该校担任教师。这是东南亚华侨的第一所跨帮系的华文正规完全中学。陈嘉庚被选为该校第一届董事长。为使学校经费得到保障，他曾写信给中华总商会请每月拨会款1500元补助华侨中学。总商会经研究，同意拨给500元（后来减至300元）。各帮侨领先后认捐款额达60万余元（其中陈嘉庚认捐3万元）。

新加坡南洋华侨中学

南洋华侨中学开办时，由陈嘉庚经手购市内洋楼两座为校舍，花了5万余元，又购市外五英里武吉智马律大路边、前马来王别墅80英亩，为新校址，景地均佳，价8万元。陈嘉庚回国后，新加坡屋地业大涨价，学校董事会议决定购买市内4万平方尺地，拟建屋店为校业，花去17万余元，认捐的款项未收到的达20余万元，因商业欠佳均不肯交。所存现金10余万元，两年多经常费提用净尽，至陈嘉庚1922年回到新加坡时，校费已无着落，形同破产。陈嘉庚想方设法予以维持，并向认捐未交者磋商追交。其中认捐最多的黄姓富侨10万元，陈嘉庚找他商量时，他说：“实非怠交，当时系有条件，所捐系为建新校舍礼堂之资，不能移作经常费，如有实行建筑立即交出。"陈嘉庚心想乘此机会若新校舍落成，可将旧校舍变卖以助校费，则一举两得。于是兴工起盖，除黄姓富侨交出10万元外，又收到旧捐6万余元，加上卖掉以前在市内买的地2万元，并向华商银行贷款6万余元，合计支出建筑费24万余元。建成可坐千人的礼堂，可容纳300多名学生的教室、餐厅和宿舍。南洋华侨中学自此有了像样的校园。华侨中学创办以后，南洋华侨视之为最高学府，"各处不但中等学校继起设立，即小学校亦更形发展，几如雨后春笋"。

1939年陈嘉庚在新加坡倡办水产航海学校。1941年他又在新加坡倡办南洋华侨师范学校，为南洋华侨教育培养师资。日军进攻南洋时期，新加坡抗日组织还在该校办了一个抗敌青年干部训练班。日军攻占新加坡前后，新加坡水产航海学校和南洋师范学校相继停办。日本法西斯占领期间，整个新加坡的华侨教育大受摧残。日本投降以后，陈嘉庚连任福建会馆主席，除了继续主持道南、爱同、崇福等学校，还创办了南侨女子中学和光华学校。

陈嘉庚自1890年第一次出洋到1950年最后一次回国，居住新加坡前后达60年。在这期间，他除了创办和主持上述许多学校，还捐资赞助新加坡的许多中小学。例如庄希泉、余佩皋夫妇创办的南洋女子学校和当地教育家林则扬创办的工商学校等著名的学校，也都受过他的支持。他所创办和赞助这许多学校先后为新加坡以至南洋培育了不少人才。他在兴学方面成为华侨的光辉楷模，鼓励了广大华侨也积极办学，造就了华侨在侨居地和家乡热心兴办教育的良好风气。

二、勉力维持　百折不挠

陈嘉庚以倾资兴学闻名海内外，但很多人并不了解他办学的动机和过程的艰辛。1918年，他给集美学校学生写了一封信，信中谈到："教育不振则实业不兴，国民之生计日绌……每念及此，良可悲已。吾国今处列强肘腋之下，成败存亡千钧一发，自非急起力追难逃天演之淘汰。鄙人所以奔走海外茹苦含辛数十年，身家性命之利害得失，举不足撄吾念虑，独于兴学一事，不惜牺牲金钱，竭殚心力而为之，唯日孜孜无敢逸豫者，正为此耳。诸生青年志学，大都爱国男儿，尚其慎体鄙人兴学之意，志同道合，声应气求，上以谋国家之福利，下以造桑梓之麻祯，懿欤休哉，有厚望焉。"陈嘉庚对于教育事业所捐献的钱，根据洪丝丝先生（陈嘉庚的生前好友，曾任新加坡福建会馆董事兼教育科主任，后任全国侨联副主

席)的估计,相当于1亿美元左右。这些钱,几乎等于他的全部资产。"百事非财不举",经营实业赚的钱,是他办学的经济基础。但是,他对实业与教育关系的认识比一般人更为深刻。在某种意义上也可以说,他是为了教育而经营实业,为了教育甚至可以牺牲实业。他在1922年2月25日给叶渊的信中说:"须知余办学校,非积存巨金寄存银行,一切经费,皆待经营……本校及厦大费用,端赖活动生意之接济。"

实业与教育。陈嘉庚在《陈嘉庚公司分行章程》的序中指出:"本公司及制造厂虽名曰陈嘉庚公司,而占股最多则为厦门大学与集美学校两校,约其数量,有十之八。盖厦集两校,经费浩大,必有基金为盾,校业方有强健之基。而经济充实,教育乃无中辍之虑。两校命运之亨屯,系于本公司营业之隆替。教育实业相需之殷,有如此者。况制造工厂为实业之根源,民生之利器。世界各国奖励实业,莫不全力倾注。在其国内,一方讲求制造,抵抗外货之侵入;一方锐意推销,吸收国外之利益。制造推销,兼行并进,胜利自可握诸掌中;否则一动一止,此弛彼张,凡百事业,皆当失败,况正当肉搏之经济战争哉。我国海禁开后,长牙利爪,万方竞进,茫茫赤县,沦为他人商战之场,事可痛心,孰逾于此。然推其致此之由,良以我国教育不兴,实业不振,阶其厉耳。凡我国民,如愿自致国家于强盛之域,则于斯二者,万万不能不加注意也审矣。惟然,则厦集二校之发达,本公司营业之胜利,其责尤全系于同事诸君。诸君苟奋勉所事,精勤厥职,直接兴教育实业,间接福吾群吾国矣。庚十年心力,悉役于斯,耿耿寸衷,旦夕惕励,窃愿与诸君共勉,以尽国民一分子天职焉。"明确点出他"兴实业"与"办教育"的密切关系。

毅力与责任。陈嘉庚虽号称拥有千万资产,其实由于他承担了沉重的校费,经济状况长期不佳。从1913年创办集美小学的一年后,就有感于"银根无时宽舒,常侵欠银行多少款项"。1918年创办师范、中学后,就开始在银行里挂债30余万元。在创办厦门大学和集美水产、商科、女师的1919年至1922年,经营收入与支出相抵,不敷30余万元,这个时期的总支出410余万元,而厦集两校校费就220余万元,占一半以上,支付银行利息达60余万元。1922年2月25日,陈嘉庚在集美学校春季开学式上讲话,说他年纪大了,回国是为了献身教育,服务社会,以了余生,尽到国民一分子的天职。他说回国时有三种收入充作学校的基金和经常费,即地皮屋业、橡胶园、生意及制造厂之收入。两年来学校的经费,全靠这些收入。但由于近来土产降价,生意大受影响。加上胞弟敬贤生病,因此必

须亲自出洋筹划。到了企业鼎盛时期的1925年，虽总资产1500万元，但银行的债务已增至300万元，实际资产仅1200万元。这个阶段是陈嘉庚经济较好的阶段，但是，1926年开始，就出现困难，而且经济每况愈下。

在经济困难的时期，陈嘉庚曾说："世界无难事，唯毅力与责任耳！"这就是他赖以支撑兴学的精神支柱。1926年至1928年，胶价暴跌，每担由约180元下降到约80元，他所经营的各业"均无利可收"，而支出达490余万元，其中厦集两校校费220余万元，银行利息130余万元，无奈两次出售胶园11000英亩以充抵。这是陈嘉庚始料未及的，两校的建设受到了很大的影响。厦大已动工的校舍竣工后，不再续建，集美学校的建筑工程也暂时停工了，原拟在国内建3座图书馆的筹备工作也停止了。陈嘉庚说："此为我一生最抱憾、最失意之事件。"在这之前，他"凡有盈余，尽数可加入教育费……迨至今日方悟公益事业非艰难辛苦不为功"，但振兴祖国不外实业和教育，"经营地方之利，仍还地方之益，一息尚存，此志不减"。

1929年至1931年8月，陈嘉庚的企业受到世界资本主义经济大危机的袭击，持续多年，胶价一跌再跌，每担由约80元，猛降至七八元。这期间的收入"只供义捐及家费"，而支出仍达280余万元，其中厦集两校经费90余万元，银行利息120余万元，致加欠银行100万元，积累负债400万元。当时，有人曾劝说陈嘉庚减少逐月汇给集美、厦大的经费，陈嘉庚回答："我吃稀粥，佐以花生仁，就能过日，何必为此担心。"不久之后，有一同安老乡也好意劝他停止校费以济营业之急需，他坚决不肯，说："余不忍放弃义务"，"盖两校如关门，自己误青年之罪少，影响社会之罪大……一经停课关门，则恢复难望"。表达了"毅力维持"集厦两校的决心。

"出卖大厦，维持厦大。"1931年10月，陈嘉庚的企业被银行团改组为有限公司，改组后董事们限定补助厦集两校的经费每月不得超过5000元；后来某国垄断集团要对其企业加以"照顾"，提出的条件是停止维持厦集校费，面对着外国人的要挟，陈嘉庚愤慨地断然拒绝，"宁使企业收盘，绝不停办学校"。为保存集美、厦大两校，他将新加坡、槟城两处橡胶厂出租给南益公司，巴双厂也租给南益公司，约明有利时分出一半作为两校经费；麻坡厂租给益和公司，得利全部充作集美校费；怡保、太平等厂招经理人和自己合租，得利抽三成作校费。甚至为了筹措校费，将已承继给陈济民、陈厥祥两子的私家住宅即位于新加坡经禧律42号的别墅抵押给银行，周转融通；继则过户易主，卖给华侨银行负责人，此即"出

卖大厦，维持厦大”的壮举。他还通过在厦门专门受理厦大、集美两校财政的集通号向他人有息借债 20 多万元和接受亲友的资助作为维持学校的经费。虽然校费极力削减，但“奇利难闻”。陈嘉庚为“维持二校之生存，难免时时焦灼”。当时，社会上风传陈嘉庚公司收盘后厦大、集美两学校不久也必将关门停办，为此陈嘉庚在报上刊登《陈嘉庚启事》，说明两校自可维持，绝无影响，望两校员生坚定奋发，为振兴我民族之文化而努力，勿为浮言所惑。

陈嘉庚在创办厦门大学时，原本计划在略具规模后即向南洋富侨募捐。他认为闽侨在南洋资财千万元、数百万元者有许多人，至于数十万者更是屈指难数，欲募数百万元基金，或年募三几十万元经费，料无难事。并且在他看来，厦大是公众事业，他创办厦大并非欲视该大学如私己之所有，也并不想独手包办厦大，之所以迟迟未受他人捐助者，是因为时机未至。他曾多次向富有财产之华侨为厦大求捐，结果皆不能成功。他在《南侨回忆录》中记述了为厦门大学三次募捐失败的经过，自恨以前的想法太过理想化，不得不独力维持厦门大学 16 年。

1930 年 7 月，陈嘉庚给国民政府打电报，吁请国民政府帮助厦大集校。电文说：“三年来树胶事业失败，损失至巨，致令厦、集两校不但乏力扩充，甚至年费将难维持。盖土产既经绝望，所恃者树胶制造厂入息而已。自关税加重，银价降落，厂货运销国内，已难获利，近复加日本货到处竞争，亏损愈甚，影响所及，两校必同归于尽。爰请厦、集两校校长林文庆、叶渊进京，吁请设法维持两校命运，或按年助费，或减免入口税，俾得与日货竞争，以期于教育实业有所裨益。”

到了 1936 年春，经费困难日趋严重。陈嘉庚考虑到“厦集两校虽能维持现状，然无进展希望，而诸项添置亦付阙如，未免误及青年”。为了集中力量维持集美学校，他写信给国民政府教育部长王世杰和福建省政府表示愿意无条件将厦门大学献与政府，改为国立。不久得到复函同意，从此厦大改为国立，由萨本栋继任校长。陈嘉庚后来追述当时的处境仍不胜感慨地写道：“每念竭力兴学，期尽国民天职，不图经济竭蹶，为善不终，贻累政府，抱歉无似。”事实上，他为了创办与维持厦大，已经做出了巨大的牺牲，尽了最大的努力，16 年间为厦大支出的款项刚好与当初认捐的 400 万元相符，甚为凑巧。

厦大改为国立后，陈嘉庚致电教育部长王世杰，请求将自 1934 年起政府给厦大集美两校的补助费每月 5000 元全部补助集美学校，助发展集美各科及农林水产。同时，又在新加坡将厦大胶园 388 英亩移归集美学校。

后来，陈嘉庚在回顾自己倾资兴学育才时说：“当年有议我者，非笑我孟浪，则讥我轻财。然而，燕雀安知鸿鹄之志。”“愿国人勿引我之困厄为口实，致阻公益事业之进展，陷我于罪人，幸甚。”

集美学校初期的三次更动。万事开头难，陈嘉庚创办集美师范和中学初期，学校先后因校长和教师的选聘问题发生了三次更动，影响了早期学校的办学成效。陈嘉庚凭着坚强的毅力和不懈的努力，推动学校逐步走上正轨。

集美学校创办初期，陈嘉庚鉴于闽南师资缺乏，中等教师更加难找，故师范和中学的校长及教师不得不托人由外省聘来。但开学后发现“教师多不合格，办理上亦多失妥。缘与集美小学校十数教师比较，优劣易知，幸立约仅试办半年耳”。此为集美学校第一次更动。

1918 年夏初，陈敬贤不得已亲往上海另聘校长，其他教职员亦由该校长负责聘委，准备秋间来校接办。秋季开学后数月，陈嘉庚接陈敬贤来信告知：“新校长及教师比前好些，但教师尚有缺点。校长自承认仓促托人聘来，故有此失，待年假伊回上海亲自选聘。”陈嘉庚则认为不妥，回信给陈敬贤说：“聘请教师非同市上购物，可以到时选择。校长若能用人必及早行函往聘相知，如脑中乏此相识者，则函托知友介绍，非充分时间不可。况年终时稍好教师设有更动，早被他人聘定，决无待价而沽之理，希告知之。”果然，到了年假结束校长回来，说好教师难觅，并通知学校自己暑假时也将辞职，希望尽早另聘校长。此为集美学校第二次更动。

于是陈嘉庚请黄炎培代聘校长，又致函北京高等师范学校校长，查询“本学期贵校闽省籍有何科毕业生若干人，肯来集美服务否?”得到回复说有 5 人。1919 年 5 月陈嘉庚回到集美，立即通知黄炎培，黄炎培带着他的学友陆规亮来校商谈校务，校长仍未聘到，教师仅聘定 2 人。而集美学校已定 6 月 1 日放假，相距只数天，全校教职员大都辞退，秋季又拟再招新生 3 班，统算全校教职员须 40 余人。陈嘉庚十分着急，乃委托黄炎培代聘校长，其他教职员尽量就地聘请。于是将旧教师选留 20 余人，并聘请北京高等师范学校 5 位闽籍毕业生，又托人在本省内再聘数人，尚缺六七人，再电请黄炎培在上海访聘，到 8 月底开课时，黄炎培帮助聘到了一位校长及五位教师。新校长为浙江人，系北京高师毕业，曾留学日本，原籍泉州，故能说闽南话。到校后陈嘉庚告诉他：“现尚缺教师数人，新春拟续招新生两三班，省内教师已乏，请于省外预早谋聘。”到将近年终，陈嘉庚发现他没有任何动作，又催促了两次也没行动，不得已又亲自托人代觅数人。陈嘉庚见其“才干庸常，办理校内事无何可取，对外聘请教师又短拙，此种人才若任

一小规模学校或可维持，若集美学校日在进展，决非彼所能办。余由是忧虑焦灼，不可言喻，盍未及两年已三易校长，外间难免讥评，而不知当局负责苦衷。但虽焦虑萦怀，亦未便轻向人言，再觅校长既无相知人才，屡屡更动又恐不合舆论，唯含忍静待而已”。1920 年 6 月，该校长因与同事发生意见争执，自愿提出辞呈，陈嘉庚复函婉劝而不挽留。此为集美学校第三次更动。

集美学校校长叶渊

由于三次更动的教训，陈嘉庚渐觉集美学校校长从外省聘来实属错误。他说：“盖校长既用外省人，教师亦当由外省聘来，本省虽有良教师，校长亦不能聘用，从外省觅聘许多教师，又甚觉困难。好教师多不肯离乡井，间有愿来者，多不待期终回去。原因多端，或思恋家乡，或被旧校或母校函电催返，此为两年来常有经验。故虽诚挚如黄炎培先生，亦爱莫能助。”因此，陈嘉庚决定今后不再向外省求聘校长，“拟待本省有相当人才，然后慎重聘请，否则虽暂时虚位，亦属无妨”。到了 1920 年暑假前，安溪人叶渊（采真，1917 年毕业于北京大学经济系）来厦，经友人介绍，求贤心切的陈嘉庚邀请他来校参观，又亲自送他回厦。在往返的汽船中促膝长谈，“已略识其才干，并认其有负责气魄，即聘为校长，校中一切信任办理，余绝不干预”。从 1918 年 3 月至 1920 年 7 月，两年又四个月四易校长的集美学校总算稳定下来了。陈嘉庚深有体会地说：“独是师资一项，最为无上第一要切。因教育之母，将来概由产生。”

在集美学校校长屡次更动之际，厦门大学刚刚开张校长也发生了更动，校长邓萃英在厦大开学后就打算返回北京。原来，他未按公聘时的契约声明辞去教育部职务，所以急着回去。至于厦大校长，他居然想由他挂名，具体校务交何公敢、郑贞文二人办理。这种挂名校长虽然其他地方常有，但陈嘉庚认为厦大不可以如此。郑贞文、何公敢二人知道陈嘉庚的想法，力劝邓萃英暂留勿回，到了 1921 年 4 月底，邓萃英接到学生的匿名信，骂他无才学且欲作挂名校长，若不自动辞退，不日诸生联名攻击，列首名者即是“陈嘉庚”。邓萃英于是来函辞职，陈嘉庚也不挽留。邓萃英辞职后，陈嘉庚即发电报到新加坡，敦请林文庆担任厦门大学校长。林文庆在1921年秋季开学前到任，一直干到1936年底厦大改为国立为止。

集美学校的三次风潮。1920年12月至1927年3月间，集美学校曾发生过三次大风潮。尤其是第三次规模最大，引起了全国教育界的关注。第一次风潮因处理偷窃的学生引起，1920年12月，学生宿舍发生失窃事件多次，最后抓住了一个偷窃一只金戒指的新生孙某，叶渊校长叫工友将他绑在柱子上。高年级部分同学反对叶渊这种侮辱人格的做法，群往责问叶渊。加上校内有人欲“取而代之”，也攻击叶渊，因此要求更换校长的呼声很高。当时，陈嘉庚也在集美，他对叶渊完全信赖，不同意换掉叶渊。后来，学校给孙某以退学处分，学生不满学校处理，举行罢课。陈嘉庚和省立13中校长黄婉劝解无效，陈嘉庚当即下令提前放寒假，并发告家长书，让学生家长了解真相。学生回家，风潮无形中也就平息了。

第二次风潮发生在1923年5月，学生于5月1日、4日和7日自行停课召开纪念大会和各部学生自治会联合大会。学校以“鼓动风潮、破坏学校”为由，宣布开除学生自治会干事杨望甦、刘荆荫，各部学生要求叶渊收回成命，被拒绝。学生举行罢课，发布宣言，攻击叶渊，并致电在新加坡的陈嘉庚，再次要求撤换校长。陈嘉庚复电以“千军易得，一将难求”而不同意，又致电在集美的胞弟陈敬贤：“曩数易校长，前车之鉴。若轻易更动，集校恐无宁日。我兄弟又未暇兼顾，况权操学生，教育何在？余绝端反对。”5月16日，学校宣布开除14名学生，17日除女师、男女小学、幼稚园照常上课外，其他各部提前放暑假。

对于这一事件，陈嘉庚相信叶渊。学生的吁求和社会舆论的谴责都未能改变他对叶渊的同情与支持。他在一次演讲中报告了集美风潮的“真相”，他说：“集美学校此回风潮，其缘由为少数学生不喜欢校中规则严谨，阻碍其志气与男女社交之自由，乃倡设学生会以对抗学校……复以‘五一’、‘五四’自由停课，全体到厦游行，自鸣爱国。5月9日，唆使童子军违抗教师命令，于是校长既忍无可忍，乃开全体教职员会议，革除为首两名，于是罢课风潮遂起，而集矢于校长，以为校长若罢，则不满意之教职员亦可一网打尽矣。”他说，高小毕业生有志升学者，第一，当毅力求学；第二，凡事当审慎是非；第三，要有主见，不要随附盲从时势潮流。但现在“中等学生，既失家庭之教育，复乏良好之小学，立基不善，办理

维艰。加以血气未定，自由误解，以罢课为爱国，以不敬为勇敢，既无尊师重傅之念，安有爱家爱国之行？不晓权限，不计是非，乏主持能力，复以不同为耻，故一倡百和。重以劣社会不明真相，推波助澜，是以一发而不可抑止也”。“自风潮发生后，鄙人屡接多处教育社、劝学所并素不相识之人来函讥刺，谓余甘牺牲千余学生而不肯去一校长……彼辈若甘自废学，作乏程度之国民，虽留之集美奚益？”接着他说：“教育非仅读书识字，而尤应养成德性，裨益社会。”

第三次风潮发生在1926年冬。1926年春夏之间，党团组织在集美学校的活动十分活跃，叶渊对此顾虑重重，陈嘉庚对此也很不理解，因此学校提出禁止学生加入任何政党的规定：“凡未有党籍者，须填写不入党誓词；已有党籍者，须填暂停党务活动誓词，或转学党化教育之学校。至于主义之信仰与研究，无论入党与否，皆得自由。”1926年11月，北伐军光复同安，学生代表前往迎接革命军宣传员来校演讲，革命军宣传员建议由党部、学生及学校当局三方面各选代表组织“校务革新委员会”，以谋学校之改进。11月23日，鲁迅应邀到集美学校作题为《生活的意义与价值》的演讲，认为学生“也应该留心世事”，说“聪明人”不能做事，“世界是靠傻子来支持，是靠傻子去推动，终究是属于傻子的”。在师生中产生了极大的影响。12月1日，学生发出《第一次宣言》，全体学生举行罢课，要求取消禁止进党的规定，收回以前被开除的学生，恢复学生组织，一切校务皆由校务革新委员会议决施行，遭到叶渊的拒绝。漳属政治监察员鲁纯仁奉革命军总指挥何应钦之命来校调解无效。叶渊于12月4日往新加坡向陈嘉庚汇报，商议善后事宜，学生于5日发出《第二次宣言》，成立罢课委员会，并提出“驱叶”的口号。18日，学生将“罢课委员会”改为“倒叶运动全权代表大会”，展开驱逐校长的运动并争取到社会上的支持，如厦门成立了“各界援助集美学潮委员会”，全国学联和各地学联也给予声援。陈嘉庚赞成改进校务，但反对学生罢课。他认为“礼义廉耻，国之四维。四维不张，人格丧尽，焉能图存？以校中言，尊师、重傅、敬长、谦恭为之礼；恪守校章不忘本原为之义；不贪名、不贪功、不出轨道为之廉；寸阴是惜，恐学业无成为之耻”。他说自己以血汗资财创办学校，“对于利字已无偿值可言，若对于权字则余决不敢放弃”。他于11日致电集美学校秘书处暨各部主任：“变革校章，迎合潮流，余亦赞成。但须有新政府规定，并电余认可，施行。若未经上节手续，学生切须上课，安待未晚。”对于更换校长一事，陈嘉庚坚决反对，他致电集美学校各主任：“进退校长，主权在余，不准学生干涉，校长决不更动。各生如不满意，即日停课放假。”1927年2月，蔡元培和马叙伦奉命来集

美调解，学生会和各部学生也纷纷电请陈嘉庚续办学校，要求复课。3 月 17 日，陈嘉庚复电同意，这次大风潮遂告平息。

集美师范被迫停止招生。集美师范学校自 1927 年独立建制后，教育事业发展较快，培养了许多优秀教师。至 1933 年，集美试验乡村师范学校和集美幼稚师范学校先后并入师范学校，集美师范学校的体制更加完善，学校规模更大。然而 1936 年 6 月 29 日，福建省政府教育厅以"统制"(私立学校一律不许开办师范教育)为名责令集美师范停止招生。陈嘉庚认为，师范学校为教育基本，程度参差或不妥，省政府收归统办俾可一律改善，实教育之幸。但是省政府不但要充分容纳生额，而且要各区分设师范学校，让有志于师范教育的贫困生不至于向隅而泣，这样才可以裁撤各私立学校。否则，程度虽参差不齐，但总比没有强。可是省政府提出禁止私立师范学校(原来还允许集美师范一校保留)后经过多年，而省立师范仍只有福州一校，学生数百名，实属杯水车薪。陈嘉庚致电省政府和国民政府教育部长详述理由，请求保留，并嘱时任集美中学校长兼任师范校长的陈村牧往省力争。但当接到省府"电悉，师范教育已由省统筹，希勿招生"的复电后，即致函陈村牧嘱勿往省城，"省府既如此坚决，本校切勿再请，反受其辱。从兹之计，唯有一切学费勿收，以多招中学生，及此后极力设想创办何项职业校，为闽南所无办者积极行之，极力聘农林合格教员；发展农校为切要"。"兹者为师范既不能办，而职业实益之科本年又办不到，从今之计，惟有加招其他各科之新生及插班生。要达到此目的，则须学费免收，庶贫苦之生乃能多来，及多招南洋侨生。"陈嘉庚对禁办师范极为愤慨，他说："若言成绩集美决不让于省立，若言普遍收纳闽南有才志贫寒子弟，则远胜于省校，况集美校又有关于南洋华侨学校之师资，重要如是，而乃加以摧残，是存何心也。"这样，陈嘉庚苦心经营的师范教育，不得已于 1936 年停止招生，终于 1940 年最后一届学生毕业后被迫停办。师范学校的停止招生，对集美学校的学科结构、办学规模和社会效益都造成巨大影响。

陈敬贤英年早逝。1936 年 2 月，陈嘉庚胞弟陈敬贤因病去世。陈敬贤出生于 1889 年 1 月 13 日，10 岁丧母，1900 年随陈嘉庚至新加坡投靠父亲。父亲实业失败后，跟随陈嘉庚开拓经营实业，是陈嘉庚的得力助手。1910 年他与陈嘉庚一起参加孙中山领导的同盟会，参与反对帝制、创建共和的革命活动。1916 年至 1919 年间，他受陈嘉庚的委托，在家乡创办集美女子小学、师范、中学、幼稚园等学校，为集美学校的发展奠定了基础。1919 年陈嘉庚回国办学，年仅 30 岁

的陈敬贤在新加坡主持陈嘉庚公司的业务，苦心经营，为集美、厦大的建设和发展提供资金。1923 年因病回国疗养，仍不辞劳苦，协理集美、厦大校务，前后长达 13 年。因此，集美、厦大两校师生皆称他为“二校主”。陈敬贤英年早逝，对陈嘉庚办学无疑是一个沉重打击。

陈嘉庚的胞弟陈敬贤

敬贤塔

复兴集美学校计划。 厦大已移交给政府，而师范学校又不能办，这使陈嘉庚甚感无奈。但他仍决心把集美学校办好。1937 年 6 月他聘请陈村牧出任集美学校校董，并于 6 月 14 日写下《复兴集美学校守则十二条》：希望同学诸君征已往，鉴未来，以复兴民族之苦干精神来复兴集美学校；集美应重新整顿；教职员薪俸“宜平”，比上不足，比下有余；工作时间“宜苦干”，加负些钟点，多尽些义务；人员少，工作多，乃复兴之基本；各校役丁，除非不得已外，不宜多用；校内轻件工作，教员应负责指导学生勤劳，俾养成自动性；师生切应力求俭朴，注重国货；闻城市中有恶习惯之跳舞或赌博，切宜禁戒，违者开除；全校管理，务求严格，以整风纪；卫生应如何研究，作有组织之准备；过去之非，譬如前日死，今后之觉，可如今日生。接着，陈嘉庚每隔一两天或三五天就给陈村牧写一封信，详谈集美学校的近期计划及创办职业学校等问题。在 6 月 30 日的信中，他提出本校此后抱定宗旨如下：“(甲)政府能办者，或政府注意办者，本校切切勿办，而让政府去干。(乙)私立能办者，或私立多办者，本校亦让他干办，切勿与之争办。(丙)政府及私立未办者或无人办者，虽如何困难，本校应当注意负责干办之，万万不可畏难弱志，至为紧要。如现下之农林、水产、商业三校，务希极力扩充，切切从此三校下手。”他又说：“余之责成先生等，本校拟办工科及农林等，求实发展，其困难决不至如十余年前乏才之苦，务希虚怀立志，极力变更新的科目。”

集美学校校董陈村牧

陈村牧接任校董后，按照陈嘉庚的指示，拟定了《改进集美学校计划大纲草案》，共十项内容，包括减轻学生负担，贫寒学生一律免费；恢复师范学校（俟与省政府接洽后决定）；发展农林水产两校；充实实业学校；筹办工业学校；改进中学工作；扩充小学校；繁荣集美村；沟通中国与南洋文化；注重劳作教育等。集美学校即将进入一个崭新的阶段，但后来因抗战全面爆发，复兴集美学校的计划无法付诸实施。

辗转播迁，几度分合。1937 年 7 月 7 日，日本帝国主义发动卢沟桥事变，日寇大举侵华，中华民族处于危急之中。陈嘉庚挺身而出，肩负起领导南洋华侨支援祖国抗日救亡的历史重任。但他心里仍时时牵挂着集美学校。10 月，金门失陷，厦门集美已成为前线。陈嘉庚给陈村牧写信，谈到“此后厦大、集美两校，将损失至如何程度，殊难逆料。然欲求最后之胜利，实现中华民族之自由平等，唯有全国人民抱定牺牲到底之决心以赴之。现在全面抗战业已展开，国人牺牲生命财产于敌人炸弹炮火之下者，已不知凡几。集厦二校纵惨遭损失，余亦不遑计及矣。……国难日亟，希激励员生，抱定牺牲苦干之精神，努力抗战救国之工作，是所至望”。

迫于战争形势，为了师生安全，为了使教育事业不致中断，也为了将来对国家作更大的贡献，经请示陈嘉庚同意，集美学校师生毅然告别了美丽的集美学村，播迁到安溪等地。10 月 13 日，集美师范、中学首批迁入安溪县城以文庙为中心的校舍。之后，集美商业、农业、水产航海等学校也先后分别迁入安溪县辖的后垵、同美、官桥等乡。1938 年 1 月 5 日，陈嘉庚致函陈村牧，提出：目前闽南中学十停七八，本校稍能维持，应极力办好；教师薪水减半，挤出经费，多收几百

名新生，以维持闽南教育事业，并使教师少失业；日本一两年内不会失败，但估计苏美英法将会援助我国，最后胜利必属于我们。经请示陈嘉庚同意，1938 年 1 月水产、商业、农业三校迁入安溪文庙，与师范、中学合并称为福建私立集美联合中学，由陈村牧兼任校长。

1938 年 5 月 11 日，厦门失守，沿海的局势一天比一天紧，到内地上学的学生增加了很多，秋季集美联合中学生数剧增，校舍严重不足，更主要的是厦门失陷后，时局紧张，为预防万一，拟设立分校于大田。1939 年 1 月 20 日，校务会议遵照陈嘉庚“决将职业科移设大田”的电示，即将联合中学的水产、商业、农业诸科迁移大田，成立福建私立集美职业学校。在校友和当地士绅的支持下，一面修理校舍，一面延聘教师，2 月 22 日正式开课。同年 9 月，职校文庙部分校舍遭受敌机炸毁，师生曾一度疏散野外上课，后又迁往玉田村续办。1941 年 8 月，职校因各科性质不同，设备亦异，且生数不断增加等原因，遂扩大规模，恢复水产、商业、农业各科为各自独立的高级职业学校，扩展校舍，各校仍在玉田村上课。同时，已取消“联合”的安溪集美中学学生数猛增，分设高中、初中两部，高中部迁往南安诗山。第二年，高、初中部各自独立为校。1942 年 6 月，为便利闽南各县渔民子弟求学起见，水产航海学校又迁到安溪办学。到抗战胜利后，各校才陆续迁回集美。

艰苦支撑，弦歌不辍。自播迁内地以后，集美学校面临着诸多困难，处在艰苦支撑之中。首先是校舍问题。一千多名学生安身在安溪城内的文庙里，一个“大成殿”就住了一百多人。学校几经迁徙，苦状自不待言。但师生们因陋就简，在艰苦的环境中坚持上课，毫不动摇。其次是师资问题。抗战期间，由于生活困难，很多教师纷纷改行，另谋生计，集美学校又内迁山区，教师更难聘到。但集美学校 60% 以上的教师都能坚守岗位，与学校同艰苦共患难，和衷共济，还自愿适当地降低工资。再次是经济问题。这是学校遇到的最严重而又最困难的问题。陈嘉庚除了殚精竭虑出资维持集美学校的经费外，还于 1938 年 8 月 4 日在南洋发表了《为复兴集美学校募捐启事》，发动集美校友捐款支持母校。南洋各地集美校友热烈响应陈嘉庚的号召，踊跃捐款。印尼巨港校友募得国币 23 万元，集美族亲陈六使托上海华侨银行代购公债 100 万，以利息每年 6 万元，捐作集美学校复兴基金。

1940 年 10 月 25 日，陈嘉庚完成了率领南侨总会慰劳团回国慰劳的任务后，到达安溪看望集美师生。这距陈嘉庚 1922 年第六次出洋已近 19 年。他深

1940 年 10 月 25 日陈嘉庚向内迁安溪的集美学校师生讲话

1940 年 10 月陈嘉庚与内迁安溪的集美学校教职员合影

情地对欢迎他的师生们说:“日夜无不想念着能够回来,看看学校。”他看到集美学校在战火中弦歌不辍,“觉得非常欣慰”。他在欢迎大会上发表讲话,回顾了集美学校创办的经过和困难,报告了南洋华侨对祖国抗战的关怀和他回国访问的观感,分析了抗战的形势。他充满信心地说:“抗战胜利属于我,这是一万分之一万的肯定”,“我相信,在不久的将来,我们就要得到胜利!我们一定可以回到我

们的集美去!”他希望大家要把救国的责任担负在自己的肩膀上。他勉励学生们在这个艰苦的时期一定要“抱着大公无私的精神,凭着‘诚毅’二字校训,努力苦干。我们集美学校创办的动机和目的跟普通学校不同,希望诸位深深来体会”。陈嘉庚的讲话极大地鼓舞了全校师生。

1942 年 1 月,日军发动对新加坡的总攻,新加坡危在旦夕。2 月 3 日,陈嘉庚离开新加坡,前往印尼避难,连家人也来不及通知。但是,在那危急的时刻,他仍担心集美学校的经费无着,抓紧新加坡沦陷前尚能汇款的时机,及时做好汇款安排,动员族弟陈六使汇国币 700 万元,女婿李光前汇 100 万元,长子济民、次子厥祥各汇 50 万元,共计国币 900 万元,以南侨总会救济款的名义,汇重庆国民政府财政部转交给集美学校。这笔巨款后被耽搁年余,几经交涉,始行交付。因币值猛跌,造成较大的损失。为谋集美学校能有永久的经费来源,乃将此款在福建省临时省会永安设立“集美实业股份有限公司”和“集友银行”,由已回到永安的陈济民、陈厥祥兄弟分任总经理,每年以盈利 20%补助集美学校。

新加坡沦陷后,侨汇中断,集美学校经费几乎濒临于山穷水尽的困境。但集美学校仍顽强支撑着。一方面,靠原有的校产(天马山农场等)收入,以及集友银行、集美实业公司的补助;另一方面,学校精打细算,节省开支,也尽量争取政府的一些补助。1942 年至 1945 年间,省政府和国民政府行政院曾三次拨款补助共 100 万元,两次借给大米计 4000 担。播迁后的集美学校,在设备上虽然不及以前,但是由于学校领导有方,不断努力,重要设备如图书、仪器、医药等项,还是相当充实的,保持着它战前的荣誉——“全国设备最完备的中等学校”。集美学校的学习风气也比战前更加浓厚。学生数也从 1938 年的 851 人,增加到 1944 年的 2380 人,为国家培养了一大批人才。

校友养校,学子报恩。谁言寸草心,报得三春晖。1942 年 1 月 18 日,集美学校校友会在安溪临时校舍召开第二届代表大会,提出“校友养校”的倡议。19 日通过《告全体校友书》,其中有这样一段话:“母校创办已达 29 年,缔造维艰,维持匪易,全赖我校主血汗输将,苦心支持……自南太平洋战事发生,校主领导侨胞起而抗战,大敌当前,内顾未暇,此后复兴母校,我校友实责无旁贷。愿资群力,共护门墙,少或一金,多则百数,使校主逐月之负担可以减轻,母校复兴之基金亦得立集,众擎之力易举,百年大计以成。”这个倡议得到了各地广大校友的热烈响应,校友们热情洋溢地说:“饮水思源,我们实在一千个应该来报答我们的校主,我们的母校,共同负起养校的责任来,不应该让重担永远压在我们老校主的

肩上。""我们养校的目的，是在永远维系校运于弗坠。所以校友养校运动，应该是永恒的、长久的，而不是短时间的，也不是间歇的养校摆子。"1943 年 3 月，老教师陈大弼又提出了《扩大校友养校运动的倡议》，热望各地校友提供实施办法，普遍倡导施行，加紧促其实现，以奠母校经费长久之基，使校主的伟大理想与母校的光荣历史永垂无疆，庶于"校友"的名分、责任两俱无愧！他的倡议又得到广大校友的一致响应。建阳校友分会发表《响应陈大弼先生扩大集美校友养校宣言》，提出："至此母校前途千钧一发之秋，正我校友衔环结草之日，吾人为爱护与扶植母校计，特响应陈大弼先生发起之'校友养校'运动，乞援拯急，力挽狂澜。凡我各地集美校友，允宜追怀母德，体念时艰，慷解义囊，热烈捐助。庶裘成集腋，奠母校经济巩固之基，拯母校水深火热之危。"校友陈上典提出了校友养校的三个办法：一是有钱出钱。"母校目下经费支绌。有钱出钱，是最直接、最有效的方法。"二是有力出力。"大家受母校的培养，当此全国正闹'教师荒'的严重时期，希望有能力的校友，能体念校主毁家兴学的苦心和母校当前的困难，挟一己之所长，回母校服务。"三是有物出物。"母校规模宏大，经费支出，除教师薪俸外，大半用在设备方面。假如校友们能够以自己厂家的产品，以最低价格售给母校，则对于设备方面也可减少负担，如图书馆的书籍杂志，可由我校友自由捐赠。"

"校友养校"运动收到了不小的成效。据 1946 年 10 月的统计，各地校友分会捐献母校基金共国币 3439 万余元。其中在上海的水产航海学校第一组的校友张辉煌就独力捐献了国币 500 万元。水产航海学校第二组的校友陈维风应母校之召，放弃在广东汕尾的工作，从广东挑着一头行李、一头幼女的担子，艰难徒步跋涉 10 多天，才到达大田，担任水产航海科的主任。感人的例子不胜枚举，集美校友就是这样，以自己赤诚的心和实际行动，帮助母校度过了八年抗战的危难时期。

复员集美，煞费苦心。自厦门沦陷后，集美美丽的校舍屡受敌机、敌炮的轰击，满目疮痍，损失惨重。据不完全统计，八年抗战期间，集美这个小小的地方，被敌机轰炸的次数共达 40 多次，全校各部校舍 60 余座中炮 2000 余处，中炸弹数十处，校舍百孔千疮，有的夷为平地，有的只剩空壳。设备方面也遭受严重的损失，贵重的图书仪器虽然大部分都随学校内迁，但粗笨的校具及许多无法迁移的设备毁坏的毁坏，散失的散失。全部损失估计达国币 2 亿 5000 万元以上。

1945 年 8 月 12 日，集美学校校董会"校务联席会议"决定秋季起集美各校

陆续迁回集美原址开学，集美学校校舍的修复工作迫在眉睫。几十座校舍毁于日寇炮火，加以多年荒废，损坏不堪。修复校舍工程浩大，需要大量资金。而这时陈嘉庚刚从印尼避难回新加坡，实业尚未展开，以他当时的经济状况，要筹措巨款，是很困难的。他为此煞费苦心。除了接受南洋各地集美校友主动捐款以及部分亲友的帮助外，陈嘉庚绝不愿意接受施舍式的补助，断然拒绝了美国"善后救济总署厦门分处"的所谓"赈济"，也反对陈村牧拟赴南洋募捐的计划。他在给陈村牧的回信中谈到："集美学校余发表不欲向外人捐助，若校友而外，实无颜面向人征求。""集美学校是余创办的，私立之校，除非万不得已，否则，决不轻厚颜而勉强摇尾也。"从这些信中，可以看出陈嘉庚独力支撑集美学校的顽强意志。

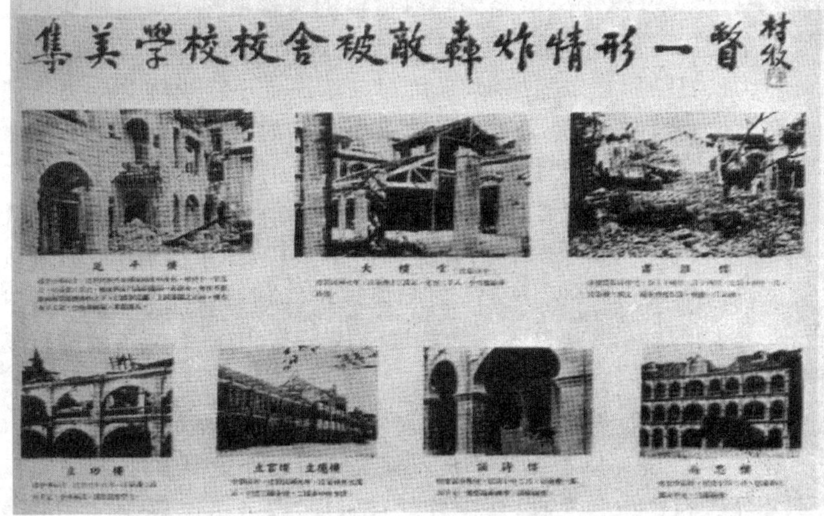

抗战期间集美学校校舍被日军轰炸的情形

经过两年多的艰苦努力，依靠陈嘉庚和校友们的力量，至 1946 年秋，集美学校就完成了复员计划的前两期工作，共修复大小楼房 30 多座，修理和添置校具 3000 多件，广大师生积极参加义务劳动，自己动手整理学校环境，学校又恢复了生机与活力。尚有一些倒塌的校舍，当时无力重建，直到新中国成立后才进行。

1949 年 4 月 28 日陈嘉庚在新加坡福建会馆和怡和轩欢送他回国观光的会上，作了题为"明是非、辨真伪"的演讲，其中谈到修复集美校舍时说："余住宅被日寇焚炸，仅存颓垣残壁而已。集美校舍被炮击轰炸，损失惨重。复员于今三年

余，费款于集美学校共30余万元(新加坡币)，修理与学费各半。至倒塌数座校舍尚乏力重建。若重建住宅所需不过2万余元，虽可办到，第念校舍未复，若先建住宅难免违背先忧后乐之训耳。”一直拖到1955年，在集美学校校舍全部修葺后，他才着手修复自己的住宅。

“双十一”惨案，二次搬迁。1949年8月福州解放后，国民党的军队随即调兵遣将，重兵驻扎集美学校。并在集美学村以北直至周边村庄，精心部署了三道防线，企图负隅顽抗。1949年9月21日，中国人民解放军29军85师253团打响了解放集美的第一枪。很快就扫清了从同安至集美公路两侧的蒋军，突破第一道防线，兵临孙厝村。22日占领孙厝，包围印斗山。解放军若以重炮摧毁敌碉，集美唾手可得。在这个决定集美学村命运的关键时刻，85师师部接到中共中央军委副主席周恩来的指示：“集美学校是爱国华侨陈嘉庚先生创办的，一定要保护好。”为了贯彻周恩来的指示，人民解放军决定不组织炮兵火力击毁蒋军碉堡和炮兵阵地，全部使用轻型武器。23日下午5时许集美解放了。师生和村民无一伤亡，集美学校校舍和村民民宅得到了有效的保护。但253团指战员在解放集美的战斗中却付出了惨重的代价，伤亡200余人，其中牺牲80多人。10月，85师进驻集美民房，司令部政治部立即贴出布告，要求所属“各部人员尽量不必进驻该校，并坚决予以保护。严禁搬损该校一切教育用具及房屋、树木”。10月17日，厦门解放。集美驻军一边加紧备战，一边协助集美各校进行复员工作，各校相继复课。

正当集美学校师生喜气洋洋地开始新时代的学校生活时，1949年11月11日下午2时许，国民党军队巨型轰炸机八架次轮番轰炸集美学村，投下重磅炸弹32枚。其中学校范围中弹9枚，高中校长黄宗翔，事务员廖瑛，学生王延安、许泗海、王石成、谢木兰、陈凤鸣和高水学生陈述等8人遇难；居仁楼被炸毁，尚勇楼、即温楼等被毁一部分。大社中弹23枚，村民死亡21人，其中有一家三代5人同时遇难。民房毁损百余座，几占全社一半，许多居民无家可归。这是集美空前大浩劫，史称“双十一”惨案。为此，兴修中的集美各校紧急疏散到后溪农村一带，借用庙宇和小学校舍复课。

当时，陈嘉庚正在新解放区汉口等地视察访问。他于11月21日专门发表书面谈话，斥责国民党军队飞机滥炸集美学校的暴行。12月27日晚，他回到了阔别9年的集美。第二天一早，他就到学校各处和乡村各个角落巡视。看到久别的故乡，他感到亲切；见到学校被炸的情景，他无比愤怒，但“并不悲伤”。他

说:“这是最后一次的轰炸,以后我们就可以努力加强建设了,我们应该为集美的新生而欢呼。”

“双十一”后,解放军立即在集美周边地区部署了防空部队,全天候还击敢于来犯之敌机。各校在1950年8月底前全部迁回原址。从此,集美各校结束了多次搬迁的颠沛生活,集美学村始得安宁。

三、复兴两校　呕心沥血

新中国成立后,陈嘉庚受到极大的鼓舞。他回到集美定居,在党和人民政府的关怀和支持下,着手筹划修复、扩大集美学校,喜绘新学村的宏伟蓝图,实现他依靠好政府发展集美学校的愿望。

这一时期,人民政府贯彻执行鼓励华侨在祖国办学和“维持原有学校,逐步发展”的政策。陈嘉庚对新中国的一系列教育方针政策衷心拥护。尽管他已届高龄,又担任许多重要职务,但他把大部分时间和精力都用在修复、扩建、发展集美学校和厦门大学上。

新中国成立初期,陈嘉庚即通过陈村牧充分表达了将集美学校无条件献给政府办理的意愿,认为学校由政府接办,方能发展扩大,即使各项设备未可一蹴而就,但优待学生普及贫寒定可做到。而他自己则尽力向南洋方面筹措经费,充实设备,以补足政府之所不及。并表示自己“有些钱当尽瘁终身……绝非放弃责任”。“并非从此袖手卸担,凡余私人入息及集友银行入息,亦必尽量补给政府预算之外。”他多次函催人民政府接办,按照计划逐步发展,情词非常恳切。人民政府考虑到集美学校的悠久历史和在海内外的声誉,希望陈嘉庚先生维持私立名义,而由政府给予部分补助。陈嘉庚为减轻国家的教育经费负担,慨然接受。为此,他便奋其风烛余生,向海外亲友筹措经费,并尽力办好集友银行,为集美学校和厦门大学的扩大发展,继续呕心沥血,鞠躬尽瘁。

复兴学村,扩建厦大。早在1949年2月,陈嘉庚即详函指示陈村牧:“本校地点为南洋侨生回国求学最适宜之区域,不但交通利便,离开市场,而气候寒暑不至严酷,且现下有此规模,故拟请新政府大量扩充,一方面如何增设何科以适合南洋之需要,一方面如何发展职业学校之造就……就目前打算,拟从本校礼堂(指“敬贤堂”)后起至内头社北止,所有东西南北空地墓地田塘,一切概划入校址,某处作大礼堂及操场花园,某处作教室及寄宿舍,妥为绘图设计。……至内头社向东海之许厝社闻居民已空,亦可划入,许厝社北有一大段低田……可作大

运动场，兼绘在校址内亦佳。”“其中建设海口，从原鱼池（指现在的龙舟池内池）岸经延平山下至鳌头宫旧址，筑宽阔道路。延平山作半月形有阶级……路南建大游泳池一口，路东建人民政府胜利纪念碑。”

陈嘉庚就校舍规划做出指示后便亲自设计、亲自督建。从1950年至1959年，陈嘉庚主持集美学村建设，除修复被战争毁坏的校舍外，还进行了大规模的建设，扩建校舍面积达16万平方米，相当于解放前校舍面积4.5万平方米的3倍多。建设费用计达1025万元，包括新建校舍400万元，修理校舍及民房（包括风灾损失）150万元，学校教育费及医院经常费100万元，公共机关建设费140万元（包括大礼堂、医院、电厂、自来水、科学馆、图书馆、体育馆、游泳池及道路等），养殖池3个300亩（包括亭阁等）30万元，海潮发电厂90万元，解放纪念碑60万元，命世亭15万元，校具40万元。经费来源，其中政府拨给706万元，陈嘉庚筹措575万元，建设所余仍归集美学校委员会管理。高耸碧空的“南薰楼”、雄伟瑰丽的“道南楼”、高大壮观的“海通楼”以及可容纳3000人集会的“福南堂”等都是在这一时期拔地而起的。

南薰楼夜景

如今成为厦门四大风景旅游景区之一的鳌园，也是在这一时期建设的。陈嘉庚为了纪念故乡集美和祖国大陆5亿同胞获得解放，并受济南广智院的启发，决定在集美建设一座纪念碑，并请毛泽东题写碑名。纪念碑是鳌园的主体，碑的

四周及围墙建成一座博物馆，以供游览。鳌园于 1951 年 9 月 8 日动工，1957 年基本完工，到 1961 年陈嘉庚先生安葬，墓表覆盖完成，历经 10 年时间。陈嘉庚既是鳌园的建设总设计师，也是总工程师，鳌园的设计图就装在他的脑子里，他手中的拐杖就是工程的指挥棒。鳌园的建设不仅寓意深刻、包罗万象，其美轮美奂的石雕艺术堪称国之瑰宝，名人题刻也可谓艺术奇葩，令人叹为观止。

海通楼

福南堂

鳌园

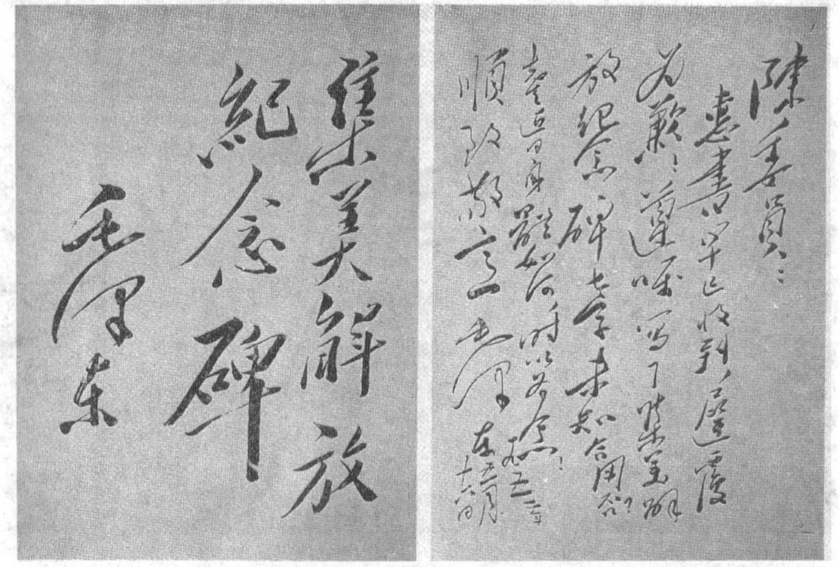

1952 年 5 月毛泽东为集美解放纪念碑题词

新中国成立后,陈嘉庚庆幸厦大获得新生,他认为厦门大学迎来了发展的大好时机。虽然这时厦大已为国立,但他不仅没有放弃为实现自己办学初衷的努力,而且加倍关心厦大的恢复和建设。他同意把同安天马山与美人山间的400多亩农场拨与厦大,作为未来农学院的实习场地。继续筹集巨资扩建校舍,从1951年到1954年,由他筹款监督主要由其女婿李光前捐巨资建成的校舍24幢,计6万多平方米,建筑面积超过解放前28年建筑面积的总和。这些校舍包括建南大会堂、图书馆(成智楼)、生物馆(成义楼)、物理馆(南安楼)、化学馆(南光楼)、教师宿舍(国光一、二、三)、男女生宿舍(芙蓉一、二、三,丰庭一、二、三)、医院(成伟楼)、游泳池、运动场、学生餐厅等。建南大会堂有5000多个座位,是国内大学最大的礼堂。以建南大会堂为中心,东有图书馆、物理馆,西有化学馆、生物馆,五座大楼并列一行,面向大海。大操场原计划直修到海滨,与游艇码头相接,成正圆形,后因被公路遮断,暂修成半圆形,取名"上弦场",面积仅为原计划之半,然已可容纳1万余人。

厦门大学上弦场

陈嘉庚对扩建集美学校和厦门大学十分认真,不论规划、设计,还是备料、施工,以及经费开支、工人生活等,都亲自过问,既注意质量,又力求节约。他常说:"应该用的钱,千百万也不要吝惜,不应该用的钱,一分钱也不要浪费。"数年间,他每天不辞劳苦,持杖步行数华里,巡视各处工地。每周坐班轮到厦大工地

视察一次，每次 3 小时以上。他在北京治病期间，还通过书信、电话等指导工程的进行。在建设新集美的过程中，他还注意不断改善办学条件，发展公用事业，以便利师生的教学、科研与生活。

陈嘉庚对水产航海教育极为重视

心系职校，创办侨校。陈嘉庚创办教育，首先是为了培养人才振兴实业。他对水产、航海教育，一向极为重视。在第一届全国政协会上，他提出七项提案，其中第二项就是《在沿海各重要地区设立水产航海学校案》。1951 年 4 月 25 日，陈嘉庚特地发表了《为扩充集美水产商船专科暨水航高级职校学额，培植多数海事人才告各中等学校同学书》。提出："吾闽山多田少，交通不便，未有铁路，惟借海运以通有无，尤以闽南为最。……自有轮船以来百余年，世界交通，日臻发达，富强隆盛，多属沿海国度。大国船舶多至万艘数千万吨，小国所有亦在千艘百万吨以上。……故今后我国欲振兴航业，巩固海权，一洗久积之国耻，沿海诸省应负奋起直追之责。然欲兴航业，必须培育多数之航业人才。返观国内中等学校虽多，而航业学校则绝少。学生就习此业者，恐尚不满千人。……吾人正当取法

他山，策励猛晋，乘此海事技术人员尚未充分就业之际，积极教育青年，培成航海专才，以备全面解放后成为收回海权之生力军。于时我国经济力量渐臻雄厚，虽购轮船千百艘，载货亿万吨，实非难事，驾驶员数千人犹恐不敷分配服务，万无今日因噎废食，而他日临渴掘井之理也。……故本校今后方针，拟多招水产商船专科及高级水产航海职校学生。"

1951 年春季起陈嘉庚即积极筹设集美水产商船专科学校，从聘请校长、调拨校舍、划定经费到招收学生，都是在他的指示下进行的。在当时条件困难的情况下，决定招收驾驶科 5 班 200 名，轮机科、渔捞科各 1 班 40 名。集美高级水产航海职业学校亦添招航海、渔捞各 50 名。为此，多方增聘教师，大力添置设备。1952 年 3 月 11 日和 21 日，陈嘉庚为了扩充集美水产商船专科学校和集美高级水产航海职业学校，并提高该两校学生的助学金标准，亲自致函教育部长马叙伦，并写信给周总理。周总理很重视，即指示教育部核办。马叙伦于 5 月 30 日函复陈嘉庚，同意他的意见。1952 年 9 月，集美水产商船专科学校与厦大航务专修科合并为国立福建航海专科学校(简称福建航专)，校舍建筑费及校具设备费由陈嘉庚负责。1952 年下半年开始，全国进行了以华北、东北、华东为重点的大规模的高等学校院系调整。上海航务学院和东北航海学院于 1953 年 3 月 20 日合并为大连海运学院，移设大连。1953 年 8 月，经征得陈嘉庚同意，高教部决定将福建航专并入大连海运学院。陈嘉庚怀着期望合并后逐步发展提高的殷切心情，于 1955 年秋前往大连视察，深入大连海运学院调查了解。对该院当时实习设备不够充实，冗员严重未能革除，做了严肃批评，并向有关部门建议及时整顿，以利国家海运事业的发展。陈嘉庚的批评、建议，情词恳切，语重心长，体现他重视实效的办学思想。

1953 年，集美高级水产航海职业学校两个班的毕业生毕业 5 个多月后，工作仍得不到安排。为此，陈嘉庚于 12 月 10 日、25 日两次专门致函交通部长章伯钧。章伯钧即责成交通部内河航运管理总局负责安排，并函复陈嘉庚，介绍了有关具体情况。1956 年 2 月 7 日，陈嘉庚在全国政协二届二次会议上的发言中还提出，近几年来，我国航海、水产和财经学校未见增加，反而减少，"希望有关部门对培养此项技术人才加以注意"。1958 年，集美水产航海学校分为水产、航海两校，各自独立发展，也是在他的支持下决定的。1960 年 2 月 13 日，福建省委第一书记叶飞来集美看望陈嘉庚。陈嘉庚和他谈了拟把集美航海学校扩展成大专的计划，叶飞对此计划十分赞赏，并约他去北京治病回来后专门开会研究。4

月7日，陈嘉庚在北京接到叶飞关于同意集美航海学校发展计划的信，非常地高兴，立即寄信给航海学校的校长，建议函聘于1953年并到大连海运学院的原福建航专的教师，又嘱学校多留毕业生，主要依靠自己培养师资，为航海学校扩展做准备。

在扩大水产航海职业学校的同时，也增招商业职校学生。1952年12月，集美高级商业职业学校（简称“高商”）更名为福建私立集美财经学校，1956年秋，该校划归省工业厅领导。1959年3月，厦门纺织工业学校、泉州食品工业学校并入财经学校，改校名为福建集美轻工业学校。这时财经部分仍然保留。陈嘉庚认为商校创立30余年应该保留，并应办好。因为过去该校学生很多在南洋工商界服务，还有不少人继承父祖产业，成为各埠经济界中坚分子。今后还会有人来此就学，应预为准备。1965年，该校一分为二，分别成立福建财经学校（后恢复集美财经学校名称）和福建轻工业学校（后改名为集美轻工业学校）。

陈嘉庚视察集美侨校工地

1953年，陈嘉庚考虑到南洋各地华侨教育因受种种限制，回国求学的侨生将会日益增多，为方便广大华侨学生回国就学，便向中央人民政府建议在集美创办归国华侨学生中等补习学校，专收归国侨生，进行补习教育。人民政府很快采纳了他的建议，并拨专款委托他负责筹建新校舍。当年12月，福建省集美华侨补习学校成立，开始接待第一批归国华侨学生。1954年1月4日举行开学典礼，陈嘉庚发表讲话，谈了寄宿、收录、补助等三个问题，勉励侨生们热爱祖国，明辨是非，端正学习态度，遵守学习纪律，艰苦俭朴，注意卫生，做一个德智体全面发展的有用人才。华侨补习学校除接受原“福建航专”移交的校舍和家具外，还由陈嘉庚亲自主持南侨群楼（南侨第一到十六，四座一排，逐排层层加高，如同层峦叠嶂一样，甚为壮观）的建设，至1959年，侨校共

建成楼房 26 幢，建筑面积达 4.7 万平方米。据统计，自 1954 年至 1966 年，侨校共招收侨生 1.8 万余名，其中考上大专院校的计 1.3 万多名。这些侨生来自 10 多个国家。1957 年 8 月，陈嘉庚又倡办侨属子女补习学校，隶属于华侨补习学校。陈嘉庚还建议厦门大学也要着力培养华侨学生。厦门大学十分尊重并采纳陈嘉庚的意见，一方面积极招收侨生入学，使当时集美华侨补习学校的许多毕业生进入厦大深造；另一方面，厦门大学于 1956 年创办了华侨函授部（后发展为海外函授部，海外函授学院，海外教育学院），仅 1956 至 1960 年间，就培养了海外函授学生 1 万多名，既有力推动了世界各地的华侨教育，也提高了厦大在海外的声誉。

集美学校一定要办下去。1961 年 8 月 12 日，陈嘉庚在北京与世长辞。弥留之际仍念念不忘集美学校，嘱咐“集美学校一定要继续办下去”。他把学校看得比生命更重要，念兹在兹，以实际行动实现了自己对教育事业“尽瘁终身”的诺言。

集美华侨补习学校

华侨补习学校的南侨群楼

集美大学新校区

50 多年来，在人民政府的领导和支持下，在集美师生的共同努力下，陈嘉庚创办并为之付出毕生心血的集美学校越办越好。特别是改革开放以来，各校都有了新的巨大的发展。尤其是 1994 年 10 月 20 日，在纪念陈嘉庚先生诞辰 120 周年之际，由集美学村原有的集美航海学院、厦门水产学院、福建体育学院、集美

财经高等专科学校和集美师范高等专科学校五所院校合并组建的集美大学，正式挂牌成立。1999 年 1 月，集美大学实现实质性合并，陈嘉庚的夙愿实现了，集美学校也翻开了它发展史上崭新的一页。

四、历史丰碑 教泽流长

1. 倾资办学的历史丰碑

长期大规模的办学活动耗尽了陈嘉庚的巨额资财，也耗尽了他的心血，却因此铸就了一座倾资办学的历史丰碑。他办学所取得的成就是多方面的：

倾巨额资金办学。陈嘉庚一生办学支出的经费，据统计，以 1980 年国际汇市比率计算，相当于 1 亿多美元。如果加上他创办的集友银行的红利和经他筹募的办学经费，则数字更加惊人。如 20 世纪 50 年代初，经他向陈六使等亲友筹措 575 万元用于修复和扩建集美学校校舍；又筹措 800 万元(其中李光前捐 600 余万元)用于修复和扩建厦门大学校舍。另据统计，集友银行自创办之时起，至 2001 年止，已按规定提取集美学校经费达 10 亿多元。近年来，每年又都提取数千万元。

创办并资助了大量学校。陈嘉庚一生创办及资助的学校多达 118 所，除厦大和集美学校外，还包括了福建省其他 20 余个县市的 100 余所学校和新加坡的 10 所学校。这些学校覆盖面广，从国内到国外，从厦门、同安到全省各地；层次多，从幼儿园、小学、中学到大学；种类齐全，有基础教育、普通教育、职业教育和专门教育。

培养了一大批栋梁之才。陈嘉庚创办和资助的学校，培养了数以 10 万计的各种人才。据统计，仅 1913—1949 年集美学校的毕业生就达 8094 人，这些学生来自全国 12 个省以及东南亚各地，而厦门大学素以培养高质量人才闻名。两校大量的毕业生中，涌现出一大批政治家、社会活动家、科学家、企业家、艺术家等。陈嘉庚在新加坡创办和资助的学校所培养的侨生，许多人成为东南亚工商界、教育界、文艺界的精英人物。

推动了国内特别是福建教育事业的发展。陈嘉庚办学，在国内教育界影响很大。与他差不多同时期的教育界著名人物蔡元培、黄炎培、陶行知等都交口称颂陈嘉庚的办学精神，并向国内广泛介绍陈嘉庚的办学业绩。黄炎培说："发了财的人，而肯全拿出来的，只有陈先生。""(余)获亲观其所建之学校，识其生平，并确悉其毁家兴学之实况，则不敢不亟亟焉介绍其人与事于吾全国焉。"身为华

嘉庚公园人物群雕——桃李芳菲

侨而捐巨资在国内兴学，不为名、不为利，这种精神是一种强大的力量，促进了全国教育事业的发展。同时，他办学虽然主要集中在家乡，但资助面广。集美学校和厦门大学的学生不受生源地限制，且特别注意吸收闽南一带贫寒子弟入学，并鼓励学生毕业后回原籍服务，因而有力地促进了福建省尤其是闽南地区教育事业的发展。

开创了华侨捐资在家乡办学的风气。华侨回乡捐资办学，陈嘉庚不是第一人。但大规模办学、倾资办学，他是第一人。在他的精神和事迹的感召下，许多华侨纷纷回乡办学。他的女婿李光前和曾就读于集美学校的陈六使，成为陈嘉庚事业的忠实襄助者。集美学校校友李尚大、李陆大昆仲在安溪创办慈山学园。后来，李嘉诚创办汕头大学，包玉刚创办宁波大学，他们都说是受陈嘉庚爱国兴学精神的影响。

促进了海外华侨教育事业的发展。陈嘉庚之前，华侨在侨居地办学是零星的，且仅限于小学或私塾。在陈嘉庚的倡导和影响下，东南亚各地侨办学校如雨后春笋般发展起来，而且办学层次不断提升，涵盖了小学、中学、中专以至大学。

集美学校和厦门大学的毕业生中,许多人应聘为南洋各地学校教师,也有力地推动了华侨教育事业的发展。陈嘉庚在总结创办南洋华侨中学的影响时说:“自是之后,南洋各处不但中等学校继起设立,而小学校亦更形发展,几如雨后春笋,前年(1937年)统计约三千余校,学生男女数十万人,较我国内地任何地方为普及。”海外华侨教育事业发展所带来的影响和效益是广泛而且深远的。

为厦门大学和集美学村的发展打下了坚实的基础。一方面,陈嘉庚生前为厦门大学和集美学村投入巨资所建设的数十万平方米的校舍和较为完善的附属设施,为厦门大学和集美各学校的大规模、高质量发展奠定了坚实的基础。而先进科学的校园规划和“陈嘉庚建筑风格”的楼群构成了一道道靓丽的风景线,使得厦大和集美学村都成为著名的旅游风景区。另一方面,陈嘉庚确定的厦门大学校训“自强不息,止于至善”和集美学校校训“诚毅”,至今仍在激励广大师生以诚毅精神自强自立,追求完美。陈嘉庚长期办学形成的优良校风和良好的育人环境,则使一代又一代莘莘学子受益无穷。

2. 富有特色的教育思想

陈嘉庚是一位卓越的教育事业家、实践家,同时也是一位杰出的教育思想家。在长期的办学实践中,始终贯彻了他的兴学动机、办学目的、教育方针、培养目标和办学思想等一系列主张,从而形成了科学的、先进的、具有鲜明特色的陈嘉庚教育思想。他关于教育的许多精辟见解,至今仍闪烁着真知灼见的光芒。《集美学校校歌》歌词高度凝聚了陈嘉庚的办学理念。如果说“英才乐育,蔚为国光”是其理想和目标,那么,“春风吹和煦,桃李尽成行”则是其辉煌成就的写照。

教育立国的战略思想。办学动机和办学目的是教育思想的核心。陈嘉庚出生的年代,正是中国处于封建王朝即将崩溃、内乱外患交织的半殖民地半封建社会时期,他目睹了清政府的腐败无能、列强的欺凌掠夺、社会的动荡不安、人民的落后愚昧。他认为要改变这种现状,作为一名华侨实业家,“思欲尽国民一分子之天职,愧无其他才能参加政务或公共事业,只有自尽绵力,回到家乡集美社创办小学校”。陈嘉庚在接受孙中山民主革命思想而加入同盟会后,深知要推翻封建王朝、彻底变革社会,只有通过革命,通过武装斗争。然而要改造社会、提高国民整体素质,则只有办教育。辛亥革命成功,中华民国成立,极大地鼓舞了陈嘉庚的爱国热情,使他产生了思想上的飞跃。他的主张“教育为立国之本、兴学乃国民天职”,“为改进国家社会,舍教育莫为功”显然是一种远见卓识的战略思想。他说:“教育不振则实业不兴,国民生计日绌……吾国今处列强肘腋之下,成败存

亡，千钧一发，自非急起力追，难逃天演之淘汰。鄙人之所以奔走海外，茹苦含辛数十年，身家性命之利害得失，举不足撄吾念虑，独于兴学一事，不惜牺牲金钱竭殚心力而为之，唯日孜孜无敢逸豫者，正为此耳。”又说：“复以平昔服膺社会主义，欲为公众服务，亦以办学为宜。”“教育是千秋万代的事业，是提高国民文化水平的根本措施，不管什么时候都需要。”可见，陈嘉庚办学的宗旨是非常明确的，眼光是深邃的，即在于普及国家文化教育，提高广大人民的整体素质，为改造社会、振兴祖国培养优秀人才。

重视职业教育的思想。陈嘉庚在注重中小学等基础教育的同时，根据国家实际需要创办各类职业教育。他看到师范教育落后，农村急需大量师资，因而，他在集美办学首先设立的专科便是师范。他针对我国幅员辽阔、人口世界第一、海岸线长达万里，然而航运业却微不足道的落后现实，怀抱“振兴航业，巩固海权”的信念，于 1920 年在集美学校创办水产科。他切身体会到世界商战愈演愈烈，急需培养一批具有丰富商业知识、能适应世界商战形势的工商人才。于是，他从 1920 年起在集美学校创办商科，厦门大学创立后首设的专业也是师范与商科。他分析我国当时的农业状况：“我国素称以农立国，然因科学落后，水利未兴，改良无法，故收获不丰，民生困苦。本省虽临海，农业实占一大部分，尚乏农林学校，以资研究改良。”为此，他于 1925 年创办农林部，并重金礼聘归国留学生任教。再以师范教育来说，他也是从实际出发，社会需要什么师资，他就办什么师范学校。从 1918 年起，他先后创办了师范讲习科、五年制师范、四年制师范、普通师范、女子师范、幼稚师范、试验乡村师范等 11 个适应不同需要的师范学校。就一个地方来说，恐怕世界上很难见到第二所门类如此齐全、培养目标如此明确的师范学校。陈嘉庚这种办学要适应国家建设需要的职业教育思想，无疑地具有先进性和科学性。

重视学风、校风建设的思想。陈嘉庚一贯重视学风、校风建设，营造良好的学习氛围和育人环境。他采取的措施主要有：第一，聘请名师，为学生树立刻苦学习、立志成才、报效祖国的楷模。集美、厦大两校当时名师云集，对两校形成良好学风、校风起了关键作用。第二，制定校训，作为师生思想道德修养的标准。他与胞弟陈敬贤于 1918 年亲自为集美学校制定“诚毅”校训，并解释“诚毅”即“诚信果毅”，诚以待人，毅以处事。厦门大学创办初期即确定“自强不息，止于至善”为校训。两校的校训不仅是师生治学的内在动力，而且也是为人处世的人生哲学，至今仍在鞭策师生励志成才。第三，倡导艰苦奋斗、勤俭节约、热爱劳动的

良好风气。他强调:"本校性质如何,即省俭是也。""中国今日贫困极矣,吾既为中国人,则种种举动应以节约为本。"1929年,集美学校制定了《节制学生日常用款办法》,指出:"本校为培养学生养成节俭习惯,以期造就廉洁人才起见,由校指定负责人员,实行监督学生用款……"而师生参加校内劳动和生产实习,养成热爱劳动的习惯,则更是陈嘉庚始终强调的。第四,严格要求学生尊师守纪。他要求教师要有真才实学,爱生如子;学生要尊敬教师,遵守校纪。他说:"既无尊师重傅之念,安有爱国爱乡之行?"把尊师之道提到培养爱国精神的高度。他十分重视校规校纪建设,制定了一整套规章制度,要求师生共同遵守,以培养优良品德。他说:"我认为学习环境,最重要的还是要有良好的学风,良好的学风要靠纪律来维持……我希望大家在此肄业,必须遵守纪律,培养优良品德,认真学习,发扬爱国主义与集体主义的精神。"

重视华侨华文教育的思想。陈嘉庚侨居海外60年,深感华侨华文教育的重要性,因此,他十分重视海外华侨华人学校建设和归国侨生的教育。他举办华侨华文教育的目的有三个方面:一是传承和光大中华文化,加强华侨与祖国的联系;二是提高海外华侨华人的文化水平和整体素质,增强他们的生存和发展能力;三是促进侨居地的教育事业和社会经济的发展。他认为,一个国内小孩不接受华文教育,长大后仍是一个中国人。然而在国外,一个华人不学中文,不讲国语,他将被外国文化所同化,最后丧失自己民族的特征。在他的积极推动下,东南亚华文教育蓬勃发展,至抗日战争前夕,华文学校在马来亚多达1000余所,在东南亚超过3000所。为了解决侨生回国升学或深造,他规定集美学校"概行收纳","到校时如考试未及格者,则另设补习班以教之"。1953年,在他的努力促成下,集美华侨补习学校成立,专门接收归国侨生补习文化准备报考大专院校。他说:"集美学校所以特别欢迎华侨子弟入学,盖亦有感于是而谋挽回其祖国观念也。"

全面发展的人才观。培养目标实质上即是教育方针。陈嘉庚自办学伊始,即确立了科学、先进的教育方针:德、智、体三育并重,德育为先,培养热爱祖国、为国家建设需要的人才。早在20世纪20年代初,他就要求集美学校学生德、智、体全面发展,指出:"有一部分同学,锐意攻书,而对于课外运动不甚注意,是未悉三育并重之宗旨也。"他极力反对把学生培养成"四体不勤、五谷不分"的书呆子,主张学校教育"不但教其识字而已,其他如知识、思想、能力、品格、实验、体育、园艺、音乐以及其他课外活动,均须注重,与正课相辅而行"。他十分强调学

生思想品德教育,特别是爱祖国、爱人民教育。1918 年 4 月,他在《致集美学校诸生书》中写道:"诸生青年志学,大都爱国男儿,尚冀慎体鄙人兴学之意,志同道合,声应气求,上以谋国家之福利,下以造桑梓之庥祯,懿欤休哉,有厚望焉。"他所创办的学校始终把爱国主义教育作为道德教育的首要任务,因而师生的爱国热情高涨,许多人早期就走上革命道路,他们为祖国独立、民族解放和国家建设做出了卓越贡献。他勉励学生勤奋学习,把自己造就成具有真才实学、有实际本领、能造福于社会的人才。在重视书本、课堂教学质量的同时,为了提高学生的实践能力和独立工作能力,他在集美学校创建科学馆、图书馆、体育馆,购轮船、造游泳池,建立各类实习工厂和农林场,添置一流的教学实验仪器设备。这在当时全国同层次学校中是最完备最先进的。他把体育教育、体育运动和体育设施作为人才培养的重要内容和措施。他创办的学校,都把体育列为一门必修课,都拥有充足、先进的运动场和运动设施,都定期举办运动会。他在集美学校第二届运动会上致词,说:"平日在校观诸同学对于各种运动颇知奋勉,良堪欣慰。"勉励学生"注意体育勤习运动","挽吾国积弱之颓风,矫社会搏沙之陋习,胥于诸生是赖"。

专家治校的办学观。陈嘉庚认为,学校教育,质量第一;而质量优劣,关键在于校长和教师。他曾在给集美学校的电报中以"千军易得,一将难求"喻指选择校长的重要性。他早年在新加坡担任道南学校总理时,曾规定选择校长必须品学兼优,并具学校管理经验。他在创办集美学校和厦门大学时,几经周折,费尽苦心选聘可以委以重任的校长。集美学校创办初期两年多时间内四易校长;厦门大学创办初期,在校长的选聘上也是三易其人。可见,陈嘉庚遴选校长是慎之又慎、任人唯贤的。陈嘉庚十分重视教师队伍建设,但是,20 世纪 20 年代初,全国特别是福建省优秀教育人才奇缺。他指出:"闽省千余万人,公私立大学未有一所,不但专门人才短少,而中等教师亦无处可造就。"为了实现大规模办学和高质量办学的目标,他和胞弟陈敬贤一起采取各种积极措施,多渠道解决师资困难:(1)自力更生,培养师资。他创办集美师范学校,后来又继办女师、乡师、普师等,厦门大学一创立,首先设立师范专业。(2)重金礼聘德才兼备的归国留学生及国内著名学者、专家。20 世纪 20 年代中期,厦门大学规定教授月薪 400 银元、讲师 200 银元。当时月薪 25 元可养活 5 口之家。而复旦大学校长及教授月薪最高为 200 银元。因而,其时厦门大学人才荟萃。(3)资助外校优秀学生出洋留学,毕业后来校任教。(4)设立成人之美储金部,资助经济困难、品学兼优、学

成愿回校任教的集美学校毕业生上大学或出国留学深造。(5)聘请著名教授、专家、学者来校作短期讲学或开设讲座。此外，陈嘉庚还以自己的诚挚之心爱护和关心教师。他在一封信中说："弟素以诚挚待教师，又以优俸酬其劳，按月必交，无缺分毫，俾仰事俯畜，无内顾之忧。"

知行一致的教学观。陈嘉庚办学十分强调理论与实践相结合的教学原则。他在私塾读书多年，切身体会到旧式教育只传授知识、不培养能力、轻视劳动实践的弊端，因而坚决反对旧学，提倡新学，力主学校应贯彻知行一致的教学原则，把理论教学与实践教学紧密结合起来。为此，他为学校提供充足的仪器设备、实验室和实习场所，直至斥巨资购置实习船艇。在课程设置上，实习和技能训练约占总学时的三分之一。航海科的学生则是 2 年学习基础知识、2 年学习专业知识、1 年上船实习。水产科建立水产养殖场、水族馆和渔具实习场，学生除了到这些场馆实习外，还要深入渔区参加渔业生产并开展调查研究。师范学校的学生必须到自己附设的小学和幼稚园实习；试验乡村师范学校则实行"教、学、做合一"的教学方法，培养"乡村儿童及农民所敬爱的导师"。商业学校除了职业训练外，强调开设服务精神的课程，重视实际应用技术，学校开办实习银行和消费公社，其低级职员由学生轮流担任。学生学习的最后一学期，则分配到陈嘉庚公司在各地的分公司、办事处实习。他创办农林学校时，就专门开设了实习用的农林场及其加工厂。轻工业学校则创办实习盐场等。重视实践教学的直接成效，是毕业生的动手能力、实际操作能力和独立工作能力特别强。

有教无类的普及观。陈嘉庚办学的目的十分明确，即为开启民智、振兴祖国。因此，他非常重视普及教育，注意普及与提高相结合、学校教育与社会教育相结合。他在《论潮州大学》一文中提出了"盖有教无类，乃教育之目的"的鲜明主张。他办学是面向大众的。他说："我们办学，不能有地方界域之见。我们办学的目的只有一个，就是为国家造就人才。"因此，他创办的集美学校，学生来自闽粤等省和东南亚各地。厦门大学甫一开办，即向全国招生。他办学特别优待贫寒子弟就读。他办师范学校，并从农村贫寒子弟中选拔优秀学生，以便将来推广教育。后来他开办水产、航海教育，也强调要招收渔区贫寒子弟入学。他在集美学校明文规定：学生学费全免，供给伙食，贫困生另给津贴。此外，学校还为每个学生发放被席蚊帐和统一制服。当时，福建、广东两省许多优秀的贫寒子弟纷纷负笈集美，毕业后成为当地普及教育的骨干和社会各界优秀人才。他主张男女教育平等，鼓励女子上学。"五四"运动之前，我国社会男尊女卑的封建思想根

深蒂固。陈嘉庚敢于冲破封建传统观念的禁锢，早在 1917 年 2 月即创办了集美女子小学校，1921 年 2 月又创办女子师范学校。厦门大学开办后也招收女生，成为全国七所最早招收女生的大学之一。在新加坡，他主持的福建会馆于 1915 年 4 月创办了崇福女子小学，1946 年又创办了南侨女中，大力鼓励侨居地女子上学。他认为普及教育关键在乡村。因此，他一方面从农村贫寒子弟中招收优秀学生进入师范学校学习后返回农村从事教育工作，以此推动农村教育的普及；另一方面，他举办各种校外教育。早在 1914 年，集美学校就开办“通俗夜学校”，对文盲的成年人进行文化教育。后来，集美学校还专门成立“民众教育委员会”，办了许多“平民工读夜校”、“民众学校”、“校工工读校”等，由集美学校师生担任义务教员。1924 年，他又在集美学校成立了“教育推广部”，负责对福建省内中小学从经济上给予补助，从业务上进行指导，推广新的教育方法和教学经验。他还为同安县制定了“十年普及教育计划”。

以上只是陈嘉庚教育思想的主要方面，此外在学校管理体制、教学管理、校园文化建设、后勤服务以及校舍建筑艺术等方面，他都有自己独特的见解和做法。他的教育思想是系统的，具有鲜明的特性。

陈嘉庚的教育思想是在他所处时代的历史条件下，继承了中华民族优秀传统文化教育思想，并接受了现代西方先进文化教育思想影响而形成和发展起来的。他既不迷信“国粹”，也不盲目照搬西方教育模式，而是洋为中用、古为今用，根据当时国情和个人思想、阅历，提出了一系列关于教育的理论并付诸实施，形成了具有鲜明特色的教育思想。其主要特色是：

系统性。陈嘉庚教育思想的系统性表现在两个方面：一是他办学胸怀全局，整体规划，构成较完整的教育体系。在办学层次上，从幼儿园、小学、中学一直办到大学；在学科门类上，涵盖了师范、水产、航海、财经、轻工、农林等。二是他的办学理念和办学实践，涉及教育学的方方面面，而且在许多方面有个人独特的主张，形成特色显著的陈嘉庚教育思想体系。

先进性。陈嘉庚侨居海外 60 年，眼界开阔，思想开放。他经商善于领先商海潮流，他办学亦能借鉴中西先进教育思想及办学模式。加上他一生执著的爱国主义情操，因而凡事均能高瞻远瞩。他的教育思想既具有鲜明的时代性，又极具超前性和先进性。例如他倡导女子教育、推广社会教育、开创华侨教育、开启幼儿师范教育之先河、重视职业教育等，毫无疑义地都领先于当时国内教育界。他关于“教育为立国之本”的思想；“三育”并重、德育为先，而德育应以爱国教育

为首要的主张；学校教育要理论联系实际，重视教学实习和社会实践，培养学生动手能力和独立工作能力的做法等，不仅在他所处的时代是先进的，即使现在看来，仍然闪烁着先知先觉的智慧光芒。

实用性。纵观陈嘉庚的一生，他从不做无用功。他办教育的目的非常明确。他从国情出发，为振兴民族工商业，为普及教育、提高全民族文化素质，而特别重视职业教育。在长期的职业教育的办学实践中，逐步形成了陈嘉庚独特的职业教育思想体系。他对职业教育的地位、目的、办学方针、教学原则和职业道德教育等方面的主张和看法，既在一定程度上接受了国内教育界当时以黄炎培为代表的职业教育思潮的影响，又有自己借鉴国外职业教育思想的心得与做法，他的许多主张比同时代人高出一筹。例如他创办航海教育，并非单纯从解决个人职业与谋生着眼，而是站在发展祖国的航运业、争取航海权、振兴国家经济的高度。正如著名教育家、曾任集美学校校长多年的陈村牧先生所说："嘉庚先生创办教育，首先是为了培养人才振兴实业。"

实践性。首先，陈嘉庚的教育思想直接来源于长期、大规模的办学实践，在实践中形成和发展。陈嘉庚办学，并非只是出钱，还出主意、出力，从学校选址、校舍建设、教育方针、办学规模、教师选聘直至学校管理中的规章制度，他都亲自擘划或制定。其次，他的办学理念全都贯彻于教育实践中，其主张均付诸实施。诚然，这和私立学校的性质以及他"校主"的地位是紧密相关的。再次，陈嘉庚的教育思想极其平实、通俗，没有玄奥的理论，因而在实践中具有极强的可操作性。

世界性。陈嘉庚教育思想世界性的特征，是由他独特的经历和高尚的思想境界所决定的。他办学从中国到外国，他的学生遍布世界各地。在国内办学，他一方面着眼于培养祖国所需要的各类各层次人才；另一方面鼓励毕业生走向世界，或到东南亚他开办的公司就业，或到世界其他地方创业，或留学他国继续深造；再一方面面向海外办学，欢迎各国华侨华人子弟或外籍人士前来学习。在侨居地办学，他一方面着眼于培养华侨华人子弟的中华民族感情和热爱祖国的信念；另一方面着力提高他们的文化素质和谋生、创业的能力。更重要的是为侨居地培养发展经济、文化教育事业所需要的人才，为促进侨居地社会的发展做贡献。陈嘉庚教育思想的世界性，特别是关于华侨华文教育的思想，在教育界是独树一帜的。

长远性。一是他办学有长远目标和规划，例如为了厦门大学的长远发展，他把自己独资创办的厦门大学无偿献给国家，改私立为国立；以及他"宜以大学规

模宏伟之气象”来规划集美学校等，都极具长远眼光。二是他办学实践百折不挠、持之以恒。他独立创办并维持集美学校长达半个世纪，独立创办并支撑厦门大学16年，之后仍以各种方式大力资助。这在中国教育史、华侨史上，堪称第一人。三是陈嘉庚爱国兴学的精神和他的教育思想影响深远，至今，海外华侨华人捐资办学已蔚为风气。前新加坡中华总商会董事黄奕欢说：“南洋华人的博得热心教育的美誉更是起因于有了嘉庚先生。换言之，即起因于有了嘉庚先生所造成的兴学风气。嘉庚先生以前没有陈嘉庚，嘉庚先生以后已有不止一个继起的陈嘉庚。”

第三章 领导华侨 抗日救亡

抗日战争是中国人民自鸦片战争以来第一次取得完全胜利的民族解放战争。在这场伟大的反侵略战争中，为了挽救民族危亡，一切爱国有识之士、社会各阶层、团体、党派，都捐弃前嫌，团结在中国共产党倡导的抗日民族统一战线的旗帜下，同仇敌忾，共赴国难。南洋华侨是支援祖国抗战的一支重要力量，他们在陈嘉庚的领导下，以巨大的物力、财力和人力，为祖国抗日战争的胜利，作出了重要贡献。陈嘉庚是南洋华侨支援祖国抗战的杰出领袖，是抗日民族统一战线的一面光辉旗帜。

一、热心公义 深孚众望

黄奕欢先生在回忆陈嘉庚的文章《赤子丹心照汗青》中指出："陈嘉庚是20世纪初期新马华侨社会的杰出领袖，也是全南洋华侨的主要领导人。他的地位的形成，最初显然与他的财富有关系，随着他财富的丧失，他的威望与事功反而日隆一日，这与他的献身国事的精神与强有力的领导才能，是分不开的。另一方面，嘉庚先生之出现于新马历史上，是历史因素促成的。"20世纪初以来，热心公义的陈嘉庚在一系列救亡图存运动中逐步建立起了崇高的威望和领导地位，成为南洋华侨的领袖人物。

参加同盟会，支持孙中山。陈嘉庚参与政治活动以及其爱国民主思想的发端至迟可以追溯到20世纪初。1906年4月，第八次起义失败的孙中山由法国到日本，途经新加坡，逗留数日；去日本后又返回新加坡，并在晚晴园主持成立同盟会新加坡分会。当时入盟者包括陈楚楠、张永福、林义顺等十余人，陈楚楠被推举为会长。新加坡自此成为革命派在南洋活动的中心。1909年，经林义顺介绍，陈嘉庚认识了孙中山，并被孙中山坚信革命一定成功的信念和屡败屡战的精神所吸引。1910年春，陈嘉庚在新加坡剪去辫发，与胞弟陈敬贤一起在晚晴园加入同盟会，并立下誓词："福建同安人陈嘉庚、陈敬贤当天发誓，驱除鞑虏，恢复中华，创立民国，平均地权。矢信矢忠，有始有卒。有逾此盟，任众处罚。"当时，

新、马华侨22万人，其中同盟会会员和革命同情者约有1000余人。1910年12月，陈嘉庚被选为新加坡中华总商会（成立于1906年）第六届委员会协理（福建帮四协理之一）。这是陈嘉庚跻登华侨社会上层的标志。

1911年10月10日，武昌起义成功的消息传到新加坡后，全侨轰动，人们纷纷剪掉辫子，以示与清廷决裂。11月9日，福建光复，福建革命政府宣布成立，并致电海外华侨请求援助。11月13日，陈嘉庚与陈楚楠等同盟会会员在天福宫召开闽侨大会，成立福建保安捐款委员会，陈嘉庚被选为会长，发动筹款救济闽省及维持治安。当场募捐2万元电汇福州，并电云："厦泉漳素多匪，乞维持治安，款可续汇。"福建都督孙道云收到款后即回电："款收，漳泉已派某大员负责治安，请再汇巨款以应急需，至感。"一个多月时间，陈嘉庚领导的保安会共汇去20余万元。因刚刚光复，库空如洗，民心摇动，所以福建革命政府在收到2万元后，立即宣传"南洋新加坡汇来20万元，尚有百万元可接续汇到"。于是安定了浮动的人心，稳定了动荡的局势。不久，孙中山由欧洲回国，12月16日抵达新加坡，与陈嘉庚会面。陈嘉庚万万没有想到，堂堂的革命领袖，从法国归来时竟然乘坐条件很差的客船二等舱。陈嘉庚赞叹之余，立即赠送1万元给孙中山作归国旅费；并答应孙中山，回到国内后如需用款，可再帮助筹款5万元。孙中山回国后被在南京举行的17省代表大会选举为中华民国临时大总统，准备从上海往南京就职。临行前的12月29日，孙中山从上海发来急需用款的电报，陈嘉庚立即又汇去了5万元，支持孙中山领导的民主革命和民国政府。辛亥革命的胜利，使陈嘉庚备受鼓舞，爱国意识猛醒勃发，认为"政治有清明之望矣"，于是决计回国做两件事：兴办工厂和学校，以"尽国民一分子之天职"。

抵制日货，筹赈济南。陈嘉庚从事抗日救国活动，从1923年创办《南洋商报》号召抵制日货起，就在华侨社会产生很大影响。1928年初，日本为了阻止北伐军北上平津，借口保护侨民，派兵侵占山东青岛和胶济铁路沿线。5月3日，日军开枪杀死杀伤了中国军民7800多人，并公然杀害前往交涉的国民政府外交特派员蔡公时，制造了"济南惨案"。消息传到新加坡后，侨胞社团即发起召开全侨大会，组织"山东惨祸筹赈会"，陈嘉庚被选为会长。5月17日，陈嘉庚在全侨大会上演讲，说"查山东不幸，客岁惨遭天灾，难民数百万人，无食无衣，苦惨万状，不可言喻。虽远邻如美国尚筹款1000万元，以资赈济。……顾日本虽与我国毗邻，且属同文同种；而从未闻其捐助一文钱，救济一粒米。所谓救灾恤邻之义何在？乃今且更进一步，侵略我主权，惨杀我同胞，无异乘危抢劫，落井下石。

陈嘉庚与孙中山

其野心凶暴，险恶蛮横，实全世界所未有，今我国势虽弱，然人心未死，公理犹存，必筹相当之对待”，“对待办法不外二项，第一就是抵制，第二就是筹款”。他还指出：“本会虽属慈善事业，但关系于国民极为重大……筹汇赈款，应统一行动，归本会办理，勿贻散沙之诮。”他一方面通过怡和轩俱乐部发出传单，揭露日军暴行，号召侨胞捐助救济遭祸之灾民。在他领导下的“新加坡山东惨祸筹赈会”9个月内共募集了1174000多元的巨款，汇交南京国民政府财政部，用于赈济山东灾民。另一方面，他号召全侨，抵制日货，实行经济绝交，以洗雪国耻。南洋华侨团结一致，持续抵制日货，日本在新加坡“与华人之贸易已完全断绝”。华侨不为日本船装卸货物，不为日本渔船销售商品和鱼，日本医生、理发匠等，也“全无华人顾客”。这是南洋华侨在祖国全面抗战前夕，第一次有组织、有领导的抗日活动，第一次表达了华侨同仇敌忾的义愤和抗敌决心，也是陈嘉庚为挽救中华民族于危亡，在广大华侨中作为“华侨旗帜、民族光辉”的最早的表现之一。

“山东惨祸筹赈会”全体董事合影(右十四为陈嘉庚)

1929 年 2 月，陈嘉庚就日本突然毁弃济南惨案解决条款事，致电南京政府外交部长王正廷："日兵未退，先许言和，让步已极。乃日本无厌反复，损失不赔，事关国体，万万不可迁就。况民气初盛，抵制正剧，乘兹国货振兴，愈迟愈效，利害关头，欲速不达，务希毅力坚持，铭感不尽。"

鉴于"山东惨祸筹赈会"结束时，该会会员不忍侨胞终无一个统一机构以承办全侨事务，便倡议创办中华会馆。2 月 4 日，陈嘉庚在《南洋商报》发表《倡设中华会馆改造中华总商会刍议》，认为"今当祖国革命成功（指南京国民政府建立），建设伊始，百事维新。海外华侨，亦宜乘时奋起，作有组织有秩序之大团结。一方面严守当地法律，表现华族之文明，一方面创设公共事业，增进侨界之福利"。而中华总商会职员按帮分配名额，正副总理只能由福建帮和广东帮侨商担任，轮流坐庄，"不惟选不择才，且地方主义，封建色彩，浓厚至极"，不利于团结。将来中华会馆建成后，内设公共图书馆、体育场、游泳池。这些设施"足以开化智识，健全身体，又足以供给公共娱乐，杜绝不正当之游玩，其有益于青年，至极重大"。他联络 14 人联函中华总商会，要求召开会员大会讨论创设中华会馆事，但未获总商会会员大会支持。3 月，新加坡侨团代表在中华总商会开会，讨论拨"山东惨祸筹赈会"余款救济豫、陕、甘三省旱灾问题。陈嘉庚在会上再次疾呼创设中华会馆。他说："爱国与人民团结，实有至大关系。要爱国必须团结，既团结尤要爱国。"中华会馆终因总商会不赞成，华民政务司不批准注册而未能成立。

喊醒侨民，鼓动志气。1931 年 9 月 18 日，日本帝国主义发动"九一八"事变，9 月 20 日，中共中央联合日共中央发表反对日本帝国主义侵略中国的宣言。22 日，中共中央发出"用民族革命战争驱逐日本帝国主义出中国"的号召。而国民党政府却在 23 日发出告全国人民书，"希望全国军队对日军避免冲突"，告诫国民"务须维持严肃镇静之态度"。

新加坡华侨对事变的反应与中共的行动不谋而合。中华总商会会董林庆年、李振殿等致电南京国民政府，请团结息争，一致对外；同时致函国际联盟，请制裁日本侵略者。陈嘉庚以福建会馆主席名义致函总商会，请召开全坡华侨大会讨论对付日本办法。他得到应允，即主持召开大会，通过致电国际联盟及美国政府，请履行各种条约，维护世界和平。后来，他自述说明知开会通电无丝毫作用，但祖国遭受暴敌侵凌，不能充耳不闻，"自应喊醒侨民，鼓动志气，激励爱国，冀可收效于将来"。

1932 年 1 月 4 日，陈嘉庚在《南洋商报》发表《对日问题之检讨》一文，驳斥

日寇借词人口过剩疯狂侵华的强盗逻辑，反对东三省若失全国必亡的悲观论调，说明中国无亡国之理。认为“政争不息，内乱纠纷，教育废坠，国民程度参差，此乃一国政治在改革过渡时代所必经之程序”，“世界兴衰之循环，必无一成不变之理”，断定“日本顺境已过，其运已竭，种恶因必不能结善果”。日寇进攻上海，“一·二八”事变发生，十九路军迎头痛击侵略者，海外华侨人心振奋，立即展开节衣缩食运动，筹款支援。1 月至 7 月，南洋华侨汇交十九路军的义捐款额达 600 万元以上，其中就有陈嘉庚所募集的巨款。3 月 6 日，陈嘉庚致函集美学校秘书处，谈上海失陷后的中日关系和国际形势，认为：中国军队“此回能与敌寇持抗 34 天之久，以血肉与机械战，虽败亦荣，足以代表我民族无限忠勇，为全世界钦佩”。他深信“我国民政府决不肯忍辱屈服”。他说：“守土之责，义所难辞。牺牲虽大，分所甘受。”“时至今日，任何人皆应抱牺牲精神，各尽所能以与暴日抗。希勉励学生，激励勇气，勿畏葸自扰！”他认为日寇占据我东北是不会归还的，这样，日寇“则为我之大仇”，希望校长和教员运用渊博学识分析中日战争形势，提出如何不失时机地求得生存发展。

1933 年 8 月，陈嘉庚在《南洋商报》发表《答客辩》一文，指出“强权最终不会得逞，科学与武力最终还受公理与道德约束”。他历数德、意、日的法西斯行径之后说：“人之万能者，终能免公理正义之裁判乎？吾不信也。”他相信公理终将战胜强权，日寇必将导致灭亡的命运。

维护正统，购机寿蒋。1927 年 4 月 18 日，南京国民政府成立，1928 年 12 月底，二次北伐取得胜利，实现了中国形式上的“统一”。陈嘉庚认为此象征祖国统一，视为正统，且“外国均已承认，国民应当乐从”，乃手订“拥护南京政府为首要目的”作为《南洋商报》的办报规则，又与林义顺联名致电居留德国的汪精卫，劝他不要煽动反对南京政府。1936 年秋，陈济棠、李宗仁、白崇禧等在广东组织西南政府，陈嘉庚即以中华总商会名义召开侨民大会，表示“拥护南京中央政府”，并以大会主席名义致电陈、李、白，指出“外侮日迫，万万不可内讧”。另致电李、白，劝“勿与贪吏陈济棠合污。敌人得陇望蜀，应共筹抵御，不可自生内战”。

当时，由于受正统观念的影响，陈嘉庚把御侮救亡的希望寄托在国民政府和蒋介石身上。在蒋介石 50 岁生日时，国民党人发起献机祝寿活动，要求马来亚华侨捐献飞机 1 架（国币 10 万元），南京国民政府驻新加坡总领事把这件事交给陈嘉庚去办。陈嘉庚在征得当地殖民地政府同意后，由中华总商会召开各帮侨领会议，成立“购机寿蒋会”，他担任主席，工作顺利，共筹捐 130 余万元（国币），

汇交国民政府，约可购飞机 13 架，大大超过原计划。

陈嘉庚在新加坡“购机寿蒋会”游艺会上致开幕词时曾说，开会的目的在于“唤醒同侨，使知国之当爱”。1936 年 12 月 12 日，“西安事变”发生，国民党爱国将领张学良、杨虎城等发动兵谏，拘捕蒋介石，并通电全国，提出抗日救国的主张。南京国民政府即驰电南洋各地侨领敦促表态。陈嘉庚感到情况严重，以“不胜迫切之至”的心情，致电张学良请释蒋介石。接着，发起在怡和轩召开华侨援蒋救国大会，他在会上说：“古人谓‘多难兴邦’。多难之所能兴邦者，因能发奋图强也。多难而反不能发奋图强，邦又岂能兴哉？此我人今日，应为警惕者也。”

二、领导华侨　抗日救国

1937 年 7 月 7 日，日本帝国主义发动卢沟桥事变；8 月 13 日，日本帝国主义在上海发动大规模军事进攻，中国守军奋起还击，中国从此开始了艰苦卓绝的八年抗战。中国人民同仇敌忾，国共两党也实现了第二次合作，共同对外。抗战期间，南洋华侨是支援祖国抗战的重要力量，也是抗日民族统一战线的重要组成部分。陈嘉庚历史性地担负起“领导华侨、抗日救国”的重任，成为南洋华侨抗敌的杰出领袖，成为抗日民族统一战线的一面旗帜。

1. 国难当头　挺身而出

担任新加坡筹赈会主席。1937 年 7 月 8 日，中共中央通电全国，号召“全民族抗战”！南洋华侨视此为国家民族存亡的紧要关头，很快就动员起来，成立了许多抗日救亡团体，并纷纷致电南京国民政府逼蒋、促蒋抗战。新加坡著名侨领叶玉堆、李俊承、陈廷谦、周献瑞、李光前以及陈六使等，相约前往怡和轩俱乐部晋见陈嘉庚，恳请他领导新加坡的筹赈工作。陈嘉庚解释，他已退出商界，缺乏财力，不适宜承担这一艰巨的任务。几位侨领指出，陈嘉庚目前的声望比以前更高，南洋一带许多成功的实业家都出身自他的公司，只要他登高一呼，各地侨领必定热烈响应和支持。于是，陈嘉庚义不容辞地担负起领导华侨筹赈的工作。

8 月 15 日，侨民大会开会，推举陈嘉庚为大会临时主席，陈嘉庚即将前一天华民政务司所示四条宣布，指出“我侨如要筹款有成绩，当注意遵守”。大会通过了筹赈会名称为“马来亚新加坡华侨筹赈祖国伤兵难民大会委员会”，简称“新加坡筹赈会”，规定委员 32 名，其中福建 14 名，潮州 9 名，广州 4 名，琼州、客帮各 2 名，三江 1 名，由各帮自选。大会授权委员会行事，由委员会选主席及各职员，议决后陈嘉庚即宣布：“今日大会目的专在筹款，而筹款要在多量及持久。新加坡

为全马或南洋华侨视线所注，责任非轻，然要希望好成绩，必须有人首捐巨款提倡，此为进行程序所必然。”他先征得叶玉堆捐献10万元、李光前10万元，周献瑞、蔡汉亮、林文田各捐2万元，一次交清，其他侨领各捐若干，他自已认月捐至战争结束止每月2000元，先交一年24000元。

第二天，召开委员会，选举主席及职员，陈嘉庚被选为主席，决定办事处设在怡和轩俱乐部。所有捐款概作义务捐送，不收政府公债券，不得另设其他筹款机关，凡募捐款项，概汇交中央政府行政院收赈。募款分特别捐及常月捐两种，各帮自动极力进行，并于市区外另设分会30余处，以期普及侨胞。在筹赈会领导下，各帮分头劝募，筹赈运动如火如荼，每月可募十七八万元。其中福建帮的成绩较大。陈嘉庚常要求大家再接再厉，多作贡献。他说：“抗战重要在出钱出力，我闽省出兵力不及他省，我闽侨应多出钱，以补省内出力之不足。”至于抵制日货，成绩颇佳，剧烈且持久。英殖民政府也不像以前那样严格对待抵制工作者。

担任南侨总会主席。随着祖国全面抗战的展开，所需要的军费、建设费剧增，为了增加筹款的数目与效率，南洋一些地区筹赈会负责人深感有组织一总机关的必要。菲律宾侨领李清泉、吧城侨领庄西言等人函请陈嘉庚在新加坡组织南侨总会，陈嘉庚以“乏相当才望，不敢接受”。1938年7月30日，陈嘉庚接到由新加坡总领馆转来重庆(此时国民政府已迁往重庆)行政院长孔祥熙的来电：“吧城庄西言先生建议，应由君在新加坡组筹赈总机关，领导各属华侨筹款。本院已委外交部，电知南洋各领馆，通知各属侨领，派代表到新加坡开会，希筹备一切。”陈嘉庚认为这是国府的命令，便接受了。于是登报并通告英属香港、马来亚、缅甸、北婆罗洲，荷属爪哇、苏门答腊、西婆罗洲、西里伯，美属菲律宾，法属安南，及暹罗等处，各筹赈会、慈善会、商会，订10月10日国庆日，派代表来新加坡开南洋华侨筹赈祖国代表大会，并限定大埠12名，次8名，又次6名，旅资各自备，附列重要议案，(1)总会名称，(2)地址，(3)举主席及职员，(4)各埠会承认常月捐义款每月若干，(5)各埠代表提案，须于开会前七天交到本筹备处。

10月10日，大会在南洋华侨中学礼堂举行，到会代表有南洋各地区45埠168人。为适应当地环境，遵守当地法律，筹赈会采用了慈善性质的名义，决议总会名称为“南洋华侨筹赈祖国难民总会”(简称“南侨总会”)，办事处设在新加坡。大会公举陈嘉庚为南侨总会主席，庄西言、李清泉为副主席。各埠会承认常月义捐国币400余万元(规定坡币30元兑国币100元)。同时又议决一条：“政府如派任何官吏南来，须先征本总会主席同意，由主席函知各属会方得招待。”还

通过了其他议案及许多规则。

陈嘉庚在大会上致词，阐明召开大会的“第一义”是：“抗战严重期间，凡我侨胞自应精诚团结，集思广益，俾能加紧出钱出力，增强后方工作。”大会发表《宣言》，号召南洋800万侨胞，坚定最终胜利必将属我的信念，善尽道德义务和国民天职，“国家之大患一日不能除，则国民之大责一日不能卸；前方之炮火一日不能止，则后方之刍粟（粮草）一日不能停。吾人今后宜更各尽所能，各竭所有，自策自鞭，自励自勉，踊跃慷慨，贡献于国家，使国家得借吾人血汗一洗百年之奇耻，得借吾人物力一报九世之深仇，而吾从之生存与幸福”。《宣言》还指出：“我侨胞宜各顺适环境，遵守法律，屏叫嚣而尚沉着，崇理智而抑感情，步伐必求其齐，路径必取其正，使各方或好印象，而利我进行”。“吾人之敌，只有一个，敌以外皆吾人之友，吾人应以左手挥拳以击敌，应以右手伸掌以握友，然后足以孤敌困敌，然后足以持取最后之胜利。”《宣言》最后号召：“愿我800万同胞自今日起，充大精诚，固大团结，宏大力量，以为我政府后盾，则抗战断无不胜，建国断无不成”。接着，南侨总会又在《南侨总会通告第一号》中，重申“焦土抗战”、“全面抗战”和“长期抗战”三个口号，作为全体侨胞共同努力奋斗的目标。

陈嘉庚号召华侨支持祖国抗战

南侨总会的成立，标志着华侨爱国大团结的新阶段。陈嘉庚作为华侨领袖地位也从此确立。当时在南侨总会直接领导下的分支机构，在新加坡、马来亚、北婆罗洲有20个单位，在缅甸、泰国、越南、香港、菲律宾有30个单位，在苏门答腊、爪哇、望加锡、西婆罗洲有35个单位，其他间接接受领导者为数更多。参加者有各帮（闽帮、粤帮、潮帮、客帮、琼帮、三江帮等），各行业（各种同业公会），各团体（工会、妇女会、同乡会、宗亲会、学生会、青年组织、文化组织等），选为领导成员者有侨领、社会名流、记者、教师和基层群众代表。有了这样广泛的抗日民族统一战线的组织，再加上德高望重的陈嘉庚担任领导人，华侨筹赈救亡工作遂在全南洋范围内形成波澜壮阔的群众运动，取得辉煌的成就。南洋各地华侨如此广泛而有力地组织起来，在历史上还是第一次，这与陈嘉庚的努

力是分不开的。

2. 南洋华侨 慷慨捐输

募集巨款,支援抗战。南侨总会是代表当时全南洋800万华侨抗日救国的统一组织,名义上称为"筹赈祖国难民",实则以财力、物力、人力支援祖国抗战。其最大的贡献当然是募集巨款援助祖国抗战。以1939年而言,抗战军费为国币18亿元,华侨汇回祖国之款11亿元中捐款约占10%。南侨总会抗战义捐约国币5亿元,主要依靠群众用各种方式劝募,有特别捐、常月捐、节日献金捐、货物助赈捐、纪念日劝捐、卖花卖物捐、游艺演剧球赛捐、舟车小贩助赈捐、迎神拜香演戏捐等等,是一点一滴积累起来的群众血汗!当时,华侨捐献情形正如陈嘉庚生动形象描绘的那样:"对祖国战区的筹赈工作,风起云涌,海啸山呼,热烈情形,得曾未有;富商巨贾既不吝啬,小贩劳工也尽倾血汗。""富侨虽多,所捐者亦属有限","而劳动界颇踊跃,虽辛苦所得工资,亦能按月捐出多少,故能集腋成裘"。陈嘉庚在所属企业已经收盘的情况下,自己仍带头认常月捐每月2000元,直到抗战胜利。为了加强南侨总会领导,他索性住进怡和轩俱乐部,不分昼夜地领导抗日救亡工作。同时一再勉励各地分会同仁:"不因环境险阻而惊心,不以筹募艰难而馁气,领导华侨奋斗到底。"由于陈嘉庚领导有方,助手得力,华侨拥护,捐款所得数额甚巨。据国民政府财政部统计,华侨自1937年至1945年,八年中捐款共达13亿多元(国币),平均每年1亿6000多万元。其中南洋华侨捐献比重最大,有力支援了祖国抗战。

以财力支援祖国抗战的另一项是侨汇。侨汇是华侨寄回祖国赡养亲属的汇款,数额比捐款更大。据统计仅从1937年至1943年通过银行途径的侨汇,共达55亿元(国币),平均每年约8亿元,数额巨大,其中南洋侨汇居多。1942年后,南洋各地相继沦陷,侨汇和捐款中断。欧美等地华侨继续以侨汇和捐款为祖国抗战做贡献。

海外华侨在物力方面对祖国抗战贡献也甚为可观。据不完全统计,截至1940年10月,共捐献飞机217架,坦克27辆,救护车1000辆,大米1万包,以及大量药品、雨衣、胶鞋等用品,自1937年至1940年总数达3000批以上,每月平均100批。以上物资多数亦为南洋华侨所捐献。如1939年冬,南侨总会募得寒衣50万件,金鸡纳霜(即奎宁,抗疟药)5000万粒以及大量其他中西药品和救伤绷带等,救济祖国抗战后方。

征募机工,返国效劳。派遣机工回国服务是华侨支援抗战的另一大事。

南洋华侨机工在新加坡集中时的情景

马来亚华侨李月美女扮男装参加机工队，直到在滇缅公路上翻车受伤后，人们才知道真相。当时海内外舆论盛赞其为“巾帼英雄”。图为李月美（中排左六）与马来亚槟城机器行回国服务机工队成员合影。

南侨机工

1939年，中国沿海港口全部被日寇占领或封锁，外国货进口的主要通道在西南，滇缅公路成为抗战前线获得战略物资保障的唯一国际通道。当时滇缅公路刚刚通车，驾驶员和修理技工奇缺，急需大批汽车司机和修理人员。国民政府西南运输处总处主任宋子良亲自到新加坡，要求陈嘉庚协助招聘人员，以解决运送军火的急需。陈嘉庚以南侨总会名义发出“六号通告”，动员技术熟练的华侨司机和修理汽车的工人（简称机工）回国支援抗战。自1939年至1940年间，通过南侨总会从新马等地招募“经验丰富、技术精良、胆量亦大”的机工10批共3200多人，并捐赠汽车310辆及其他物资。华侨机工分两个地方出发，一是由新加坡乘船往安南（现越南），主要是新加坡、南马各坡以及沙捞越、荷印泗水、巨港等地区的华侨机工；一是从槟城出发，主要是槟城、吉隆坡以北、霹雳、太平吉打、彭亨和丁加奴、暹罗南（泰国南部）、苏门答腊（棉兰等地）的华侨机工。

当时华侨机工完全是出于为国效劳。如新加坡有位从事修理汽车工作20多年的师傅，一听到南侨总会的号召，就自动报名，并招了七八位师傅同行，各自带修理汽车的工具回国。槟城槟榔麾多汽车修理厂的一位师傅，还带两位徒弟一道回国。值得一提的是，其中还有“现代花木兰”，马来亚槟城华人李月美，女扮男装与弟弟李锦容一起参加华侨机工回国服务团。有一次，李月美在滇缅公路翻车受重伤，幸亏及时送医院抢救才脱险，人们这时才知道“他”原来是女郎。

还有一位叫白雪娇的马来亚侨生，在奔赴滇缅公路的前夕才悄悄写了一封家书，嘱咐同事在她出发后寄给父母。家书最终没有发出，当地华文报纸《光华日报》获悉后，全文登载，一时轰动南洋。信中写道："亲爱的父母亲，别了，现在什么也不能阻挠我投笔从戎了……此去虽然千山万水，未卜安危，但是，以有用之躯，在有用之日，尤其是在祖国危难的时刻，正是青年奋发效力的时机。这时候，能亲眼看见祖国决死斗争……自己能替祖国做点事，就觉得此生无负于祖国！……""家是我所恋的，双亲弟妹是我所爱的，但是破碎的祖国，更是我所怀念热爱的。""祖国危难时候，正是青年人奋发效力的时机……这次去，纯为效劳祖国而去的……希望能在救亡的汪流中，竭我一滴之微力。"

这些华侨机工满怀爱国热情，离别南洋亲友，回到祖国大西南，在异常崎岖艰险的千里运输线上，克服种种难以想象的困难，运送各种国内急需的战略物资，平均每天 300 吨以上，日积月累运量可观。1940 年，陈嘉庚回国，还不辞劳苦亲自到滇缅公路沿线慰劳视察，尽力帮助解决实际困难，勉励华侨机工继续为祖国抗战做贡献，至今仍使人们难以忘怀。南侨机工回国参战的事迹令人感动，尽管每个人的经历各异，但他们都是响应陈嘉庚先生的爱国号召共赴国难的。几乎每位回国参加抗战的华侨机工的经历，都是一段可歌可泣的史实！他们不愧为顶天立地的英雄汉，他们之中有 1000 多人为抗战的胜利而献出了宝贵的生命，约占当时回国机工总人数的三分之一。南侨机工的英雄壮举，雄辩地说明了华侨对祖国抗日战争做出了极其巨大的贡献，为世界反法西斯战争立下了不可磨灭的功勋。

昆明西山南侨机工抗日纪念碑

3. 疾恶如仇　反对投降

抗战期间，陈嘉庚不仅领导华侨在经济上对祖国做出巨大贡献，在政治上对祖国抗战的有力支持更是惊天地、泣鬼神。他政治敏锐，目光远大，爱国心强烈，

处处从国家民族利益出发，“敢言人之不敢言，敢为人之不敢为”，特别是在揭露汪精卫之流投降卖国方面表现得更加突出。

不顾私谊，公开决裂。陈嘉庚早在1906年就认识了当时跟随孙中山筹组南洋各地同盟会分会、募集发动革命资金的汪精卫。1910年4月，汪精卫因谋刺摄政王载沣而被捕入狱，陈嘉庚对其十分钦佩。辛亥革命爆发后，汪精卫被特赦，在新加坡主编《中兴日报》，陈嘉庚与之交往甚密，可谓志向相同，私交甚好。陈嘉庚在筹办厦门大学时还曾邀请他来集美、厦门参观，向他介绍筹办计划，并聘其为厦门大学校长，但不久后，汪精卫便以政务繁忙未暇顾及而辞职，但仍担任厦门大学的筹备员。

1937年7月，日本帝国主义公然发动大规模的全面侵华战争，狂妄叫嚣要在3个月内灭亡中国。中国人民同仇敌忾，奋起抗日。而这时汪精卫却被日本帝国主义的嚣张气焰所吓倒，他和周佛海等人肆意散布“再战必亡”的滥调，企图媾和投降，成为国民党亲日派的突出代表人物。

國民參政會 第一次大會

參政員陳嘉庚氏昨提議

通緝汪逆精衛歸案懲辦

提案不久郵寄參政會秘書處

本埠新聞

再電聲討汪逆精衛

揭破汪逆叛變陰謀

加建國貨夜市場

今日繼續談判

陈嘉庚攻揭汪精卫投降的阴谋

1938年10月，日军在占领了广州、武汉后，加紧对国民党政府的分化、诱降，策动以汪精卫为首的亲日派公开投降。在国家存亡的危急情势下，身任国民党副总裁、中央政治委员会主席、国防最高会议副主席、国民参政会议长的汪精卫公然发表对日和平谈话，一时妥协气氛弥漫重庆，出现了抗日民族统一战线中的最大危险。陈嘉庚在新加坡听到汪精卫主张与日本侵略者妥协的消息，不相信他会屈膝投降。于是便在1938年10月22日以南侨总会主席的名义发电向汪精卫询问：“精卫先生勋鉴，敌暂时得意，终必失败，路透社电传先生谈和平条件。侨众难免误会，谓无抗战到底决心，实则和平绝不可能，何若严加拒绝，较为振奋人心也。”汪精卫在10月23日回电中狡辩道：“……盖抵抗侵略，与不拒绝和平，并非矛盾，实乃一贯，和平条件如无害中国之独立生存，何必拒绝。”

陈嘉庚接电后才知传闻确有此事，便于25日、26日接连发了两封电报予以

驳斥和奉劝。25 日电中指出："比京会议，国联大会，诸代表居在客位，任何时可以发表和平意见，但无论诚伪虚实，均不致影响我抗战力量，动摇我抗战决心，若先生居重要主位，则绝对不同，一言兴邦，一言丧邦，关系至大，倘或失误，不特南侨无可谅解，恐举国上下，皆不能谅解，昨日路透电谣传，和平将实现，蒋公将下野，世界观听为之淆乱，可不警惧耶，万望接纳老友忠告，严杜妥协之门，公私幸甚。"26 日的电中严厉驳斥了汪精卫对日妥协的观点："顷接国内可靠消息，先生主和甚力，事虽绝不能成，难免发生磨擦，淆乱观听。今日国难愈深，民气愈盛，宁为玉碎，不为瓦全。继续抗战，终必胜利，中途妥协，实等自杀。孰利孰害，彰彰明甚。若言和平，试问谁肯服从？势必各省分裂，无法统摄，不特和平莫得实现，而外侮内乱，将更不堪设想。坐享渔利，惟有敌人。呜呼！秦桧阴谋，张昭降计，岂不各有理由，其如事实何哉？先生长参政会，犹记通过拥护最高领袖抗战到底之议决案否？态度骤变，信用何在？二次之会，又何必开？海外全侨，除汉奸外，不但无人同意中途和平谈判，抑且闻讯痛极而怒。料国内群情，亦必如是。万乞俯顺众意，宣布拥护抗战到底，拒绝中途妥协，以保令誉，而免后悔，不胜迫切待命之至。"

汪精卫 26 日回电辩解，坚持他的主张是无上良策，要陈嘉庚劝说南洋华侨赞成他的主张。至此，陈嘉庚已洞悉汪精卫决意投降，无挽回希望，又拟了一封电文，极不客气地指其为"秦桧卖国求荣"，并将与汪精卫来往的 5 封电文交各日报发表。27 日还直接致电蒋介石："蒋委员长钧鉴，汪先生谬谈和平，公必被误，万乞坚决实践庐山宣言，贯彻焦土、全面、长期抗战三大策略，宁为玉碎不为瓦全，以搏最后胜利。国内外同胞，咸抱此旨，拥护我公，若中途妥协，即等自杀。秦桧张昭，无世不有，幸公明察之。"

电报提案，震撼重庆。1938 年 10 月 28 日，第二次国民参政会议在重庆召开，陈嘉庚以国民参政员身份，向国民参政会发去电报提案："在敌寇未退出国土以前，公务人员任何人谈和平条件者当以汉奸国贼论！"这份电报提案像一颗重磅炸弹，震撼了被亡国论、主和论的阴云笼罩的陪都重庆，震活了死气沉沉的国民参政会。按照参政会条例规定，须有 20 名以上参政员联名附议，方可成案。陈嘉庚的提案由国民参政会秘书王世杰拿到会场征求签名，很快就签满 20 人，中共参政员董必武的名字也在其中。于是成案，交付参政会讨论，汪精卫不得不以大会主席身份宣读提案，宣读时形容惨变，坐立不安，十分难堪。表决时大多数赞成通过，将原文文字修改为"敌未出国土前，言和即汉奸"。汪精卫尚哓哓不休，甚形不满。反对提案的只有梁实秋等人，到参政会闭幕时，梁实秋刚走出会场，即被重庆学生百余人包围殴辱。“从此之后，重庆各日报方敢稍论是非，而社会亦纷纷疵议，指为卖国。”一时间中外报纸纷纷报道陈嘉庚的提案及转载他与汪精卫来往的数封电报，使汪精卫的奸状大白于世，成为众矢之的。著名记者邹韬奋撰《来宾放炮》一文评论陈嘉庚的提案，说“这寥寥十一个字，却是几万字的提案所不及其分毫，是古今中外最伟大的一个提案”。

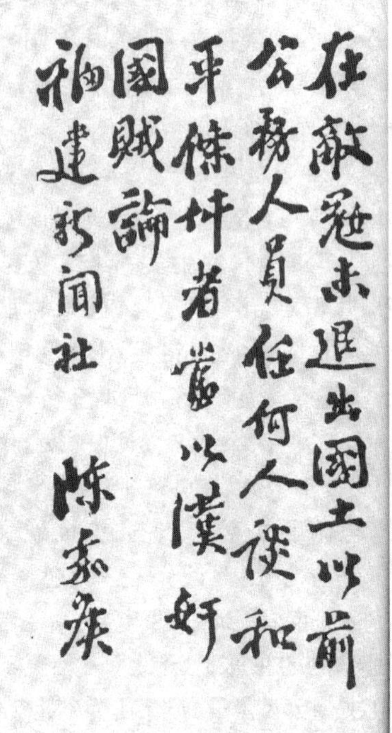

“古今中外最伟大的一个提案”

虽然陈嘉庚的提案给了汪精卫当头棒喝，但他不仅不思悔改，还于 1938 年 11 月 20 日派代表同日本军方代表在上海秘密签订了《日华协议记录》等 3 个卖国文件，并于 12 月 18 日潜逃出境叛国投敌。12 月 29 日，他在香港致电蒋介石和国民党中央执行委员，劝蒋介石和国民党政府赞同日本首相近卫关于“满洲国”和“合作”、“反共”等三项声明，“与日本政府交换诚意，以期恢复和平(此即所谓《艳电》)”。陈嘉庚即于 12 月 31 日致电蒋介石：“蒋委员长钧鉴，汪精卫甘冒不韪，公然赞同日寇亡国条件，稽其行迹，不仅为总理之叛徒，抑且为中华民族之国贼，我公庐山宣言，抗战到底，全国拥护，已成抗日铁案，中途妥协，等于灭亡。汪固深知此义，最近参政会决议，公务员中途言和，即为汉奸国贼，汪身居议长，岂竟充耳弗闻，乃敢弃职离都，背党叛国，殆谓南京傀儡，已首席高悬，非彼莫属耶？此而不诛，何以励众，更何以根绝效尤。敬乞我公宣布其罪，通缉归案，以正国法，而定人心，八百万华侨，拥护抗战到底。”1939 年 1 月，国民党开除汪精卫的党籍，将其《艳电》公开发表。陈嘉庚知道后于 4 月 13 日致电国民政府、国民党中央党部军事委员会及国民参政会质问：“汪精卫叛国求和，罪情重大，实古来奸贼所未有”，“全国上下，莫不痛恨”，“不意仅革党籍，未及国法”，“今日前方将士浴血挥戈，后方民众卧薪尝胆……而独容汪

贼与其党羽逍遥法外，实南洋八百万侨众所莫解”，强烈要求“对其严加惩处”。蒋介石复电，以“然国法未施，已为天下共弃，亦足以垂炯戒”之语相搪塞。

汪精卫叛国投敌后，仍恬不知耻，暗中指使其党羽到南洋以妖言惑众，妄图破坏抗战大业。为了使海外侨胞进一步擦亮眼睛，善辨忠奸，加强团结，以利抗敌，陈嘉庚于1939年8月28日以南侨总会名义发出第二十一号通告，详列汪精卫卖国罪行，号召广大侨胞辨奸讨逆，勿为妖言所惑，继续捐资救难、输财救国，抗战不达最后胜利，支援抗战活动决不停止。各地华侨积极响应号召，讨逆活动一浪高过一浪。新马华侨普遍举行“反汪宣传周”，参加讨逆人数达170万人次。仰光侨胞筹款100万元作为缉拿汪贼经费；欧美华侨与南洋华侨并肩战斗，讨汪活动遍及各大侨居城市，舆论界也在报纸上公开表示“誓与汪贼不共戴天”。

陈嘉庚为了国家民族利益，不顾个人私谊，不怕得罪执政的国民党当局，在抗战关键时刻，挺身而出，向汪精卫之流开炮，并给予穷追猛打，有力地打击了妥协投降派的嚣张气焰，进一步鼓舞了全国军民斗志，在政治上为祖国坚持抗战做出了宝贵的贡献。

三、回国慰劳 拨云见日

1. 访问重庆 心忧前途

组织慰劳团。1939年底，抗战进入相持阶段。沿海重要城市和港口大都失守，华侨回国非常困难，对于战争状况和国内民众生活多不详知。南侨总会虽逐月输汇义捐，及派遣机工回国服务，但陈嘉庚感到“未尝举派代表回国慰劳忠勇抗战之将士及遭受痛苦之民众，海外华侨于义实有未尽”。故发起组织回国慰劳视察团，简称曰“慰劳团”。其目的一方面在于鼓舞祖国同胞抗战志气；另一方面又以祖国抗战民气激励侨胞多献义捐，多寄家费。

12月4日，陈嘉庚以南侨总会主席名义在《南洋商报》刊登通告，说明组织南侨回国慰劳团的动机、目的与办法，请南洋各地筹赈会派代表参加慰劳团，并附了六条简章。12月6日，陈嘉庚致函蒋介石，说明发起组织慰劳团事由，“期三月首途出发，其宗旨：一以慰劳祖国军民同胞，代致海外侨胞之感慕；一以详细考察祖国抗战以来灾况及其所需，俾资宣传，借助筹赈……”1940年1月13日，蒋介石回电说：南侨慰劳事“已分电外交部电各领馆、各党部，力予协助矣”。2月，慰劳团正式成立。团员共52名，其中30余名于2月底到新加坡集合，进行准备工作。陈嘉庚再三告诫他们：“此次系到祖国工作，而非应酬游历者比，务希

勤慎俭约善保人格!"强调慰劳团此行,目的在于精神上的慰劳,而不是回国捐献。他说,古之使者即今之代表,诸代表虽由各埠举派,然到国内非仅代表一州或一属,乃系代表全南洋千万华侨,故通称曰南洋华侨慰劳代表。此次祖国抗战为历史以来最严重之大事,尽人皆知。海外华侨虽源源捐资不断,然尚未尽责任,盖所输甚微,自抗战以来 32 个月中,各种捐献折国币 2 亿元,仅及南洋华侨资产的百分之几而已。天津、广州等任何一个沦陷城市的损失都远远超出这个数目。诸代表尤当明白不足之憾,更不可夸张自满为幸。这次回国,"考察实业为次要,各团员切勿轻率启口"。他说每一位团员,都是代表南洋全体华侨的,言行须时时审慎,并以"谦逊"作为赠言,要求团员带回祖国,谨守勿失。另外,还郑重地提出一条要求:万勿用纪念册向国内名流领袖请求题签,不能以此消磨别人的宝贵时间,更不应用此来标榜自己的交际才能,抬高身价。

3 月 2 日至 4 日,陈嘉庚分别与各地抵新的慰劳团团员举行座谈会,并分发调查视察提纲 30 条。5 日晚,在怡和轩俱乐部设宴为慰劳团饯行。3 月 6 日,慰劳团由团长潘国渠带领出发,从新加坡乘丰庆轮到仰光,准备转滇缅公路坐货车去重庆。根据陈嘉庚的要求,每个团员自带帆布床、蚊帐、外大衣和手电筒等。

决定亲自回国。陈嘉庚发起回国慰劳团时,考虑到各处侨领因事务缠绊绝大多数不能亲自参加,而热诚爱国的文化界及职业界容易成行,且语言文字为所素习,亦较利便,所以发出通告时便附带优待条件,使工薪者得以参加。"至于亲身回国之举,自发起慰劳团后,虽经数月之久,绝无丝毫存意。若云为自身将回国,故发动慰劳团以为荣耀此种诈谬行为,在余绝未梦想,诚可以对天日而无愧。"而且他也感到回国有三种困难,(1)国语不通,(2)年老怕寒,(3)数年来腰骨常疼痛不耐久坐。况且如果只到重庆,不去别的地方,则意义不大,所以"不归则已,要归必须能领导团员,尽力多行,以尽南侨代表责任"。由于上述原因,陈嘉庚原本并没有计划亲自参加慰劳团。

在慰劳团即将出发之际,国民政府驻新加坡总领事高凌百忽然来拜访陈嘉庚,说他来此数年未曾回国述职,想作为陈嘉庚的代表回国慰劳。陈嘉庚回答说"慰劳团有团长毋须代表"。高凌百又说他已经决定回去,可顺便代表。高凌百走后,陈嘉庚心想"今日此人来言决将往重庆,必非好意,或者受人委托,恐不利回国慰劳团至为可虑",看来自己非亲往重庆不可,即发电报约南侨总会副主席吧城的庄西言和菲律宾李清泉同行,并赶紧制作寒衣,治疗腰痛病。

因李清泉赴美未归,只有庄西言可以同行,陈嘉庚便于 3 月 15 日与庄西言

和南侨总会秘书李铁民搭英国邮船离开新加坡，16 日抵槟城，19 日抵仰光。在仰光停留一星期，曾在国际会发表演说，谴责日本侵华暴行，并指出日本野心不仅吞并中国，而且企图侵占马来亚、缅甸、印度等地，警告商人勿贪跟前小利而与世界大盗亲善，互为贸易。他还在集美校友会欢迎筵席上演说，强调“凡我中国人民，应当紧密团结，不要像以往那样有省界、姓氏之分”。

3 月 26 日，陈嘉庚偕南侨总会副主席庄西言、霹雳侨领王振相、槟榔屿侨领陈准虎及秘书李铁民等一行五人，由仰光乘康定号飞机到达重庆，受到重庆各界代表和广大群众的热烈欢迎。在重庆机场欢迎茶会上，陈嘉庚激动地向重庆各界人士说，“我离开祖国已经十八九年了，对于国内情形，很欠明悉。但是我有一颗心，这颗心随时随地都惦念着祖国”。讲话中他还把祖国比作华侨的父母，华侨援助祖国，是子女对父母应尽的责任。最后他高喊：“大家拿出有用的金钱，帮助抗战，以精诚团结的精神，战胜日人。”陈嘉庚一踏进国门，就向国人显示出海外赤子的一片忠诚。

1940 年 3 月陈嘉庚率团回国慰劳

心忧国家前途，呼吁团结抗战。 国民党政府因为陈嘉庚对华侨界有巨大号召力，特别是因为陈嘉庚领导华侨筹赈做出了很大成绩，把他当作一个大财神，因而把欢迎陈嘉庚当作一件大事，动员了有关的党、政、军大员欢迎并接待陈嘉庚。国民党当局对待陈嘉庚的主要手法，最初是“捧”和“拉”，为了捧陈，在重庆一地即准备 8 万元经费，要举行一系列大小宴会，以博取陈嘉庚的欢心。不料陈嘉庚对这样的奢侈应酬极为反感，他认为在军民艰苦抗战之时，不该如此铺张浪费，并担心引起各地连锁反应，竞相挥霍，因此特地在重庆各报刊登一则启事：“闻政府筹备巨费招待慰劳团，余实深感谢。然慰劳团一切用费已充分带来，不欲消耗政府或民众招待之费。……在此抗战中艰难困苦时期，尤当极力节省无谓应酬，免致多延日子，阻碍工作。希望政府及社会原谅！”

国民党当局认为，如果能把陈嘉庚拉入国民党，不但可以借助于这个大财神，使他们“生财有道”；还可以利用他的威望，为国民党欺骗和迷惑广大华侨。因此，在陈嘉庚到达重庆不久，国民党中央组织部部长朱家骅就在一个宴会上宣

布:“我们欢迎陈嘉庚先生来共同领导国民党。”陈嘉庚沉默不语,一时宴会上静寂无声,使朱家骅十分尴尬。考试院长戴季陶看见陈嘉庚面有不愉之色,赶快起来打圆场说:“陈先生热诚为国家社会服务,入党不入党是一样的。”这才缓和了宴会上的紧张气氛。蒋介石在第一次宴请陈嘉庚时,装出一副虚怀若谷的样子,问陈嘉庚对重庆有何观感。陈嘉庚说,他自己对政治是个门外汉,重庆工厂又还未参观,提不出什么重要的意见,只觉得重庆的人力车和汽车都很脏,不但影响观瞻,也不卫生。蒋介石一听,煞有介事似的把意见记入手册,并下令全市车辆要注意清洁卫生。蒋介石又听说陈嘉庚平素俭朴,所以在嘉陵新村特地只用四五样菜加些面包招待陈嘉庚和慰劳团,以标榜其所谓的新生活运动。但重庆达官贵人们花天酒地、挥金若土的情形,瞒不过陈嘉庚的眼睛。在重庆,最令陈嘉庚不满的是政府要员的贪污营私。嘉陵新村富丽堂皇的大官私邸,使他极为惊讶;当他听到那座宏伟新颖的嘉陵宾馆为孔祥熙私人所开时,起初不大相信,后来孔祥熙承认确是他所开办,使陈嘉庚为之愕然。他想孔祥熙长期担任财政部长和行政院长,竟公然私营企业,搜刮民脂,可见国民党大官贪污腐化确非虚传。

一次重庆经济学社请陈嘉庚在重庆大学礼堂演讲有关华侨回国投资问题。陈嘉庚指出,要华侨回国投资,国民党政府必须先有信用。大会主席马寅初最后讲话,称赞陈嘉庚的话切中时弊,并且说:“现在国家不幸遭受强敌侵略,危险万状。可是保管外汇的人,却不顾大局,偷窃外汇,而且贪得无厌,获利竟达六、七千万元,将留给自己子孙买棺材!”马寅初愤慨激昂,几乎声泪俱下,使陈嘉庚深深感动和十分敬佩,同时对国民党政府的贪污腐化有了更深的印象。

陈嘉庚还曾先后与国民党首脑人物林森、孔祥熙、何应钦、陈诚、陈立夫、戴季陶、于右任、居正、孙科、宋子文、王宠惠、王世杰、张嘉璈、翁文灏、许世英、邵力子、鹿钟麟、龚学遂及参政员黄炎培等人会谈,还到西南运输公司运输站、化学制造厂、造纸厂、炼钢厂、军械厂和工业合作社等处参观,结果都非常失望。同时了解了重庆国民党政府钳制报纸、禁止言论自由的情况,私下不胜感慨地说:“那些国民党中央委员,都是身居要职,但都假公行私,贪污舞弊,生活奢华。那些人都是四五十岁,既不能做好事,又不会早死,他们至少还要尸位二三十年。中国的救星不知在哪里,即使出世了,或者还在学校读书,恐怕还要三几十年后才能出来担当国家大事,国家前途深可忧虑!”

陈嘉庚在重庆期间,利用各种大小欢迎会、个别交谈、参观访问等机会,报告华侨支持抗战的情况,表达海外华侨对祖国军民慰问之情,视察国内实施抗战状

况，劝说国共两党要团结抗战，不要分裂，不要让华侨失望。他在国民党要人白崇禧做东的招待会上，听说白崇禧将出面调解国共纠纷，陈嘉庚表示欣慰，说在南洋风闻国共摩擦严重，以为是汉奸造谣，到这里之后才知道情势确实危急。“如不幸分裂，则无异自杀”，心中忧虑无穷。“今闻将军有排解之策，深望极力斡旋，若得化险为夷，一致对外，实国家民族无穷之福也”。

当时在重庆的中共负责人董必武、林祖涵、叶剑英（三人均为参政员）曾特地去拜访陈嘉庚，送了三件陕北出产的可御寒防雨的羊皮衣给陈嘉庚。陈嘉庚和他们座谈了几个钟头，都是关于国共两党磨擦的事。陈嘉庚询问“前日白崇禧将军曾言欲设法调解，彼此划定界线，免启争执，不知已告知贵党否？”叶剑英答：“白君经有提出，我等万分赞成。第不知中央有无诚意，若我等绝无问题，但求能一致对外，中央勿存消灭我等之意。白君能主持公道，则均可接受矣。”陈嘉庚说：“南洋华侨无党无派，自抗战后热烈一致，输财中央政府，并鼓励增寄家信，益加外汇，以佐战费，亦望国内和协对外，期获最后胜利。倘若不幸发生内战，华侨难免大失所望，对于家信及义捐，不但不能增加，尚恐悲观退步。余到此后始悉近来两党恶感严重，中心焦灼莫可言喻。今日闻诸君诚意，愿从白君调解，实我民族无穷之幸福，万祈互相迁就，以国家为前提。”叶剑英邀请他去参加中共驻重庆办事处的欢迎茶会，陈嘉庚愉快地答应了。在茶会上，陈嘉庚说，今日国共两党名义上虽不一样，而为国家民族奋斗的心则一，可以说是兄弟党、姐妹党。万望两党关系人，以救亡为前提，勿添油助火，国家幸甚，民族幸甚。若国共两派意见日深，发生内战，海外华侨必痛心失望。他还说：“我不是一个共产党员，不过你们共产党革命的目的，也是为改造社会，使国家民族好。我这些年来办学，也是要社会好。这一点初心，我和你们共产党人改革社会的动机原是一样的。”陈嘉庚在茶话会中问起他如果到延安去访问毛泽东，应该从什么地方去，需要多少天，路上交通如何？叶剑英一一作答，告诉陈嘉庚可先到西安，然后由第十八集团军办事处（当时八路军为第十八集团军）派车辆送至延安。不久，毛泽东就从延安发来一封电报，正式邀请陈嘉庚访问延安。

由潘国渠率领的慰劳团团员迟至 4 月 14 日才到达重庆，5 月 1 日，慰劳团分三团出发：一、三团都由重庆经成都到广元，然后，一团由潘国渠带领，从广元往南郑、西安转往河南、安徽、湖北；三团由陈肇基带领，从广元往天水、兰州、青海、宁夏、绥远至郑州。二团由陈忠赣带领，从重庆往湖南、江西、浙江、福建、广东、广西；陈嘉庚则同庄西言、侯西反、李铁民等计划由成都转往延安。

2. 访问延安　拨云见日

陈嘉庚在重庆考察一个多月，耳闻目睹，深感失望，更增强了他必须到延安访问的决心。5月5日，他和侯西反、李铁民由重庆飞成都。当时蒋介石兼任四川省主席，也在成都，特设宴款待，饭后与陈嘉庚交谈。问及陈嘉庚到成都后欲往何处，陈嘉庚答："兰州、西安，延安如有车可通，也想去。"蒋介石一听陈嘉庚说要去延安，便情不自禁地破口大骂共产党"无民族思想"，"口是心非、背义无信"等等。陈嘉庚感到事态确实严重，但仍耐心解释说："余代表华侨回国考察，凡交通无阻地区，都要前往考察，以便回南洋后向华侨报告真实情况。"蒋介石见陈嘉庚坚持要去延安，既没有理由可以阻止他，又怕引起这个"财神"的反感，只好勉强说："要去也可以，但不要受人欺骗。"陈嘉庚要访问延安的消息，给了蒋介石很大的震动。于是国民党对待陈嘉庚，除了"捧"、"拉"的手法以外，还加上"防"，就是千方百计防止他与中共接近，更防止他倾向中共。

陈嘉庚由成都乘飞机到兰州，会见甘肃省主席兼第八战区司令朱绍良，询问抗战后民气、财政、禁鸦片等事项。拜访赴渝途经兰州的绥远主席、第八战区副司令傅作义，了解"敌人气象如何"。当傅作义介绍说"敌之士气大不如前"而我军士气日盛时，陈嘉庚"心中无限喜慰，盖在回国以来，始闻在战场身经百战，有经验司令长官言，可以信慰无任也"。然后从兰州沿崎岖山路赴青海西宁，受到青海主席马步芳的盛意招待，对马步芳部训练有素、组织严密给予赞誉。接着又返回兰州，由兰州乘车去西安，与先期抵达的慰劳一团会合。团长潘国渠告知慰劳团在西安不自由，接受朱德将军邀请，却被省府人员所阻而爽约；约好去拜访周恩来，所乘的汽车却被调走，无法成行。省府还派招待员时时随团员出入，行动受到监视。在西安期间，陈嘉庚拜访了程潜、蒋鼎文、胡宗南和焦易堂(全国最高法院院长)等人，因闻西安政治不良，故借题发挥，以种橡胶需除尽恶草及预防白蚁，喻抗战和建国必须消除土劣贪污。

陈嘉庚由西安去延安的时候，第十八集团军办事处派出大小汽车各一辆，还派来主管招待工作的蒋处长陪同。临行时，陕西省政府一个姓寿的科长又匆匆坐一辆较新的汽车赶来，说省政府派他送陈嘉庚赴延安，并要陈嘉庚与他同车。他负有监视陈嘉庚行动的任务。途经中部县时，陈嘉庚特地安排了谒祭黄帝陵的仪式，焚香行最敬礼，并发表演讲。经过洛川的时候，一些所谓"民众"，往陈嘉庚的车上递了不少诬蔑共产党的"控诉书"，内容大同小异。这种伪造的"民意"骗不了陈嘉庚。他把"控诉书"给寿科长看，然后撕碎投弃在路边。

陈嘉庚一行于5月31日下午抵达延安，受到延安各界5000多人的热情欢迎。在欢迎的人群中有干部、学生、职工、八路军官兵、民众自卫队和市民等，参政员王明、吴玉章、陕甘宁边区副主席高自立、八路军后方留守处主任肖劲光、120师师长周士第、边区银行行长曹菊如等也到场迎接。稍事休息后，陈嘉庚登上了欢迎台，代表南洋1000多万华侨向大家致意。他说，南洋广大华侨有钱出钱，有力出力，全力支持祖国抗战，仅1939年华侨汇回国的义捐和家费就达11亿元，占当年重庆政府军费18亿元的一大半。现在日寇占领我大片领土，我方内部却不断发生摩擦，汪精卫又叛国当汉奸，形势可虑。广大华侨迫切希望国共两党坚持合作，坚持抗战，实现这两条，是海内外同胞的共同愿望，也才能进一步激发华侨的爱国心，帮助祖国抗战，多做贡献。

延安各界热烈欢迎陈嘉庚

陈嘉庚在延安各界欢迎会上致辞

6月1日，一批归国华侨青年前往交际处看望陈嘉庚。陈嘉庚询问这些华侨青年参加共产党八路军的感受，华侨青年们告诉他：蒋介石节节败退，半壁江山顷刻奉送给日寇，共产党八路军、新四军节节向敌后推进，给人民带来信心和希望，要抗战救国就得依靠中国共产党，已有成百上千的归侨和侨眷参加了八路军、新四军，在前线浴血奋战，不少归侨、侨眷已经在血战中付出了他们的生命，如抗日女英雄、印尼归侨、集美学校的校友李林烈士的事迹，已传遍延安和敌后战区。陈嘉庚对华侨子弟为国奋战的精神表示赞赏。归侨青年则劝陈嘉庚等在延安多参观几天，把所见所闻转告给海外侨胞。随后，陈嘉庚一行到延安女子大学参观，朱德和康克清在女子大学迎候陈嘉庚，朱德赞赏陈嘉庚“坚持抗战、反对投降”，“坚持合作、反对磨擦”的立场，他说他这次从前方经西安

回延安，任务之一就是同国民党谈判解决摩擦问题。康克清对陈嘉庚说，敌后前线急需大量妇女干部去开展工作，这就是延安女子大学创办的目的，来自全国和海外的先进女青年正在这里加紧学习锻炼，随时准备奔赴敌后战场。陈嘉庚一行在朱德和康克清的陪同下参观了女大，观看了她们居住的窑洞和露天上课的情景，还参观了女大附设的缝纫、制鞋车间。陈嘉庚边参观边提问题，对延安干部艰苦创业精神感受颇深。当时延安女子大学有 20 多名南洋华侨女学生，她们告诉陈嘉庚还有 20 多名华侨青年在延安鲁迅艺术学院学习，陕北公学、抗大、中央党校、马列学院、政法学院和青干校也都有不少华侨同学。陈嘉庚对延安一地就办起那么多学校，如此重视培养抗战人才，如此重视华侨学生，认为这是延安一大长处。

从女大出来上汽车时，南侨总会秘书李铁民头部不慎碰到汽车门顶受伤，被紧急送往延安中央医院住院治疗。陈嘉庚等则由朱德陪同去杨家岭看望毛泽东，畅谈甚久，并共进晚餐。晚餐后，毛泽东、朱德陪同陈嘉庚等到中央党校大礼堂，参加“延安各界欢迎陈嘉庚先生晚会”，陈嘉庚发表了演讲，并观看了鲁迅艺术学院演出的《闲话江南》和《黄河大合唱》。

陈嘉庚原计划在延安逗留三四天，因李铁民受伤住院，一时走不了，这就为陈嘉庚提供了时间，让他更多地了解延安。陈嘉庚在延安期间，边慰劳考察，边与各界人士交谈，还多次与朱德促膝谈心。当谈及国共关系时，朱德列举几项对方违约的事实，如严重歧视八路军，擅自停发抗日军政费用及武器弹药等，讲得有据有理，给陈嘉庚留下深刻印象。与中共领导人毛泽东会晤，是陈嘉庚此行重要目的之一。两位伟人互相间开诚布公，畅所欲言，其中心议题仍是团结抗战大事。陈嘉庚恳切地说，一是希望坚持抗战，把日寇赶出中国去；二是希望国共合作，兄弟间一切摩擦都等打败了日寇再解决。毛泽东说，陈先生说出了我们的心里话，共产党是主张国共合作团结抗战的。我们现在的立场，从我们对蒋委员长的态度上就可以看出来。过去十多年，我们被他打得遍体鳞伤，还悬赏要我的首级。但我还是想请陈先生见到他的时候转告他，我对他并无恶意，希望见到蒋委员长时代为表白，并将在延安所见所闻向侨胞报告。陈嘉庚痛快地答应了，他后来追忆说：“毛主席所托两事，余均应承。然余心中已自揣度，凭余人格与良心，决不指鹿为马。”交谈中，毛泽东还对陈嘉庚的爱国主义精神表示赞赏。他说：“我们大批中国人在海外，他们都是我们的同胞，要好好宣传爱国主义精神，大家团结起来，联合起来救国。”

陈嘉庚在延安8天，发现中共领导人对他的接待和国民党当局有很大不同。同是欢迎，中共领导人朴素而诚恳，而国民党当局却是奢侈而虚伪。他对延安最好的印象有下列几个方面：一是没有苛捐杂税，不像国民党统治区捐税多如牛毛。二是领导人廉洁，他们的工资和一般干部、士兵相差很小。这同国民党达官贵人的贪污形成鲜明的对照。三是没有乞丐，没有失业的人，人民生活过得去，不像国民党统治区民不聊生。四是领导与群众平等相处，不像国民党统治区等级森严。五是治安好，男女关系严肃，朴素成风。此外还提倡开荒，鼓励人民生产，并且在陕甘宁边区实行县长民选等等。与在重庆时所闻"陕北延安等处，人民如何苦惨，生活如何穷困，稍有资产者则剥榨净尽，活埋生命极无人道，男女混杂人伦不讲，种种不堪入耳之言"，反差极大。

陈嘉庚在离开延安前对随行人员表示，他这次亲临延安，时间不长，收获良多，经过实地考察，他相信共产党言行是一致的，团结抗战的立场同侨胞的愿望是一致的。他亲眼看到边区军民一致、官兵一致，认为这是"克敌制胜之本"。反观国民党"大后方"，官员腐败，坐待外援，民众疾苦无人过问，军事节节失利。对比之下，感到中共深知民心侨心，国民党很多负责官员对南洋华侨情况则一无所知，只知华侨捐了巨款支持抗战，不知这些钱大部分是中下层侨胞节衣缩食捐献出来的。现日寇南进野心毕露，华侨抗日热情倍增，谁无视民心侨心，华侨是不会甘心的。他将继续东行，然后向南，到几个战区慰问考察，回南洋后，他将把考察的所见所闻，如实向海外侨胞介绍。

陈嘉庚通过对重庆和延安两地的深入考察对比，终于弄清了涉及抗战前途与祖国命运的两大关键问题：一是中国的希望究竟在哪里，二是国共两党摩擦真相究竟何在。他认为，重庆虚浮乏实黑暗腐败，国难当头仍灯红酒绿纸醉金迷，行政机构不负责任，抗战气氛淡薄，营私舞弊严重……总之，"绝无一项令人稍感满意"。到了延安，始知那里别有天地，最感满意的是，真正看到中共方面坚持团结、坚持抗战到底的立场，对延安地区各界艰苦奋斗的精神尤为感奋。看到延安军民同仇敌忾，处处团结抗战，陈嘉庚"喜慰莫可言喻，如拨云雾见青天"。此外，陈嘉庚一路上，特别是从西安到延安途中，"亲见两党不洽者五次，皆由国民党构造"。"即在西安阻止慰劳团赴朱德之宴，唆使洛川少数人投递反共信函，宜君县（蒋管区）发生抢劫却嫁祸共产党，陈立夫到西安寓所专讲共产党的'罪恶'，西安铁路局何主任设宴咒骂共产党。两党磨擦，其是非曲直，已有客观依据，事实胜于雄辩。""前此忧虑建国未有其人，兹始觉悟其人乃素蒙恶名之共产党人物，由

是断定国民党蒋政府必败，延安共产党必胜。”“知将来必能振兴中国，了无疑义，自是一心仰服，矢志不移。”延安之行，使陈嘉庚改变了对中国共产党的模糊认识，看到了振兴中华的希望所在。这是他一生中最重要的一次思想转变，也是他政治生活的一次重大转折。

3. 直言不隐　呼吁团结

1940 年 6 月 8 日，陈嘉庚惜别延安，前往山西、河南战区继续考察。先后会见阎锡山、蒋鼎文、陈立夫、程潜、胡宗南、卫立煌、李宗仁等军政要员。7 月 17 日回到重庆。7 月 21 日，周恩来到寓所拜访陈嘉庚，这是他们初次相识；陈嘉庚问国共调解有无进展，周恩来答，自延安来此已一个多月，做了许多努力，但离题尚远，近日大纲已议妥（指国共合作抗日），将往延安与毛主席、朱总司令面商做出决定。7 月 24 日，叶剑英来访，应陈嘉庚的要求，叶剑英于次日送来印好的国共双方调解条件文书一份。24 日晚，陈嘉庚应国民外交协会主席陈铭枢之约，到留法比瑞同学会礼堂演讲《西北观感》，有几百人出席，记者也很多。他实事求是地谈了自己对延安的良好印象。并郑重声明自己和大多数海外侨胞是无党无派的，是站在国民的立场，认为现在应该举国一致，枪口对外！这不仅是关系于国家一时的安危，而且关系今后民族永久的存亡！

重庆有十一家日报，次日，五家对陈嘉庚的演词只字不登，五家登载大意，而《新华日报》则在第二版右下角以《陈嘉庚昨天演讲》为题，发了消息，预告“详细内容见明日本报特写”。7 月 26 日，《新华日报》刊载了一篇特写，详细报道陈嘉庚讲演的情况和内容，标题是《陈嘉庚先生西北归来纵谈团结抗战——国内若不团结抗战，就无办法，各党派应负起挽救危亡责任》。《西北观感》讲演之后重庆国民党人很恼火，说陈嘉庚“以华侨领袖地位，未免为共产党火上添油”。陈嘉庚则坚持认为，“无论在何处，如有要余演讲回国所闻见，余决不能昧良指鹿为马”。

7 月 28 日，陈嘉庚往见蒋介石，交谈中蒋介石大发雷霆，声色俱厉，并说“抗战要望胜利，必须先消灭共产党”。陈嘉庚见蒋如此发火，只说“华侨心里甚盼望祖国团结一致对外，若内部事待胜利后解决”。7 月 29 日，应蒋介石之约在黄山别墅吃午饭。饭后，蒋介石再三问陈嘉庚：对国民党有什么看法？陈嘉庚只好回答说：国民党在国内的事，实在不能答，若南洋余却知大概，他毫不隐饰地谈了自己的不满。

7 月 30 日，陈嘉庚登报声明南侨慰劳团任务已毕，工作结束。并于当日早上乘飞机到昆明。了解滇缅路禁运前后的运输情况，参观西南运输处车库，了解

华侨机工服务及待遇改善情况，并到滇缅公路沿线视察。8 月 8 日晚在昆明广播电台对国内外同胞广播演讲，主要谈两次会见蒋介石的情况和白崇禧关于调解国共纠纷的建议。8 月 9 日，到西南联合大学演讲《西北考察之观感及南洋侨胞之近况》，勉励学生挑起建国重任，“无论个人、社会、国家、事业的发展全赖‘忠诚信义’四字”。8 月 12 日，出席昆明各界欢迎会，在答词中除报告海外华侨积极义捐、抵制日货等情况外，特别提到“南洋鸦片流毒，迄今尚烈”，殖民政府都以“中国尚未禁绝”为借口，不肯严禁。这段话是针对当时云南上层社会盛行吸毒而发的。8 月 14 日，陈嘉庚到达贵阳，次日往见贵州省政府主席吴鼎昌。8 月 21 日抵达广西桂林，广西省主席黄旭初和前集美学校校长叶渊等来接。叶渊私下对陈嘉庚说：此间官员对国民党印象甚好，“凡不利国民党者切注意勿言!”陈嘉庚答：“他若不问，我定不言，若有问，决不能指鹿为马也。”又说：“余天性好直言不欺隐，勇于负责，不怕威胁”；此次回国，代表南侨因公而来，若畏首畏尾，谄谀敷衍，应酬了事，是非不讲，黑白不分，未免空负此行。照事实讲话，只是天职所在。他又以种橡胶须防白蚁恶草比喻建国须防贪官污吏，劣官不仅广西有，在中央同样有坏蛋党员。

8 月 29 日，陈嘉庚乘火车经衡阳至长沙，9 月 2 日抵广东，6 日到江西赣州，会见蒋经国，8 日抵泰和，出席江西省主席熊式辉的招待会，再次谈到这次组织慰劳团回国，目的在鼓舞志气，促成海内外同胞的团结，“绝非为游历骋怀或为某一党关系而来”，而重庆“乃有一部分人不满，向蒋委员长唆弄，以余受共党包围，且发电西南等省对余注意”。“然余素与共党绝未有一字往来，亦未曾供给一文钱”，不意竟“有畏余若蛇蝎者”。但我们所希望于国内者，团结一致，枪口对外。日本侵略，大敌当前，好比一个人患了心脏病，不医就会亡命；国共之争，好比皮肤病，可待抗战胜利后再解决。只有枪口对外，我们海外侨胞才会增加捐款，支援祖国。9 月 19 日在上饶会见第三战区司令顾祝同，21 日到浙江金华，与前方总司令刘建绪谈话，除介绍南侨情况外，还讲到战后市区建设问题。当日接到重庆有人来信，告知国民党中央已决定采取三项措施：(1)由何应钦电知东南各省，监视陈嘉庚的行动；(2)通过新加坡总领事馆向英国政府提出要求，禁止陈嘉庚回新加坡；(3)派吴铁城到南洋各地活动，消除陈嘉庚的影响。陈嘉庚认为：“此于个人并无所损，而‘所损者义捐外汇耳’。”但他坚信华侨不会为此等官僚放毒所左右，故三计策必定失败。

4. 视察福建　为民请命

9月23日下午，陈嘉庚乘福建省政府所备车子到浦城。24日，由浦城经建阳、建瓯到南平，因恐回省各地欢迎浪费，便亲自拟启事交南平、永安、福州、泉州、漳州各报登载，说明这次回国的目的，并强调“在此抗战艰难时期，尤当实行节约，自回国来历十余省，对欢迎及宴饮无谓应酬，概行辞谢。……况吾闽米珠薪桂，尤所关怀”。在南平期间，听到漳州、永安、福州各地欢迎代表反映福建民众“受苛政惨苦，有不聊生之慨”，决定亲往视察。先后视察了建阳、崇安(今武夷山)、建瓯、古田、福州、长乐、福清、涵江、莆田、仙游、惠安、泉州、永春、安溪、大田、漳州、南靖、连城、永安、长汀等地，初步了解到了福建人民在苛政下的许多悲惨情况，于是上书福建省主席陈仪，要求改善闽政，撤销运输管制。

在福建视察期间，陈嘉庚于10月25日到安溪，看望了播迁安溪的集美各中等学校师生，31日上午，陈嘉庚回到阔别近19年的家乡集美，视察学校和庐墓。下午在祠堂与乡人见面。11月1日早上离开集美，中午到灌口，侯西反、李铁民都自家乡来会合。再行十余里，登山，可望见集美红瓦屋顶校舍，感慨万千，说：“望见集美校舍，恐是此生最后一次。”侯西反问：为什么这样悲观？陈嘉庚答：“陈仪祸闽，如不改善或去职，余当然攻击到底，安能回梓？”“战争胜利后，国民党握政权，苛政虐民，上下争利，余亦不能缄口坐视，余势必极力反对，如此党人亦不能容，余何能回梓？”11月16日，陈嘉庚到达长汀，当晚在厦大(当时厦门大学内迁长汀)演讲南洋种植橡胶历史，再次以种橡胶须防恶草与白蚁来比喻抗战与建国。17日，偕侯西反、李铁民、庄明理、陈村牧、厦大校长萨本栋等人离开长汀，出福建界进入江西瑞金。陈嘉庚自述当时心情说：“余心甚不快，不但恋恋不舍，并思念何日能再回闽境。盖非积极攻陈仪，无可挽救闽民于水火之悲惨。若单向蒋委员长告诉，则恐难收效果；如扩大其事，联合中外围攻，则蒋公必不满，且须与党人为难，余此后何能回梓？”他将五十多天以来历经20余县市视察所掌握的陈仪治闽劣绩加以归纳，又补充录下16条。“此十余事，莫不残酷害人，甚于洪水猛兽”，决心义无反顾地攻伐陈仪，“决不忍坐视闽民之惨状”。决定一到赣州就找蒋经国报告福建问题，请即电蒋介石查办陈仪。

5. 守正不阿　侨胞拥戴

12月12日，陈嘉庚经江西、广西、云南沿滇缅公路到达仰光，受到缅甸华侨的热烈欢迎。12月15日，在仰光华侨欢迎会上作了长达三小时的报告，详述回国访问经过、最近抗战形势及必胜的道理，勉励华侨“更加努力，多寄家用及义

捐”。并以极其乐观的语气向与会侨胞提出:“中国的希望在延安!”当晚,又在福建会馆报告陈仪、徐学禹祸闽种种及多次函电蒋介石请命毫无结果的经过。12月17日,乘轮船离仰光,20日抵槟榔屿,经吉打、太平、巴生、吉隆坡、马六甲等地,于12月31日回到新加坡,受到当地华侨的盛大迎接。

陈嘉庚以南侨总会主席身份千里迢迢组团回国,历时10个多月,行程数万公里,走遍大江南北,历尽千辛万苦,慰问前方抗日将士和后方受难同胞,呼吁国共团结抗战,不要分裂。同时又将回国见闻如实向华侨报告,鼓励他们继续发扬爱国主义精神,出钱出力,多寄汇款支援祖国抗战。陈嘉庚此行收获甚丰,既明察了重庆和延安真相,又认清了蒋介石与毛泽东的为人。他确信抗战有了指望,中国有了希望。陈嘉庚此行为祖国持久抗战做出了重大贡献。

鉴于国民党在海外分裂华侨爱国力量活动的猖獗,也为抗议重庆当局对闽省苛政“为纣助虐”,陈嘉庚于1941年2月19日在报上刊登了《陈嘉庚启事》,声明引退。经国民党中央组织部部长朱家骅及南洋华侨团体和广大侨胞的函电挽留,陈嘉庚发出通告,并于3月29日(黄花岗烈士遇难纪念日),在新加坡大世界舞厅主持召开南侨总会第一次会员代表大会,出席代表150余人。陈嘉庚报告两年来总会会务与各属汇款情况,分析侨汇与祖国抗战的关系,并从军事与经验两方面确信最后胜利必可属我国,鼓励华侨更应出钱出力。3月31日下午,大会进行选举,到会代表152名,陈嘉庚以151票再次当选为南侨总会第二届主席,庄西言(荷印)、杨启泰(菲律宾)当选为副主席。选举结果一公布,全场欢声雷动,全体代表高呼“我们需要陈主席!”会上有人发言说:“总会陈主席嘉庚,公忠谋国,一生如一日,其在教育上贡献,古之所无,其以人民地位协助政府抗战,今日仅见,而识足以辨奸,才足以服众,德望足为群伦钦式,徒因守正不阿,刚毅质直,每当有事之时,辄招无根之谤……值此抗战期间,南洋华侨不能无筹赈总会之组织,则不能无陈主席之领导,同人深信南洋绝大多数侨胞需要陈主席,爱戴陈主席,并决议致电政府表示同人公意,并慰留陈主席。”

陈嘉庚为民请命,领导一个斗争又一个斗争,继南侨大会之后召开南洋闽侨大会揭露国民党闽省当局种种祸闽暴政,要求采取行动解闽民于倒悬。大会选举陈嘉庚为闽侨总会主席,电请中央政府认真查处,反暴政斗争取得了部分胜利。

四、爪哇避难　临危不惧

动员华侨，助英抗敌。1941年12月上旬，日本海军偷袭美国在太平洋的海军基地珍珠港，同时轰炸驻马尼拉、新加坡、香港等地英美军，挑起了太平洋战争。日军在马来亚哥打峇汝登陆，陈嘉庚从伦敦广播电台得知英国主力舰太子号和击退号已同时被炸沉的消息之后，"终夜不能成寐"，因为"敌人已在马来亚登陆，敌机又如此厉害，新加坡恐难保守"。12月16日，陈嘉庚发出《通告侨胞协力扑灭法西斯强盗》书，写道："我国抗战四年余，侨胞义捐，未尝间断，虽以我国之单独作战，侨胞尚抱胜利决心，而源源输将，不达胜利目的不止。今则英美荷澳诸友邦，已共同作战，实力陡厚，日寇败亡，久则年余，暂则数月，可书铁券，不待蓍龟。故我侨胞对祖国之赞助，尤当与救济当地战灾同时加进，万勿稍懈，庶以完成祖国抗战之功，共达民主国家之域。"

在马来亚的英军号称10万人，不战而退。但英国驻新加坡总督汤马士却急匆匆要求陈嘉庚召开华侨大会，承担挖掘防空壕的任务，限7天内完成。陈嘉庚接受了这个请求，于12月17日登报通知，19日开大会作了布置。这时，日寇已占领了马来亚北部的重镇槟城，直驱南马。由于英国人的要求，蒋介石电令中国驻新加坡总领事馆，传达命令华侨协助英国抗战之意。华侨各界希望陈嘉庚出来领导，英国当局也认为此事非陈嘉庚担当不可。12月26日，汤马士十万火急地下令由陈嘉庚出面主持总动员。英殖民政府公安局长偕中华总商会会长连瀛洲和一位国民党人登门拜访陈嘉庚，传达了这项命令，但被陈嘉庚推辞了。第二天，汤马士又派公安局长前来劝说，陈嘉庚表示，动员工作太广泛，他只能承担三方面的任务：(1)组织街道义务警察(即保卫团)，维持治安，并负责防空工作；(2)组织宣传队四出宣传；(3)代政府雇工，组织劳工服务团。此外，还要求准许过去因抗日而被驱逐出境的华侨入境，释放政治犯。12月28日，新加坡总督府召开总动员会，总督汤马士在会上致词说：本坡华侨占大半，昨贵国蒋委员长来电令华侨共同努力，现陈先生愿意帮助政府。今后凡华侨应合作事项，经委托陈先生领导一切，凡各社团、报界、侨生，均须服从。陈嘉庚致答词说：总督先生的嘱托，我非常感谢。前天我表示再三推托不敢接受，是因为华侨向来不参与军警活动，要帮助战事恐怕做不到。由于总督先生的坚决命令，我便与公安局约定三条。至于蒋委员长来电，"其所委托系党部、报馆、社团三机关，然此三机关与余个人多无关系，余非党人，亦无报馆，至社团当以总商会为首负责。然今日中英已成

共同战线，贵总督既欲委余领导华侨，余若办得到者，当竭诚奉行耳”。

12月30日，陈嘉庚在中华总商会召开华侨大会，报告近日工作经过，主持通过成立“新加坡华侨抗敌动员总会”，选举委员若干人，并决定设会址于武吉巴梭路晋江会馆内。12月31日，华侨抗敌动员总会全体委员开会，推举陈嘉庚为“新加坡华侨抗敌动员总会”主席。该会下设劳工服务团、保卫团、民众武装部、宣传部、总务部。国民党党员林谋盛任劳工服务团主任，马来亚共产党员林江石任民众武装部主任，新闻界泰斗胡愈之任宣传部主任。抗敌动员总会成立后做了很多工作，为后来三年六个月马来亚抗日游击战争开了先河。民众武装部响应广大华侨群众抗敌保土的强烈要求，组织了新加坡华侨抗日义勇军(简称星华义勇军)，有3000多人报名参加。

1942年1月，马来亚怡保、吉隆坡、马六甲等地已相继失陷，新加坡危急。军港工人因受空袭影响，出工人数逐日减少。陈嘉庚应军港司令官之求，于1月23日召集华侨工人开会，说明中英已结盟对日作战，劝他们复工。隔日，陈嘉庚去军港视察，工人大半已上班。当时，被敌机轰炸过的贮油池还在燃烧。有位国民党驻新加坡要人也跟随到那里，约陈嘉庚同乘飞机往荷印避难。陈嘉庚推辞说：“时机未到，不便轻离。”1月30日，英国妇孺已全数撤退。蒋介石致电英总督必要时须设法使领事馆人员安全回国，但没有提及华侨领袖。

2月1日，日军占领柔佛，开始进攻新加坡。新加坡攻防战开始，到了这时英军总司令部才发给华侨抗日义勇军旧式步枪1000支，令往守前线。陈嘉庚认为“此等乌合之众，绝对无丝毫效力，而英兵至少尚有五七万人，何须派此绝未训练之华人往前线？不但此1000人将就死地，敌人入境必因此多杀许多华侨。英政府此举最为狡猾残忍，实可痛心”。

陈嘉庚避难的印尼玛琅巴蓝街4号

临危不惧，以诗明志。2月3日早上，陈嘉庚来不及通知家人，在陈贵贱、刘玉水、陈永义等同行的陪同下，乘一只小汽艇离开新加坡，开往苏门答腊的淡美那岸。由于估计国民党必不容立足，祖国归不得；所以选择一水之隔的尚未沦陷的荷印作为中转站。哪知人到马老白，日军已占领巨港。人到直务，荷印殖民官员也准备逃之夭夭。陈嘉庚为争取时间，从巴东乘船至

爪哇芝拉札，会同吧城庄西言（南侨总会副主席）匿居于展玉陈泽海橡胶园，而这时日军已占领了全爪哇，陈嘉庚陷身于敌人的包围中。集美校友郭应麟、廖天赐及郭夫人林翠锦，厦门大学校友黄丹季、陈明津，冒生命危险迎接校主移居梭罗，旋蛰匿玛琅。在敌军警到处搜捕华侨领袖的风声鹤唳中，陈嘉庚化名李文雪，同黄丹季、郭应麟、林翠锦及其二幼子结成一个特殊的家庭，在玛琅匿居下来。陈嘉庚自题其居为"晦时园"，寓"养晦待时"之意，表明他对抗战充满了必胜的信念。日寇几次闯入他的住处搜索，场面惊险，老人家镇定自若，临危不惧，校友应付自如，有勇有谋，均得以化险为夷。老人家看到黄丹季等常常忧心如焚，泰然对他们说：人生自古谁无死，我这么一大把年纪了，死了也不算夭寿。万一我不幸被捕，敌人必强迫我做傀儡，为他们办事说好话，我决不从！那时我即以一死谢祖国，有什么了不得，你们千万不要为我着急。这种至大至刚、浩然正气的谈话，使掩护他的校友们感动得热泪盈眶，纷纷表示"愿将自己的生命，换取校主的安全"。陈嘉庚身上一直暗藏着一小包氰化钾，就是专为防备万一。他还写下《述志诗》一首，表达了宁为玉碎、不作瓦全的崇高气节：

胜利未达，敌寇未败，潜踪匿迹，安危未卜，余惟置生死于度外，作俚诗一首以见志。

领导南侨捐抗敌，会场鼓励必骂贼。
报章频传海内外，敌人恨我最努力。
和平傀儡甫萌芽，首予劝诫勿昧惑。
卖国求荣甘遗臭，电提参政攻叛逆。
强敌南侵星马陷，一家四散畏虏迫。
爪哇避匿已两年，潜踪难保长秘密。
何时不幸被俘掳，抵死无颜谄事敌。
回检平生公与私，尚无罪迹污清白。
冥冥凶吉如有定，付之天命惧奚益。

陈嘉庚避难爪哇期间，虽身处逆境，却胸怀祖国、放眼世界。他生活俭朴，健身操照常。不吸烟，不饮酒，不喝咖啡，粗茶淡饭足矣。校友们挂念其年迈体弱，想给他加点营养，总被婉言谢绝。他说，现在是战时，物力艰难，何苦浪费？前方抗日战士，后方受难灾民，过的是什么生活？我们何忍独享美食，与其吃了不安，不如不吃为好。陈嘉庚说的句句在理，校友们只好依他。

1956 年 7 月 4 日陈嘉庚到北京西郊机场迎接黄丹季(右)

撰写《南侨回忆录》。 1943 年 3 月，陈嘉庚以“避居在此，终日无事，回忆往事，所见所闻多属确切事实，有裨社会观感”，“且使后人知道祖国抗战之时，南洋华侨之工作情况”，故动笔写《南侨回忆录》。海外华侨支持祖国抗战贡献巨大，陈嘉庚早就想把这桩大事如实记下，由于种种原因未能如愿。避难期间，漫长岁月，正是落笔时机。只可惜自己少年辍学，学历较浅，加上一无参考资料，二又无处查询，困难甚大。况且撰写回忆录，更是冒险。如果敌人发现，不用问，就可以证明作者为谁。但陈嘉庚早已把生死置之度外，其他困难更不在话下。他神不知鬼不觉，居然在敌人眼皮底下，从 1943 年 3 月动笔至 1944 年 6 月，一字一句坚持不懈地将一部 30 多万字的长篇巨著《南侨回忆录》拿下。避难期间，陈嘉庚还写了《住屋与卫生》(约七八千字)和《我国行的问题》(共分 43 节、约 3 万字)两篇专论以及《生平二十件要事》记述家世及养生八项原则等。

陈嘉庚在《南侨回忆录》的《弁言》中说：“我国此次国难，为有史以来所未有，南洋千万华侨，对祖国之贡献如何，不但今时国内外多未详知，而此后必更销声匿迹矣。抗战胜利后，我国史书即有记载，亦不过略提海外华侨曾捐助慈善救济费若干已耳。”此书“不但使海内外同胞知南侨对抗战之努力，以及对祖国战时经济之关系，亦可免后人对今日侨胞之误解也”。全书全凭记忆写成，叙事真实，文字无华，体裁别具一格，为传世之作。日寇无条件投降后，陈嘉庚重返新加坡，对《南侨回忆录》作了若干补辑，书稿请厦大校友林惠祥(1901—1958 年，我国著名人类学家)润色，林惠祥经阅但无甚改动，即交南洋印刷社排印。全书包括 10 大项，主要内容：(1)福建光复时本坡汇款接济及孙总理回国事；(2)办集美厦大两校经过及南洋华侨教育事；(3)福建救乡会、济南惨案及其他；(4)七七抗战后南洋各属筹赈会及南侨总会；(5)机工及慰劳团回国，及余亲历十余省见闻；(6)陈仪祸闽及余抗议之事；(7)余与蒋委员长、毛主席及战区各司令长官恳谈之语；(8)日寇南侵，华侨抗敌动员及沦陷事；(9)战后补记，附《住屋与卫生》、《中国与安南》诸文，《中国与安南》一文后附《中国与安南在历史上关系大事历表》和百年

来我国领土及主权之损失一览表;(10)个人企业追记。考虑到书里面坦率地谈了与一些要人的接触,于是他在书末印了一则“特别声明”:“中国境内任人翻印发售但切勿增减改易。”该书于 1946 年初在新加坡首先发行。经一版再版,广泛流传于海内外,受到海内外广泛关注和欢迎,成为二次世界大战后一部难得的畅销书,并引起强烈反响。

陈嘉庚的著作

《南侨回忆录》帮助海外侨胞和国内同胞正确认识重庆和延安两个不同地区、不同制度和两种不同抗日态度的区别,从而引导人们通过对比,做出正确的判断和选择。前全国侨联主席、陈嘉庚生前好友张国基说过:“陈嘉庚先生在避难时写成的《南侨回忆录》和斯诺的《西行漫记》,在海外是两部最受华侨欢迎的巨著,两部书都起了很大的作用。在华侨中《南侨回忆录》的影响更大些,因为华侨觉得陈嘉庚先生的话更亲切可信。”

《南侨回忆录》简要叙述了陈嘉庚自青少年时代起至年过古稀时这段漫长而曲折的人生经历;同时着重详尽记述了在中华民族处于最危急的关头,南洋华侨与祖国同胞同甘苦共患难,出大钱献大力,赤诚支援祖国抗战的丰功伟绩。《南侨回忆录》不只是陈嘉庚的个人传记,实际上它是一部内容丰富的现代华侨奋斗史,一部有血有肉的南洋华侨支援抗战史,一部生动活泼的爱国主义教材,是陈嘉庚几十年呕心沥血、运筹帷幄的智慧结晶,它为我们伟大的中华民族,留下了一份异常珍贵的精神财富。

“陈嘉庚安全庆祝大会”。1945年8月15日，日军无条件投降。9月30日晚，厦大、集美数十名校友为即将启程返回新加坡的陈嘉庚举行了简单的欢送会，临别之际，陈嘉庚激动地说：“日本投降了，明天我就要回新加坡，有很多事还没有完成。今后当尽我有生之年，为社会、为国家效力！而你们要为华侨教育事业努力，并帮助印尼争取独立，这是有深远意义的工作。这回我能够安全多亏你们不顾危险，极力维护，感谢！感谢！玛琅是个好地方，日后有机会我要再来看你们。”这几句语重心长、言简意赅的讲话，不仅洋溢着老人家爱国的热情，也明确指示了华侨爱国的方向。

陈嘉庚在离开爪哇之前，发出《南侨总会通告第一号》(战后)，指出：南洋各属沦陷三年之久损失惨重，我侨经此困苦浩劫，应舍弃前昔泛散之积弊，加强团结组织，协力同心。俾于两三年内，恢复前业，效力建国，实践侨民天职。他说沦陷期间，在敌寇的淫威之下，有的侨胞“或迫于压力，或因于生计，不得已在营业上与敌交易，不足为怪”，而那些为虎作伥，任敌走狗，利己害人者，“虽可恶，然谅极少数，政府有相当之处置”，“不可吹毛求疵，造作构陷，互相排挤”。“尚有获利侨胞，对于救济援助，捐输教育，尤希格外慷慨，因富成仁”。至于侨胞惨被敌寇酷刑虐待，或被掠劫货物，应当索求赔偿。“各处侨领宜速组调查委员会，呈请中外政府，务期达到目的。此为战后侨胞首要之任务也。”

1945年10月6日，陈嘉庚由吧城乘飞机回到新加坡，直奔怡和轩俱乐部，草拟电文，致电给刚刚于8月17日宣布独立的印度尼西亚共和国总统苏加诺。他以华侨领袖的名义，表示了对印尼人民独立事业的支持，并对印尼、中华两国人民传统友谊的发展寄予新的希望。10月9日，中华总商会开会，选举产生了一个委员会，专办欢迎陈嘉庚的事。10月15日，陈嘉庚主持召开星华筹赈会委员会，议决组织调查委员会调查敌寇占领期间华侨所受生命财产的重大损失，限年底完毕，并发出《南侨总会通告第二号》，敦促马来亚其他十一区会从速办理。

10月21日，新加坡有500个社团联合举行欢迎大会，陈嘉庚出席并演讲。他说，“抗战需要金钱，而建国必先认清是非”，我侨“既富有金钱势力，若能加以认清是非，对此后建国比之以前抗战贡献，必更伟大。在抗战时重庆、延安俨然对峙……战时虽黑白难分，若在战后，无难水清鱼现矣”。还特别提出日本前首相近卫是“七七”事变的罪魁，现仍“逍遥法外，且仍为高官，居尊处优，威势煊赫”。“而我政府对此深仇大敌，竟亦默无一言，殊觉可异”，他要求“严惩此寇，以谢我国”。

陈嘉庚安全返抵新加坡的消息传到重庆后，关心他的人们奔走相告，旅渝福

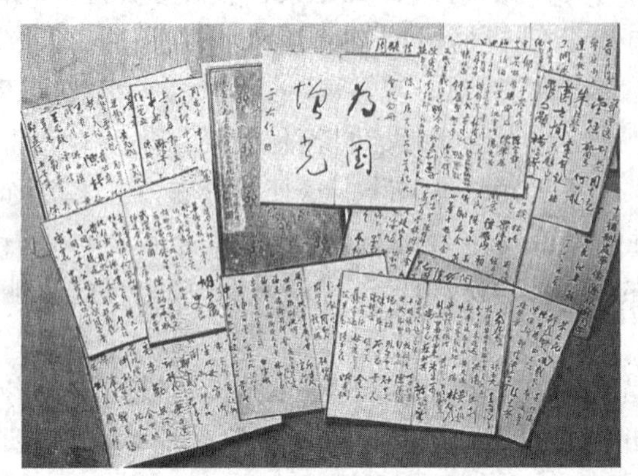

"陈嘉庚安全庆祝大会"签名题词

建同乡会、厦大及集美校友会等10团体，于11月18日在重庆大学发起召开"陈嘉庚安全庆祝大会"。当天大会致电给陈嘉庚说："暴敌投降，公莅星岛，消息传来，万众欢腾。顷由十团体发起庆祝大会，本月18日举行，贺词满壁，到者盈门。会上公决，奉电致敬，祝公康强，为国宣力，和平永奠，端赖老成，盼赋归欤，群情所企，海天万里，无任神驰。"庆祝大会召开时到会者五百多人，郭沫若、黄炎培、

新華日報

星期一 第三版

福建旅渝同鄉等十團體

昨慶祝陳嘉庚安返星洲

大會決電請陳先生來渝一行

郭沫若柳亞子呼籲制止內戰

社論

(二)「租借協助」

1945年11月18日，重庆各界召开"陈嘉庚安全庆祝大会"的相关报道

柳亚子、陶行知、沈钧儒等都参加了。毛泽东送了一幅单条，题"华侨旗帜，民族光辉"八字，成了历史性评价。周恩来和王若飞的祝词说："为民族解放尽最大努力，为团结抗战受无限苦辛，诽言不能伤，威武不能屈，庆安全健在，再为民请命"，传诵于海内外。11月27日，陈嘉庚复电重庆"安全大会"，说"敌寇南侵，侨

胞生命财产损失惨重，尤以新加坡为甚，庚避匿爪哇，未同诸侨同苦，实深抱愧，竟蒙过爱，集会电祝，愧感无任，谢谢”。

五、明辨是非 反对内战

在爪哇避难的陈嘉庚听到日寇投降的消息倍感欣喜，但喜中有忧。他对抗日战争的结局早有预言，日寇如此野蛮凶残，最终一定失败，最后胜利必属我国。如今抗战胜利，祖国前途如何？国共两党是合是分，是和是战？这个涉及国家前途和民族命运的头等大事，又使陈嘉庚十分忧虑。

1. 政协民主 与虎谋皮

1945年10月初，陈嘉庚在重返新加坡途中路过雅加达。这时，国共两党正在重庆和谈，有人劝说陈嘉庚战后继续领导华侨襄助祖国建设，陈嘉庚不仅理解侨胞们的心意，而且在他心中对战后如何民主建国已经有了一套设想。他认为应该“对外取消不平等条约，收回百年来所丧失之国土与各租界，及没收敌人在国内所有业产，至于以前所负不平等外债，亦可脱卸；对内则改革政体，实行民主政治，兴办交通，振兴工业，改善农村，提高文化，注意卫生……”但这一切都要以国家政治好为前提。因此，他直率回答说：“华侨果欲帮助建国，必先分清是非。如果政治上是非不分，则建国无从谈起。”后来，他为缅甸《新仰光日报》创刊三周年纪念题词：“天下兴亡，匹夫有责；身家可以牺牲，是非不可不明。”仍然强调分清是非的重要性。

自日本投降以来，中国共产党代表广大人民的意志和愿望，为避免内战，“在和平民主团结的基础上，实现全国的统一”，做出了极大的努力，与国民党进行谈判，签订了“双十协定”。此时，海外华侨对国共两党再次合作多抱乐观态度，认为和平谈判成功政局有望；若重庆方面能还政于民，则建国有望。而陈嘉庚对此却有疑虑。他发表感言说：“若真得到民主和平，那比赚什么大钱都高兴，因为这是全国人民的大福气。不过看起来，蒋介石没有诚意。”

1945年12月，美国从其自身利益出发，派出特使马歇尔来华“调停”，建议国共双方停止敌对行动，在“双十协定”基础上，召开政治协商会议，并着手整编军队，建立联合政府。经各方一个多月紧张磋商，达成了“和平建国”、“政府组织”及“军事问题”等五项议案的共识。1946年元旦，国内各党派在重庆召开政治协商会议，共商和平建国大计。但陈嘉庚对此并不乐观。当毛泽东和周恩来去重庆时，他出于对祖国前途的忧虑和对中国共产党领袖的爱护，曾表现出无限焦灼，还发电报给周恩来，说与国民党和谈，“无异于与虎谋皮”。当新加坡《新民主报》编辑前来请他为新年特刊题词时，他竟题了“政协民主，与虎谋皮”八个大字。这却难住了《新民主报》的编辑，不刊登，则对陈嘉庚太不尊重；如刊登，却又不合时宜。这位编辑只好去找李铁民，李铁民用了16个字把陈嘉庚的意思表达得既深刻又婉转——“还政于民，谋皮于虎，蜀道如天，忧心如捣。”陈嘉庚对这16字很满意，用电文发给香港《华商报》，作为该报的复刊题词。该报出于某种考虑，把“谋皮于虎”四字改成“尚待努力”，这和陈嘉庚的原意显然相去甚远。

陈嘉庚的题词，并非无的放矢。抗战期间，他历尽艰辛，回国慰劳视察，深切感到国共两党对团结抗战态度截然不同。共产党坚持团结，奋力抗日；国民党则消极抗战，积极反共。当年，蒋介石在成都曾当面对陈嘉庚说过：“若不先消灭共产党，抗战决难胜利。”如今“双十协定”虽已签订，而重庆政府对人民军队和边区政权却拒绝承认。更有甚者，蒋介石一面邀请毛泽东到重庆谈判，一面又大量翻印《剿匪手册》，令其将领“督励部属，努力进剿”，以致“双十协定”墨迹未干，国民党军队又在频频挑起事端。事态的发展，果然不出陈嘉庚所料。政协会后不出一个月，武装冲突有增无减，“努力进剿”与“自卫反击”的枪炮声此起彼伏，华夏上空，乌云翻滚。与“双十协定”相类似，政协决议的签订对国民党当局来说，不过是缓兵之计，是假和谈真备战。对共产党人来说，是明知山有虎，偏向虎山行，只有运用革命的两手才能对付反革命的两手。对这两次和谈，周恩来赞同陈嘉庚的判断，他说：“过去与蒋介石谈判，正如陈嘉庚先生所说，是‘无异于与虎谋皮’，但是又不能不谈，因为人民切望和平，而当时像陈嘉庚、张奚若二先生这样的人还不多，广大人民还不了解蒋介石的和平骗局。”

3月11日，美国合众社远东经理窝恩采访陈嘉庚，谈对时局的看法。陈嘉庚说：“如重庆中央政府要赢得海外侨胞和世界的信仰，必须清除所有贪污腐化的官僚”，“美国必须放弃支持国民党，而苏俄也要放弃支持中共。同时，苏俄和美国必须将他们的武装部队退出中国。让国共两党达到妥协，自己来解决未来政府问题”。他认为国内“一个财政大危机就迫在眉睫，现下我国货币与美金的比率一天天地降低，不久的将来，恐怕愈没有价值。因为中央政府继续发行大量钞票，借以维持大量军队”。谈到日本将来的地位时，他答：“除非帝制取消，日本是很难希望在世界民主国家中得到地位，日皇裕仁必须立刻禅位，联合占领军必须继续驻扎下去，一直到军国主义完全消灭，而日本人民真正决意负起文明和民主国家人民的职责时，才可以撤退。”他主张容许日本发展轻工业，以供输出，换

取粮食等。中国工业界可聘用日本造船、纺织、化学等方面的技术人才。关于华侨在印尼的情况，他说华侨是处于中立的地位，损失最大，牺牲不小。华侨是不愿与印尼人对立的。实际上华侨所追求的，乃和平与安定。假如印尼领导人能够团结一致，荷兰人要恢复战前的统治是很困难的。

3 月 19 日，陈嘉庚在怡和轩以南侨总会主席名义举行隆重集会，欢迎印度民族解放运动领袖尼赫鲁。事前怡和轩门前搭了鲜花牌坊，陈嘉庚亲自题写了一副对联："真自由要向监狱争得，大领袖须从群众做来。"他在会上致词时说："历史上凡能成伟大领袖者，总不能离开'诚'、'信'二字。然世界上有堂堂大国中有权威之领袖，对诚信二字，完全放弃。如许人独立，往往食言。又如开口屡言民主，实则行独裁专制。如复执迷不悟，后悔恐将莫及也。""我中华民族亦希望确有诚信伟大之领袖，出而拯救四万万人民于水火之中。我中印民族之外，希望他国亦有真正人道主义之领袖出而合作，领导全世界人类均获大同平等之幸福。"

陈嘉庚欢迎印度民族解放运动领袖尼赫鲁

5 月 6 日，陈嘉庚在福建会馆第八届执监委员会宣誓典礼上讲话，指出"凡人必须有诚信，不可视宣誓为具文。我国之不幸，亦因执政者言行相背，未真正实行三民主义所致，如能遵行孙中山先生所定之政策，则中华民国已万幸，大进步，不致今日之悲惨矣"。关于国内和平问题，他认为"国共必难妥协"。5 月 15

日，他在写给陈村牧的信中，又谈到“国共万无合作可能，如前孙总理与满清能否合作？美国亦决不能用武力与金钱压迫两方合作。至两方火拼迟速解决，当视将士程度有无进步为断。余之论此者系本校此后之兴替，若内战久延不决或仍旧之政权，则本校至多只有维持现状，余不但乏力进展亦绝无意进展也。如幸有民主政府成立，则本校之前途，实可无限希望”。6 月 11 日，他又在给陈村牧的信中写道：“内战绝难避免，在几年内必能解决。本校只有维持不致关门而已。天如不祸，我国民主必有实现之日也。”

抗战胜利后，华侨机工纷纷要求返回新加坡、马来亚，与亲人团聚。但蒋政府却别有用心地将他们困在昆明，陈嘉庚对此十分愤怒，于 6 月 16 日在吉隆坡召开“支援华侨机工复员大会”，并先后两次写信给总领事伍伯胜说：“华侨机工是为了抗日救国回去的，抗战既经结束，机工就应该复员。华侨反对内战，华侨机工决不能参加内战，必须让他们复员回来。”并呼吁救济，资助南返。

6 月 17 日，应中国民主同盟雪兰莪分部邀请，陈嘉庚出席欢迎茶会。他在会上致词说：“在世界政治潮流激荡中，海外华侨的政治警觉性，也随而提高，这表现了华侨的进步。”“我认为中国当前最适合的政治路线只有一条——民主。民主运动已经长足发展，中国民主同盟在这方面积极努力推动，指示出这是当前一条最正确、最光明、最伟大的路线。”“现在祖国政局，正像历史已经转到孙中山先生提倡革命的目的是一样的。我相信民主同盟必定能够在祖国政治紊乱腐败的局面中，打开一条光明的出路。我预料民主同盟现时代的成功，与孙中山先生以前推翻满清、创建民国的成功是一样的。”

6 月中旬，陈嘉庚在吉隆坡主持召开全马来亚各洲筹赈会代表联席会期间，曾对国新社记者谈话，说抗战期间，侨众捐输，踊跃热情。但胜利以后，“不是抗战而是内战”，“侨胞对此莫不痛恨，何能激励其捐输”。

1946 年 6 月 26 日，蒋介石集团悍然撕毁“双十协定”和“停战协定”，出动 277 万军队，向解放区全面进攻，战火燃遍华北各地，内战全面爆发。祖国局势严重，但陈嘉庚却预言：蒋政权覆亡在即。8 月 15 日，他针对蒋介石发表《告同胞书》，在新加坡各报发表他对《现代日报》记者方图的谈话，断言内战“不必五年，最多三年，独裁贪污者必倒，民主派必胜利”，但“人民仍避免不了受一番浩劫”。他还说，一般侨胞对国事不很明了，但是将来民主派胜利，他们也会拥护的。

2. 通电美国总统 反对干涉内政

对于内战的实质，毛泽东曾经指出："它是一场由美国出钱出枪，蒋介石出人，替美国打仗杀中国人……借以变中国为美国殖民地的战争。"陈嘉庚对这场内战的来龙去脉也很清楚，深知其罪魁祸首就是美蒋。而要结束内战，关键在于排除一切外来干涉，让中国人自己解决自己的问题。1946 年 9 月 7 日，陈嘉庚为了国家和民族的最高利益，以南侨总会主席名义，致电美国总统杜鲁门、美国参众两院议长、美驻华特使马歇尔及驻华大使司徒雷登，劝告美国应立即撤退驻华军队，停止对国民党政府的一切援助，以免蹈日本企图分裂中国而自取败亡的覆辙，大意是："查蒋政府执政 20 年，腐败专断，狡诈无信"，其所任用官吏，"贪污营私，声名狼藉，以致民生痛苦，法纪荡然，为中外所咸知"。"贵国传统政策，对各国人民公允友爱，不事侵略，信义昭然。今乃一反其道，竟多方援助贪污独裁之蒋政府，以助长中国内战，长此以往，中国将视美国为日本第二。""本人曾经亲访延安中共辖地，民主政治已见实施，与国民党辖区有天渊之别，且中共获民众拥护，根深蒂固，不但国民党军队不能加以剿灭，即任何外来金钱武器压迫，亦不能使其软化。""本人代表南洋一千万华侨，特向贵国呼吁，请顾全国际信誉，以日本为前车之鉴，勿再误信武力可灭公理。""务望迅速改变对华政策，撤回驻华海陆空军及一切武器，不再援助蒋政府，以使中国内战得以终止。"

9 月 10 日，该电经路透社、合众社公布，接着由新加坡《民主》周刊发表后，在国内外引起巨大的震动。苏联大元帅斯大林在接见英国记者时，强调驻华美军必须迅速撤出；美国商务部长华莱士也发表演说赞同撤退驻华美军；欧洲方面也有不少知名人士主张美军不宜再驻中国。中国民主同盟等民主党派和团体纷纷致函陈嘉庚，表示坚决支持他的主张，新加坡、马来亚等地华侨还分别开展"美军退出中国周"活动，有几十万人公开签名反对美军驻华。海内外有识之士普遍认为，陈嘉庚的电文发表得很及时，符合民意，切中要害，所产生的强劲威力和冲击波，着实从一个侧面给美蒋反动派狠狠一击。

然而，海外华侨社会也很复杂，虽则爱国者居多，但其政治倾向左中右都有。围绕对电文的态度，在南侨社会中引发了一场"拥陈"与"反陈"(其实质是反蒋与拥蒋)的严重斗争。国民党吉打市党部首先发难，盗用福建会馆和商会的名义，呈函吉隆坡领事，并将该函投报纸发表，反对陈嘉庚通电。当时新、马大多数华文报纸都为国民党所操纵，一时十几家报纸同声鼓噪。陈嘉庚后来追述这场斗争说："马来亚各处国民党人机关及报纸对余百般攻击，或公开集会，函电交驰，

陳嘉庚電美總統停止援助國民黨進行內戰

同時電馬帥及司徒大使勸美勿倣效日本分裂中國

南僑總會主席陳嘉庚先生，在抗戰時期，領導華僑，辦理籌賑，貢獻祖國。勝利後陳先生對國事甚少發表主張，惟最近(卅五年秋)因蔣偵國內獨裁專政，憑藉外力，進行內戰，故特電美國杜魯門總統，駐華特使馬歇爾及美國大使司徒雷登，勸告美國應立即撤退駐華軍隊，停止對國民黨政府一切援助，以免蹈日本分裂中國自取敗亡的覆轍。該電由美國合眾社於卅五年九月十一日在新嘉坡發表，茲將電文從英文譯錄如下：

華盛頓白宮杜魯門總統，參眾兩議院議長，南京馬歇爾特使，司徒雷登大使鑒：中國人民一向信奉孫中山先生革命遺教，主張建立民主國家，不幸軍閥內鬨，加以日本乘隙而入，以借款軍火，助長中國分裂，卒致有世界大戰的慘禍。日本此種損人利己之企圖，征服世界之野心，最後仍遭失敗，可見上帝有靈，報應不爽。蔣政府執政二十年，腐敗專斷，狡詐無信，遠君子而親小人，其所任用官吏，如孔宋內戚及吳鐵城，陳立夫，蔣鼎文，陳儀等，貪污營私，聲名狼藉；以致民生痛苦，法紀蕩然，為中外人士所咸知，貴國人士尤瞭若指掌。抑蔣政府要人，與本人多次接觸，深知其皆屬老朽，頑固，斷不足與言改革。貴國傳統政策，對各國人民，公允友愛，不事侵略，信譽昭然；今乃一反其道，竟多方援助貪污獨裁之蔣政府，以助長中國內戰。本人曾親詣延安中共轄地，民主政治已見實施，與國民黨轄區，有天壤之別；且中共獲民眾擁護，根深蒂固，不但國民黨軍隊不能加以勦滅，即任何外來金錢武器壓迫，亦不能使其軟化。職是之故，本人代表南洋華僑，特向貴國籲請顧全國際信譽，以日本為前車之鑒，勿再誤信武力可滅公理，奸謀可欺上帝；務望迅速改變對華政策，撤回駐華海陸空軍及一切武器，不再援助蔣政府，以使中國內戰得以終止，人民痛苦可以減少。則貴國將為全世界愛好和平之人民所擁護，而上帝必佑貴國矣。

南洋華僑籌賑祖國難民總會主席陳嘉庚

陈嘉庚通电美国总统电文

或匿名谩骂，遍贴标语。惟全马诸民主派及劳动界、妇女界、青年人等，愤恨不平，在各处亦召集大会，拥护余之通电，其他侨民表同情者亦众。”当时，新加坡厦集两校校友会，首先拍案而起，严正通电拥护陈嘉庚，指出：“陈电代表了现阶段中国人民的心意”，号召海外侨胞一致拥护陈嘉庚提出的正确而伟大的主张。1946 年 9 月 27 日，新加坡华侨工、商、学、政各界团体 216 个单位的代表举行盛大集会，各界代表热烈发言，一致拥护陈嘉庚的正确主张，反对美国干涉中国内政，反对美军驻华。在这之后不久，马来亚的霹雳、雪兰莪和槟城等地也有 200 多个华侨社团组织了拥陈活动，曼谷、香港、菲律宾、爪哇、苏门答腊等地以及沈钧儒、黄炎培等许多知名人士纷纷打电报向陈嘉庚致敬，有的直接打电报给杜鲁门或由当地美国使馆转交，要求美军立即撤离中国，要求美国政府停止干涉中国内政，停止援助腐朽的蒋政权。这场“拥陈”与“反陈”斗争的较量，最终“拥陈”的呼声占了压倒优势，甚至连起初因受蒙蔽而反陈的一些社团，也转而发表声明，表示拥护陈嘉庚。

10 月 27 日，新加坡民主同盟组织召开各界华侨大会，宣布成立促进祖国和平民主联合会，陈嘉庚被选为大会主席，他在开幕词中淋漓尽致地数落了国民党

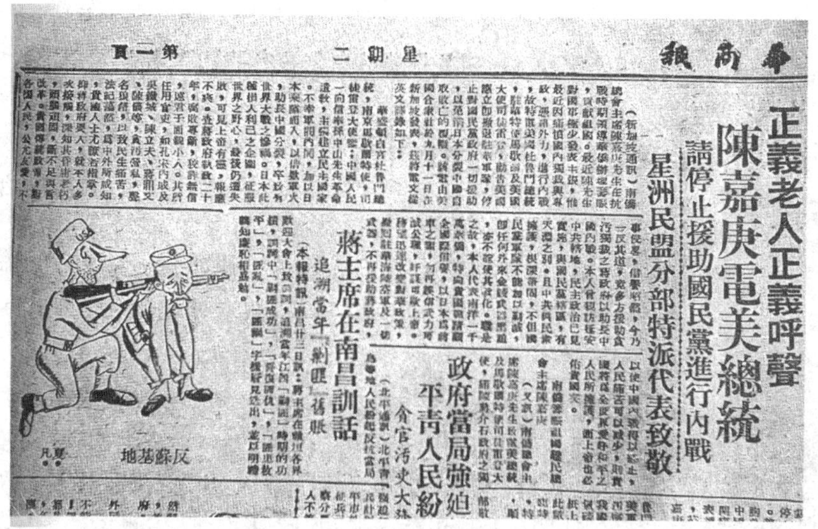

華商報

星期二

第一頁

正義老人正義呼聲

陳嘉庚電美總統

請停止援助國民黨進行內戰

星洲民盟分部特派代表致敬

政府當局強迫平青人民紛

蔣主席在南昌訓話

陈嘉庚通电美国总统呼吁停止支持国民党内战

政府假民主真独裁的六条罪状,并感谢各界对通电杜鲁门的支持。

3. 针砭败政 以笔当枪

创办《南侨日报》。围绕通电引发的“拥陈”与“反陈”的斗争,使新加坡的民主派痛感应该有自己的喉舌。新加坡华侨文化界中一些著名的民主进步人士如胡愈之(中国民主同盟南方总支部驻新加坡办事处负责人)、洪丝丝、李铁民、张楚琨(民盟新加坡分部主任委员)、黄适安等,经过反复磋商,决定要办个大报。

1946年9月下旬,张楚琨和李铁民到南侨总会所在地怡和轩俱乐部晋见陈嘉庚。张楚琨说:“嘉庚先生,党报、准党报百般谩骂,我们没有反击的地方,怎么办?”陈嘉庚笑道:“随他们骂去吧,公道自在人心。民主胜利要靠大流血,不靠口舌运动。”张楚琨又说:“不少侨胞不明真相,天天听党报、准党报反宣传,给蒙蔽住了。我们有个大报,就可以唤醒他们,团结他们。”陈嘉庚根据自己的经验告诉张楚琨和李铁民:办报不易,募股不易,人才不易,经营不易,等等。张楚琨说:靠陈嘉庚的威望,不难募到股,人才是现成的——胡愈之先生。陈嘉庚素来十分尊重胡愈之,赏识其道德文章,从1940年胡愈之主持《南洋商报》的笔政起,就与他建立了深厚的友谊。于是,陈嘉庚便答应下来。

事情确定之后必须着手解决四个问题:股本、编辑班子、社址和印刷设备。

陈嘉庚创办的《南侨日报》

募股确是不易，一般华侨工商界把办报视作“无底洞”，入股如同义捐；劳动界和文化界很热心，却又心有余而力不足。南侨报社有限公司 40 多万元股款，经过三次增股才募集起来。陈嘉庚先后拿出 11 万元，占股款四分之一。张楚琨和高云览（回国后著有《小城春秋》）先后拿出 9 万元。编辑班子由胡愈之一手包下来，依靠他的声望和经验，很快组成一支出色的突击队。场所选在新加坡的报业街——罗敏中律转角的吉宁街，是承顶收盘的《新民主日报》报社的两幢三层的楼房，还附有印刷厂。接着又从英文《海峡时报》购得一台新式卷筒机。发行的问题由张楚琨、李铁民、柯朝阳、黄适安等负责，以“多增一个《南侨日报》读者，就是增加一分民主和平力量”的响亮口号奔赴新马城乡，向各地爱国侨领及社团组织、各界人士，开展宣传，推销报纸，物色发行代理，聘请通讯员，建立通讯与发行网络。

经过整整两个月的紧张筹备，一份高举民主和平旗帜的大型华文报纸——《南侨日报》于 1946 年 11 月 21 日正式与广大华侨读者见面。陈嘉庚任该报董事会主席，胡愈之任社长，张楚琨任总理，李铁民任督印。陈嘉庚在创刊号上明确阐明办报宗旨：“我爱国华侨本爱国真诚，求和平建设，兹故与各帮侨领，创立《南侨日报》，其目的在团结华侨，促进祖国之和平民主，俾内战早日停止，政治早日修明，国民幸福早日实现，以达到孙国父建国之主旨。”胡愈之在《创刊词》中指出：“以前南侨是抗日长城，现在南侨是和平先驱，是民主堡垒。”“正如本报创办人陈嘉庚先生所揭示，本报言论，卑之无甚高论，唯以和平民主为宗旨。对内要和平，对外亦要和平。南洋要实行民主，祖国更不可不实行民主”。

《南侨日报》一开始就以崭新的内容和版面呈现在广大读者面前。它从祖国、马来亚和华侨社会的现实出发，针对新马华侨共同关心的问题发表意见，为广大侨民的利益服务，以深入浅出的笔调论述国内战局和国际形势，报道人民解放军胜利进军与国民党军队节节败退的消息，同时还积极宣传解放区的新气象和国统区的苦难与腐败，以及民主运动在海内外的蓬勃发展进程。此外，报纸还发表许多短小精悍、体裁多样的文章，受到广大读者的欢迎和信任。

中共中央对陈嘉庚创办的《南侨日报》十分关注和支持。1947 年,周恩来特派夏衍到新加坡,协助胡愈之主持笔政,进一步加强《南侨日报》的战斗力。后来,该报又扩大业务范围,创办《南侨晚报》。南侨印刷厂还承印新华社在新加坡发行的新闻稿以及毛泽东、陈嘉庚等人的部分著作,承印《风下》周刊和《新妇女》,显示出《南侨日报》在激烈的战斗中大踏步前进的兴旺景象。

针砭时弊,入木三分。陈嘉庚搞实业是行家,办教育是专家,写文章是作家,其署名的评论文章,皆亲自动手,未劳驾他人。在三年多时间里,他为《南侨日报》撰写了一系列时评短论,他的文章文风犀利,入木三分,编辑对他的文章,可以润色,但不能随便删改或增添。他在《南侨日报》发表的著名文章有:1947 年 3 月 10 日,就台湾"二二八"事变发表《半斤与八两》一文,大意是:"陈仪治台,下车不上二月,台民大为失望,指为'狗去猪来',盖认日本为狗,陈仪为猪。"又说:以吴铁城代陈仪,"不过半斤与八两,欲望其拨乱反正,是缘木而求鱼也。"4 月 30 日,发表《美借款与我国纸币》一文,指出"报载政府将向美国借款现金 5 亿至 10 亿,余意此种无稽之空想,非画饼充饥之骗局,即缘木求鱼之妄想。自敌寇败后,向美国借款若干,未有公开宣布,然所借数目,系军火及军事用品,此乃大战后美国剩余无用之物,借此废物利用,既可握债主权,又可助长我国之内战,一举两得,其处心险恶,世界咸知"。"即使借来半数之现金,以美钞专供军政之维持,亦不过几个月时间而已"。12 月 25 日,发表《论美国援蒋必败》一文说:"当日寇败降之初,美国积极援蒋,冀于数月内消灭中共,消灭不成,乃托词助华复员,并派特使来华,假意调停国共争执,其设计不可谓不周,用心不可谓不苦,然终至完全失败,马歇尔扫兴而返。何以故?则以美国始终不明国共内情故也。"接着从七个方面论证,美国无论是倾陆海空军之全力也好,以原子弹炸平全中国也好,都不能使蒋政府摆脱崩溃的命运。1948 年 3 月 31 日,发表《蒋介石的"最大错误"》一文,针对蒋介石在国民参政会演说自认为"最大错误就是在抗战时期容纳中共"的谬论,举出六条事实,加以驳斥,并指出"蒋氏一生奸诈独断,专横腐化,祸国之惨,害民之众,史无共匹。今则天怒人怨,众叛亲离,行见身败名裂,遗臭万年。乃复不知悔悟,究诿为容共抗战之失计,其自欺欺人,恬不知耻,竟至于斯极!"4 月 8 日,发表《蒋介石表示不要做总统》一文,指出:"其所以表示不做总统者无他,军事崩溃,人心离贰,败局已成,无可挽救,美既不能派兵参战,而第三次世界大战更属遥遥无期。故蒋氏为自身打算,总统高位,不敢自居,亦不能自居。计惟有牺牲总统之高位,以作日后之退步也。"8 月 9 日,发表《再论中国内战前

途》一文，明确指出："欲知国共将来谁胜谁败，在政治方面须视民众之背向；在军事方面，当视有生力量之消长。""至军事力量之消长，国军由 400 余万人减至 210 万人，共军 130 万人增至 300 余万人，今后两方有生力量，如照以前之速率消长，则内战胜败决定之时期，可以想见矣。"1949 年 1 月 31 日，发表《辨匪论》一文，历数四大家族及何应钦、孙科、吴铁城等滥发纸币、盗窃国库、巧取豪夺、陷害无辜、草菅人命等罪恶，并说："以上各情，均为中共所无，独为蒋政府所有，乃反指中共为匪"，"反动派若据台湾为地盘，则更无异叛逆之匪类……所谓'四大家族'当称为'四大匪族'，乃能名称其实也。"

此外，还有《论官营彩票之害》、《论潮州大学》、《新年献词》、《如何追悼侯西反》、《上英国陆军部备忘录》、《中国内战何日告终》、《国共决无和平可言》、《徐州大会战与全局决定性》等等。这些文章后来都收入《陈嘉庚言论集》。此外，陈嘉庚还先后出版了《住屋与卫生》、《我国行的问题》和《民俗非论集》三本专论。其中《住屋与卫生》在 1945 年 12 月印了 3000 本，分寄国内各省市当局，作为"战后建国首要"的参考。该书以他在新加坡 50 年，见当地 20 年间市民死亡率由千分之二十四五降至千分之十五，说明"此盖为改善住屋适合卫生之效果也"。认为大战告终，重新建筑，势必益求近代化，以适合卫生。1948 年底重印《住屋与卫生》35 万本，"寄赠解放区各县市当局，请县长分送区乡镇、参议会分送社团、教育局分送学校及图书馆，以广宣传，俾乡村与城市居民，普遍知疾病健康以及寿命长短，与住屋卫生有密切之关系，共同注意，致力改善，此亦建设新民主国家要务也"。1946 年 6 月出版《我国行的问题》一书，对我国航空、海运、汽车及橡胶制造等提出了具体的建议。1948 年 12 月，出版《民俗非论集》，对过去封建社会遗留下来的落后风俗习惯和最近流行的跳舞营业提出改革意见。12 月 24 日，在该书《征求增补小序》中指出落后风俗习惯的弊端及其存在的原因和改革的必要性，他认为此改革"事关祖国兴替，又值此百度维新之时，一得之见，谅荷同情，抛砖引玉，是所厚望"！

由于陈嘉庚与全体报社同仁的艰苦奋斗，广大爱国华侨的支持和爱护，《南侨日报》这块舆论阵地，旗帜鲜明，硕果累累。它从海外一方与国内进步力量遥相呼应，与人民解放战争进程紧密配合，为打倒蒋介石解放全中国，为加速人民革命战争的胜利做出了特殊贡献。对此，中共中央给予很高荣誉。在《南侨日报》创办三周年之际，毛泽东为之题词："为侨民利益服务"；周恩来题词："为宣扬新民主主义的共同纲领而奋斗，为保护国外华侨的正当权益而奋斗"；还有两幅

“书告侨胞”，毛泽东写的是：“侨胞们团结起来，拥护祖国的革命，改善自己的地位！”周恩来写的是：“海外侨胞与祖国人民团结一起为实现中华民族的彻底解放而奋斗！”

4. 洞察时势　鼓呼民主

1946 年 10 月 10 日，陈嘉庚在福建会馆及道南、崇福、爱同三校举行的庆祝大会上演讲《论天道的运行》，在阐明何谓民主国之后说：“至于独裁何时消灭，民主何时可实现，则以历来天运忖度之，至多不出一二年。”接着以中外古今朝代变更，论述“背天者必亡”。最后说，自第二次世界大战结束，“世界已进入人民世纪，人权应受尊重，无分上下东西。而我国之民主政治，其气势旺盛，有如日在中天”。他预料南洋华侨将一改平昔不习惯于政治生活，不喜闻政治斗争运动的情况，会更加关心祖国前途。但他强调“应明辨口是心非、挂羊头卖狗肉之假民主，而实行独裁专制、卖国殃民之不合理行为，应执行公司中股东之权力，而纠正非理，收回政权，尤应注意联合各党派组织联合政府，制止内战，实现民主政治之伟大运动”。

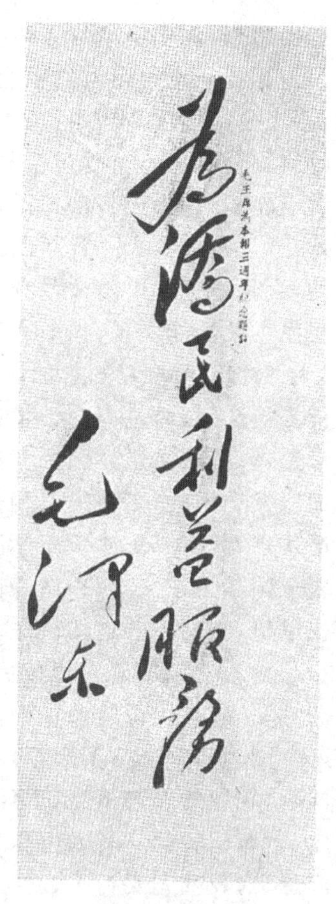

毛泽东为《南侨日报》三周年题词

11 月 21 日，英军东南亚总部政治工作人员来访，讲到国共是否有合作的可能时，陈嘉庚说：“只有国民党军官觉悟起来，不打内战，愿举义拥护民主，才有促进团结合作之可能。”又说：“中国人民渴望民主，因受官僚资本之剥削，已尝尽惨痛，欲诉无地。”12 月中旬，美国众议员莫莱与佛兰德斯向杜鲁门总统建议，联合苏、英，共同调解国共冲突，制止中国内战，组织民主联合政府。陈嘉庚致电表示响应这一建议，并“深信蒋介石部下及国民党中不乏深明大义之人”，贵政府如“改变对华政策，则中国联合政府之组织必可成功，法西斯独裁必不能存在，万祈勉力进行，为世界人类造无穷之幸福！企予望之！”

1947 年 2 月，蒋鼎文在美国发表谈话，称蒋介石、毛泽东、陈嘉庚三人是“中

国伟大人物”，希望三人合作，等等。《南侨日报》记者问陈嘉庚对于蒋鼎文谈话有何感想，陈嘉庚说：“人生大病在不自知，我虽年老尚有自知之明，安敢与蒋、毛二公相提并论？第人之品性往往不同。二公所能者，我则绝对不能；而我所能者，二公均能之，唯肯行与否耳。我自信所能者仅为‘诚信公忠’四字，其他军事政治则全不谙。蒋委员长与我绝对相反，我知之最深。若毛主席与蒋委员长，更大不相同，其为人言信行果，经纬才干，我国无出其右者。”蒋毛二人“思想互相参差，意见甚于水火。我早断协商无结果，内战难避免，虽有美国最新式武器之援助，大量物资之供给，蒋亦必终归失败”。4月1日，他给陈村牧的信中写道：“希望民主政治能实现，集美或可以与政府合作大规模之发展，非只克服旧观而已。”5月28日，主持召开新加坡华侨各界促进祖国和平民主联合会（简称民联会）执行委员会议，讨论国内学生运动问题。会后，陈嘉庚致电南京国民参政会，声援学生运动，电文说：“国民党当局假宪政之名，行独裁之实，任用贪污，滥发纸币，加以发动内战，更使民不聊生。京沪平津等地青年学子，迫于义愤，呼吁和平，竟遭残杀，甚至以军法镇压学潮，封闭报馆，侨情愤激，特向钧会及各界同胞吁请响应全国学生正义主张，认为惟有恢复言论自由，切实保障人权，方足以平民愤，以挽危机，临电不胜迫切待命。”

8月30日，陈嘉庚接待上海中外记者团来访，回答记者提问。关于有否参加党派，陈嘉庚说曾参加同盟会，“民国以来，常常有人劝我入党，我始终没有加入。因为，入了党，不会领导别人，就要给别人领导。我自知没有能力领导别人。同时，领导的人与我主张不同，我又不愿意受他的领导，所以我就没有加入政党”。有记者问：“有人说陈先生是共产党啊？”陈嘉庚答道：“苏联还没有实行共产主义，我就先实行了，我把我的资产拿去办集美学校和厦门大学。”在访谈中他还谈到国共两党不可能合作，好像水火不能相容，武力不能剿共。谈到中国的外交是走美国路线还是走苏联路线时说，“应该有独立的外交路线，因为中国在人口上，在地理上，在历史上，是一个大国。大国应该有独立的外交路线，不可仰人鼻息，不可以别人马首是瞻。现在这个时代，可不是强权的时代，以强权、大炮来消灭公理是不可能的”。至于对蒋介石的看法，他则不作评论，只说一个国家的领袖一定是一个为人民谋福利而为人民所支持的人，“人民不喜欢他的时候，领袖就不成其为领袖了”。

11月底，有21名中国学生从东北、北京等地前往欧洲留学，途经新加坡，到怡和轩拜访陈嘉庚，畅谈争取民主的方式和祖国的前途。陈嘉庚说，“世界潮流，

时势所趋,中国已经到了否极泰来的时候了。中国的前途是绝对可以乐观的,美国的金钱买不了中国人民的心”。中国地大物博,人民聪慧勤劳,“一旦专制政府倒台,民主政治实现,中国是一定可以和世界列强并驾齐驱的”。“诸位青年学生到外国求学,未来岁月方长,前途珍重,也许诸位毕业归来,中国的和平民主已经实现。那时候,真正的民主的国民政府正需要诸位为祖国的建设而效力。”

陳嘉庚通電國內同胞
支持學生愛國運動
要求驅逐美軍維護國家尊嚴

（路透社新加坡六日電）新加坡華僑爭取祖國和平民主聯合會主席陳嘉庚今天致電香港、上海、南京、延安、重慶和天津各華文報紙轉全中國同胞，要求中國人民支持「要求驅逐美軍的學生運動」。電文如下：「駐華美軍破壞中國主權，延長內戰和危害世界和平，北平一女生被强姦，復被誹謗為妓女，這是令人不能容忍的，而且是對中國的一種侮辱。平津與各地的要求驅逐美軍的學生運動，是維護國家的尊嚴，和保衛人權。雖然我們曾向杜魯門總統要求撤退美軍，但暴行却有增無已。所有中國同胞必須支持目前的學生運動。美國是一個民主國家，為了國際的友誼，應該注意，並撤退軍隊。拒絕撤退，就是拒絕我們的友誼，就需要採取嚴厲步驟來維護我們的主權，來促使他們覺悟」。該聯合會成立才兩個月，曾發動撤退中國運動，並曾動員十萬人簽名上書杜魯門總統。

陈嘉庚支持国内学生爱国运动

陈嘉庚以俄国沙皇、德国威廉二世、意大利墨索里尼、德国希特勒和蒋介石诸人以及日本帝国主义和美帝国主义为例,证明“凡背信义,不道德之人,虽一时炎威赫奕,终必失败”。蒋介石“食言毁约,公开发动全国内战,但知利己独裁,不顾民族惨祸”,“天道至公,安能免于败亡?楚歌四起,不过时间问题耳!”他在《徐州大会战与全局决定性》一文中说,两年前他就断定美助蒋内战决无效果,而美国报界至今还未认清这种形势。在分析了近几个月的战局之后,他指出徐州大会战“诚为我国有史以来,对外对内战争规模之最大者,此为一决定性之战役,在此两个月内,胜负可能解决”。

1948 年 11 月 21 日,陈嘉庚在《南侨日报》创刊二周年纪念会上发表题为“南侨报任务与中国前途”的演讲,指出本报“创办之目的系为社会服务”,“出版以来,屡遭党人特务百方阻挠,幸能渡过难关”。“常有人言本报为共产党报,窃此项名称,有好意与恶意两种。从好意方面言,孙中山先生谓民生主义,就是共产主义;英国大文豪萧伯纳言,共产主义意义,非平常人可能了解;如此则共产主义之高,可以想见;本报对于此名,愧乏资格可受。”“从恶意方面言,蒋政府之特务,每以红帽子作诬良工具,毒辣阴险,陷害无辜,擢发难数。凡言本报为共产党报者,其为好意或恶意,明眼人自能了解,无须多赘。”

1949年2月22日，陈嘉庚接受美联社记者马斯特逊的采访，认为新中国政府是包括中共、民盟以及李济深等各方面联合组成的联合政府，并表示自己准备回国游历，“看看新政府如何谋新中国的发展”。他说他曾经助蒋抗日，后来又反蒋，原因是“看到了中国的真相”。蒋政府“乃一无希望之政府”，“毛泽东的确是一个有远大眼光的人”。他认为新中国绝不受苏联指挥，而与各国发生广泛交往；如果美国改变现行对华政策，中国人也不会反美，更何况推行侵华政策的只是美国的执政者，他们并不代表美国人民。马斯特逊表示与陈嘉庚有同感。

1949年3月9日，陈嘉庚致电福建省主席朱绍良，针对其“征丁征粮，更形严厉”，指出“内战谁方胜败，尽人皆知，助纣为虐，等于自杀”，奉劝他“请以陈仪为鉴。造福桑梓，亦可为自家善后计”。3月14日，陈嘉庚又分别致电何应钦、李宗仁和白崇禧，指出“蒋介石背叛国父主义，狡诈无信，神人共愤，惨败当然。国共谁方胜败，尽人皆知。四大家族，有美国可逃，先生等将逃往何处乎？”敦促他们“请速接受中共条件，勿一误再误，公私均利，否则遗臭堪虞！”

第四章 赤诚爱国 参政议政

陈嘉庚 1949 年应邀回国参加人民政协会议和开国大典，1950 年回国定居，至 1961 年去世，前后约 12 年，时间虽短，但他却为新中国的建设做出了卓越的贡献。

一、应邀回国 共商国是

1949 年元旦，毛泽东发表新年献词《将革命进行到底》，提出 1949 年要做的几件大事，预示着祖国几千年以来的封建压迫、一百年以来的帝国主义压迫，即将彻底地被推翻掉。紧接着，东北解放，张家口解放，淮海战役告捷，天津、蚌埠、合肥相继解放，国民党翁文灏内阁垮台，蒋介石被迫"引退"。国民党败局已定，中国人民胜利在望。胜利的喜悦在海内外进步人士心中激荡，陈嘉庚更是喜上眉梢。1 月 20 日，陈嘉庚接到毛泽东电邀回国共商国是的电报：

"嘉庚先生：中国人民解放斗争，日益接近全国胜利。召开新的政治协商会议，建立民主联合政府，团结全国人民及海外侨胞力量，完成中国人民独立解放事业，亟待各民主党派及各界领袖共同商讨。先生南侨颈望，人望所归，谨请命驾北来，参加会议。肃电欢迎，并祈赐复。毛泽东，1 月 20 日。"

与此同时，中共中央指派庄希泉从香港前往新加坡迎接陈嘉庚回国。庄希泉当面对陈嘉庚说："中国解放战争胜利在即，新的全国政治协商会议要召开，要建立民主联合政府，华侨界需要举一领袖，以领导华侨工作，陈老先生是众望所归。"陈嘉庚感谢毛泽东的盛情邀请，当下表示接受。经仔细斟酌，复电如下：

"毛主席钧鉴：革命大功将告完成，曷胜兴奋，严寒后决回国敬贺。蒙电邀参加新政治协商会议，敢不如命。唯庚于政治为门外汉，国语又不通，冒名尸位，殊非素志，千祈原谅。陈嘉庚，2 月 8 日。"

电报发出后，陈嘉庚就开始为回国做准备。他将《南侨日报》社董事长职和侨团工作托交王源兴，嘱其说："凡事只要以国家利益、人民利益为依归，个人成败应在所不计。"他针对英国殖民政府迫害《南侨日报》，钳制民主舆论，指示说：

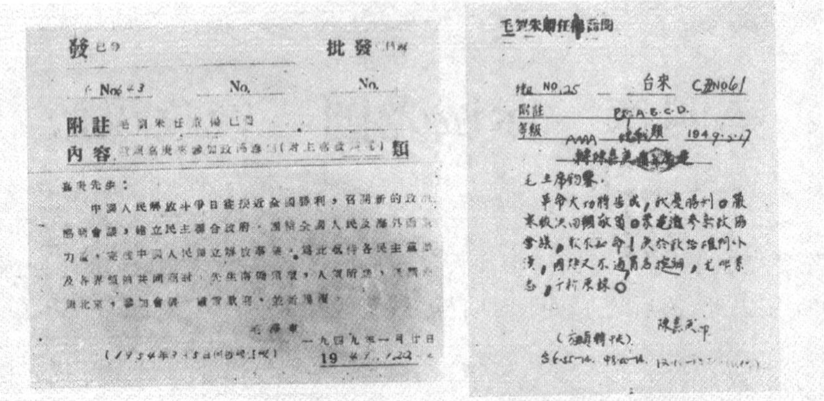

毛泽东的邀请电和陈嘉庚的复电

"本报宁可关门，而不能改变一贯立场。"他还在福建会馆常年大会发表题为《新中国必能兴利除弊》的演讲，预言新中国政府成立后，必能切实改革，兴利除弊，前途无限光明，并提出兴利除弊的十二项建议。4 月 28 日，福建会馆与怡和轩俱乐部联合举行欢送会，陈嘉庚在会上演讲《明是非，辨真伪》，说："本人曾亲往延安，所见所闻，感觉其政治良好，上下勤奋"，"故认定中共将来必胜利，而兴建我中国。或谓余有眼光，然究其实，余无所谓眼光，只有辨明真伪与是非，君子与小人而已。至要辨明此数字，自己必先忠诚公正，庶无错误耳"。他还回顾了福建会馆和怡和轩俱乐部在团结华侨、兴办学校、支持辛亥革命及支援祖国抗战等方面所做的工作。在回国前夕，他将三年以来所发表的文章和演讲词汇集成册，题名为《陈嘉庚言论集》，并为该书写序，概述 1940 年以后思想转变的经过及编印本书的旨趣。

1949 年 5 月 5 日，陈嘉庚偕庄明理、张殊明、王雨亭等人乘"迦太基"号邮轮离开新加坡到香港，在香港稍事停留，委托费彝民(后任香港《大公报》社社长、全国人大常委会委员)定船位北上。香港新华分社负责人乔冠华告诉费彝民：老人坚决不肯搭乘挂英国旗的船，请设法找其他国家的船位。好不容易，找到了一艘挪威船，是条陈旧的客货船，船名 DAVIKEN(捷盛轮)，条件很差，勉强有几个客房，但陈嘉庚一口答应，说条件再差也不怕。5 月 28 日，船从香港出发，经过台湾海峡北上。

6 月 3 日，陈嘉庚一行抵达华北新解放区天津大沽口，胡愈之等 8 人从北京

陈嘉庚与毛泽东在
北京中南海勤政殿前合影

到天津迎接。第二天，乘火车赴京，林伯渠、董必武、叶剑英、李济深等党内外资深人士和华侨学生等100多人到车站迎接，下榻北京饭店。6月7日，由周恩来陪同，前往西山会见毛泽东，刘少奇等也参与会见。毛泽东对陈嘉庚说，“嘉庚先生，欢迎你啊！我们一别就是十年”。陈嘉庚则对毛泽东说：“十年前在延安临别时，我答应你做的两件事全都做了。头一件，我回到重庆就跟蒋介石说，共产党一心抗日，对国民党绝无恶意，劝他和共产党真诚合作，团结抗日，可他就是听不进去，良药苦口呀！第二件，我不待回到南洋，在全国各地就把延安所见所闻如实介绍，因此，蒋介石对我产生恶感，我也不顾，凭着良心与人格，不能指鹿为马呀！”

毛泽东对陈嘉庚如此重信义，表示钦佩和感谢，同时将抗战胜利后与国民党谈判，蒋介石撕毁协定，人民军队被迫自卫还击等情况，作了简要介绍。他还说：“解放战争已经取得了决定性胜利，但是我们还要继续肃清残敌，召开新的政治协商会议，成立民主联合政府，过几天就要召开筹备会，嘉庚先生你可一定要参加啊！”

陈嘉庚说：“毛主席的心意我明白，只是我对政治素为门外汉，国语又不通，恐怕会辜负主席的美意。”这时，周恩来从中插话：“国语不通好解决，全世界没有一个人能懂所有语言，但国际上交往天天都在进行……”老朋友久别重逢，畅谈天下大事，无拘无束，气氛融洽，直至深夜，陈嘉庚才起身告辞。

第二天，周恩来、林伯渠、沈钧儒、马寅初、黄炎培、郭沫若等人，又先后到北京饭店看望陈嘉庚，彼此有说不完的话。林伯渠说：“新政协一定要有华侨代表，华侨代表中必须有一位首席代表，这位首席代表只能由陈嘉庚先生来担任，这也是全体海外华侨的一致希望。”黄炎培说：“新政协关系到今后新中国的前途，作为知心朋友，我请求嘉庚先生一定要参加。”马寅初也说：“嘉庚先生对抗战和人民解放事业的贡献，海内外有口皆碑，现在既来到北京，新政协筹备会就一定要参加。”郭沫若谈得更坦率：“心通胜于言通，我和蒋介石语言大通而特通，可是心则完全不通。前个月我到欧洲参加世界和平会议，会上的代表语言多不相通，但

心却紧紧连在一起。嘉庚先生即使语言不通，要靠翻译，但绝不妨碍参与国家政事。”周恩来说得更加恳切：“自辛亥革命以来，华侨对祖国革命做出了不可磨灭的贡献。现在革命即将成功，新的人民共和国即将成立，嘉庚先生作为海外华侨的杰出代表，应该一起来共商建国大计。”

精诚所至，金石为开。处处以国家、民族利益为重的陈嘉庚，为人们的真诚和善意所感动，决心参加新政协筹备会，共商建国大计。

6 月 15 日晚，新政协筹备会在中南海勤政殿开幕。陈嘉庚代表华侨发言，他追述抗战期间亲往延安、重庆所见所闻及旧政协开会时，估计要蒋介石还政于民，等于与虎谋皮。为了减少人民痛苦，当时毛主席有意忍让，不避危险到重庆与蒋介石谈判。现在蒋政府已被打垮，这首先是中国共产党奋斗的结果，“可是中国共产党虚怀若谷，广邀各民主党派、各人民团体及各界民主人士来共商建国大计”，对此表示赞赏和钦佩。他相信祖国这次革命对世界必定影响极大，海外华侨的绝大多数都会拥护民主联合政府，拥护中国共产党和毛泽东主席。

新政协筹备会全体常委

在新政协筹备工作中，陈嘉庚作为华侨首席代表和侨界召集人，参与讨论拟定国旗、国歌、国徽和国都所在地的方案。9 月 21 日，作为主席团成员之一，出席人民政协第一届全体会议。9 月 30 日，陈嘉庚被推举为中国人民政治协商会议第一届全国委员会常务委员。10 月 1 日，参加中华人民共和国中央人民政府

成立典礼，并被选为中央人民政府委员、华侨事务委员会委员。10月2日，陈嘉庚出席中国保卫世界和平大会成立大会，任主席团成员，当天在会上致词，谴责帝国主义者利用科学上种种杀人利器，如各种大炮、战车、战舰、飞机、炸弹，发动世界战争。指出第二次世界大战以后，美国垄断资本家野心愈炽，竟欲奴役全世界人民。在中国，他们以军火金钱助蒋内战，致使中国人民生命财产损失严重。他表示相信，“只要世界人民团结起来，美帝国主义者挑动战争的阴谋，一定会被粉碎”。

参加开国盛典后，陈嘉庚于1950年2月15日途经香港，重返新加坡。在回到祖国的几个月里，耳闻目睹新政府成立伊始祖国各地所出现的变化，感到满意而且放心。于是决定回国定居。从3月份开始，交卸义成公司业务及福建会馆、南侨日报社等事务，同时在《南侨日报》连续发表在新中国的见闻，后来汇集成册，即《新中国观感集》(内附《住屋与卫生》、《民俗非论集》两文)。印了70万册，准备分送国内各县人民代表会议的代表。5月21日，陈嘉庚乘飞机离开新加坡，经香港回国定居。

陈嘉庚在新政协第一次大会上发言
(右一为担任翻译的庄明理)

二、参政议政 矢志矢忠

1. 肝胆相照 荣辱与共

陈嘉庚回国后积极参政议政，拥护中国共产党的领导，支持新中国的内外政策，与中国共产党肝胆相照、荣辱与共。在全国政协第一届全体会议上，陈嘉庚以华侨民主人士首席代表身份发言，对《中国人民政治协商会议组织法》、《中华人民共和国中央人民政府组织法》和《中国人民政治协商会议共同纲领》(简称《共同纲领》)三个草案发表意见，认为这三个草案都能够恰切地反映出广大人民的迫切要求，充分地照顾到各民主阶级、各民族的利益，对于独立、民主、和平、统一和富强的中华人民共和国的建立有很大帮助，也符合海外爱国华侨的愿望，表

示完全接受和极力拥护。特别是《共同纲领》外交政策一章，既维护了国家利益，也维护了华侨利益。他相信“新政府一定能够对国外华侨的生命、财产和权利，予以充分和有力的保护”。

在京期间，陈嘉庚与社会各界名流多有接触，与国民党起义将领傅作义亦常见面。在一次会议上，傅作义慷慨陈词，言及过去拥蒋，罪列战犯，北平受围，开始省悟，表示今后要痛改前非，将功补过。陈嘉庚听后感动地说：“人谁无过，知过而改，善莫大焉！傅先生坦言认过，义勇高风，无任敬佩！人民政府维新方始，似万里长征第一步，前国民党人误入迷途者尚多，当学习傅先生之智勇，庶有无限前途也！”

陈嘉庚针对华侨中部分人对“一边倒”政策和人民政府是否保护私人商业有疑虑，就通过答《南侨日报》记者问的方式作了详尽解释。他说：“所谓一边倒，是倒在和平、民主、进步、建设的这一方面，并不是倒在苏联身上，更不是要做苏联附庸。”他还说：“以我国土地之大，人民之众，民气之烈，若有良好的政府领导，定可与列强并驾。就毛主席而言，文武才干，英明智慧，不但为我国历史所未有，亦为世界各国所仅见。将来新中国建设成功，其光荣芬芳，前古后今殆无出其右，为公为私，安肯自屈卑下，附庸于人！”他还指出，在《共同纲领》中提到的团结小资产阶级和民族资产阶级，就已经包括正当商人在内，而且《共同纲领》第 37 条还规定“保护一切合法的公私贸易”，因此，私人合法经商属保护之列，疑虑应当消除。他指出“中国、苏联、美国为世界大国，人众地广，富有物产。中国民众在三国中居首位，国家与苏联毗邻，举足极其轻重。过去政府腐败、独裁、贪污，无恶不作。现在，全国解放，成立人民政府，在英明领袖毛主席领导下，兴利除弊，百政维新，将见三大国中原属落后的中国，勃兴发展，独立自强，美国虽野心未死，百计破坏，已惨败涂地。近中苏亲善，结为盟友，力量伟大，对于维护世界和平，贡献甚大。至美国当局借词共产主义与之抵触，然独立国家，政权属人民，实行共产政治与否，当由各国人民自决，与美国何干？”他就自己亲眼看到的新中国政治、军事、经济以及人民生活等方面的情况，得出“新中国前途无限光明”的结论。

在全国政协一届二次会议上，陈嘉庚发言拥护《土地改革法》，说他在东北看到土改后农民在自己的土地上劳动，比以前认真，田园杂草除净，还再加工耕耘，“可见土改能促进生产”。他还提议规定中文书写统一自左而右横写和建设福建铁路等。

1950年6月25日,朝鲜战争爆发,战火烧至鸭绿江边。中国人民忍无可忍,举国上下掀起了抗美援朝、保家卫国的热潮。刚回国不久的陈嘉庚与全国同胞一道,坚决拥护抗美援朝。他认为,"国际援助都是相互的,我们与朝鲜,如同'两人穿一条裤',我们援助它,也保护了自身的安全。我们以生命和财力、物力的最大牺牲,制止了美国侵略,也保卫了苏联"。同年10月15日,陈嘉庚从集友银行开出一张500万元(第一套人民币)的支票,作为寒衣捐,赠给在前方英勇抗击美帝侵略的志愿军战士御寒。

陈嘉庚与志愿军总司令彭德怀(前排右一)等合影

1950年10月1日,陈嘉庚在集美学校庆祝国庆大会上发表演讲,指出"自中国共产党成立以来的29年中,毛泽东'无日不极力宣导共产主义,无日不在国内与军阀及国民党蒋帮等从事阵地战、游击战。至于政治理财方面在湖南、江西、福建时代,便有广大地域,多数民众,历试治绩,充实经验。其雄才大略,不但肃清封建及专制余孽,而且建立伟大空前之中华人民共和国,出全国人民于水火而登诸衽席"。

新中国成立初期,人民政府励精图治,肃清残敌,开展土改、镇反和抗美援朝三大运动,迅速恢复工农业生产和社会正常秩序,取得令人瞩目的成就。陈嘉庚对此深感欣慰。他在1953年2月全国政协一届四次会议上,发言赞扬祖国三年经济恢复时期的伟大成就,"如统一财政,稳定物价,土地改革,镇压反革命,抗美援朝等,为国家建设铺下了平稳的道路"。会上,他还谴责美国支持蒋帮军队骚扰我沿海地方,说"充其量也不过是土匪式的骚扰而已",而美国这样做,将像在朝鲜战场一样,"会受到更大的打击,招致更多的失败"。1954年6月14日,陈嘉庚出席中央人民政府委员会第30次会议,发言表示拥护《中华人民共和国宪法(草案)》,说这个宪法不仅是全国人民多年来的愿望,而且是海外华侨热切殷望的宪法。9月15日,陈嘉庚作为主席团成员出席第一届全国人民代表大会第一次会议,在会上发言赞扬即将诞生的宪法,他表示相信,这部宪法颁布实行后,

“不但全国人民热烈欢庆，海外千余万侨胞亦必欢欣鼓舞也”。9 月 27 日，陈嘉庚当选为第一届全国人民代表大会常务委员会委员。12 月 25 日，在全国政协二届一次会议上当选全国政协副主席。

1959 年 4 月，陈嘉庚分别出席在北京召开的全国政协三届一次会议和全国人大二届一次会议。在发言中谴责帝国主义制造所谓“西藏独立”的阴谋。他说：“西藏是中国领土不可分割的一部分。中国人民包括国外华侨，过去不容许日本帝国主义制造所谓‘满洲国’，今天同样也不会容许任何帝国主义和一切反动派制造所谓‘西藏独立’。”“汉满蒙回藏五个字一向说明着西藏是中国不可分割的领土，任何人想把它加以破坏，中国人民不会答应，华侨也决不会答应。”同年 9 月，中印边界发生冲突，印度军队不断越过边界侵犯我国领土主权，中国人民解放军迫不得已，实行自卫还击。为此，陈嘉庚对新华社记者发表谈话说：“我代表广大华侨完全拥护政府对中印边界问题的立场、态度和方针，决不容许任何国家侵犯中国的领土和主权。”他还说：“华侨在东南亚以及南非等地同印度侨民长期友好相处，我相信只要根据五项原则，通过和平协商，中印边界问题，一定能够得到合理的圆满解决。”

陈嘉庚在投票选举国家领导人

2. 视察祖国　建言献策

1949 年 6 月下旬，陈嘉庚在新政协筹备会结束后，由庄明理等人陪同，前往天津、沈阳、抚顺、本溪、哈尔滨、齐齐哈尔、乌兰浩特、四平、长春、朝鲜新义州、大连、旅顺等地考察观光，所到之处，备受欢迎，所见所闻，印象深刻，心情舒畅。他说：“从东北看全中国，国家建设的前途是一片光明。”认为沈阳、四平、长春、哈尔滨、齐齐哈尔等将来必定会发展成为大城市，“其繁荣如伦敦、纽约或芝加哥”，“希望当局放大眼光，预早计划未来市区建设图案，必须多留空地，放宽道路，改良住屋，适合现代卫生”。建议改造吉林、抚顺、本溪、安东、鞍山等城市。建议我国应大力发展水电，充分利用丰富的水利资源。提出要注意人口质量问题，“勿

徒以量自夸”。人民及社会“必须刻苦奋斗，革故鼎新，发展农工业，改善人民生活，增进人民卫生幸福，使身体健康及长寿，和欧美苏联人并驾”。在哈尔滨参观东北烈士纪念馆时，受抗日英雄和革命烈士的事迹感动，欣然提笔题词：“为保卫和平而抗战，精神不死；为打倒独裁而牺牲，千古流芳。”

在政协一届一次会议上，陈嘉庚提出七项富有建设性的提案：(1)在全国各中学普设科学馆案；(2)在沿海各重要地区设立水产航海学校案；(3)增加纸烟税率并停止公务人员之配给案；(4)今后人民新建住宅，应注意卫生之设计案；(5)设立各地华侨教育领导机构案；(6)救济华侨失学儿童案；(7)引致华侨回国投资案。此七项提案均被大会接受并交中央人民政府处理。

在政协一届一次会议后，陈嘉庚兴致勃勃地到华东、华中和华南各省、区及家乡福建、厦门、集美等处巡回视察，风尘仆仆，行程万里，历时数月，不辞辛苦。他耳闻目睹了祖国南方各省虽属新解放区，但新的社会和生产秩序已逐步建立，新人新事大量涌现，心中颇感欣慰，认为能亲眼看到伟大祖国从此站立起来，并能亲自参加新中国的建设，确是人生一大乐事。

在政协一届二次会议后，陈嘉庚由庄明理陪同，先后到张家口、归绥、包头、石家庄、大同、青岛、济南、南京、上海、福州等地参观视察。在上海期间，厦大、集美校友来住所开欢迎会，听有人提到南洋几百名侨生最近历经千辛万苦到达北京就学，很高兴，说“应该让他们回国接受新民主主义的教育”。他还对集美水产航海学校校友许多人担任船长和大副表示宽慰。在福州，他代表华侨致电联合国安理会，抗议美国飞机侵入我领空，屠杀我同胞，要求立即制裁美军暴行，并令其撤出朝鲜。

城乡环境卫生关系人民身体健康，关系全民族的人均寿命，陈嘉庚对此一向十分重视，认为人人处处讲究卫生，才能增进健康，减少疾病。1950 年，他应邀向集美学校师生演讲时，得知同学们即将下乡宣传，他便向同学们说，下乡宣传，除阐明庆祝国庆意义外，必须劝告乡人除去旧社会三种陋习。即：(1)乡村露天厕所常碍卫生，应引起各方重视，加以改造；(2)不要迷信鬼神和铺张浪费；(3)婚礼从简，不要破费排场。但是事情是复杂的，光靠宣传如无行政措施，难以收效。所以后来陈嘉庚还直接发电报给福建省长叶飞：“闽南最害乡村厕所林立，请严令乡政府合作，废私厕立公厕。”他还自己带头示范，动员集美全镇居民填平房前屋后路头巷尾粪蛆成团、蚊蝇满坑的私厕，砌起七十六座卫生清洁的公厕，集美环境卫生大为改善。

陈嘉庚在南洋长期经营橡胶，行情熟悉，经验丰富。1950年10月23日，他在《厦门日报》发表《南洋橡胶史话及生产市场状况》一文，谈到："南洋橡胶业，有数十年之历史。其品类有烟花片、白薄皱、厚C皱等二十余种。烟花片与厚C皱之效用相等，而价格相差颇多。依现价，烟花片较厚C皱每吨多约人民币500元左右。苏联、美国有廉价之人造胶，故不惜高价采办烟花片混合，提高其品质。我国未有人造胶，应采购厚C皱等为宜。乃亦采用烟花片，每年损失不下数百亿元，长此不变，漏卮无所底止。"为此，他呼吁国内厂商对此必须多加警惕，以免国家外汇受损。在1951年10月举行的政协一届三次会议上，陈嘉庚提出沿海各省围垦海滩，以扩大耕种面积，及发展乡村小学，提高农村小学教师待遇等议案。

在1953年9月举行的第一届全国人民代表大会第一次会议上，陈嘉庚提出了几项重要提案，如：(1)请中央政府在福建多设工厂以扩大就业，增加出口，争取外汇，尤其需要设棉纺厂和麻纺厂，减少进口。如云台湾未解放不宜设立工厂，是则因噎废食。(2)闽南人稠田少，而人民却又多占良田建住房，甚或牧畜什用，相习成风。希望政府调查，彻底限制、改革，以保良田，增产粮食。建议人民住宅宜建在山地，既合卫生条件，又可免损失良田。(3)我国对纸烟征税甚轻，似于烟之为害，尚乏注意。如以为轻微嗜好，无足轻重，试举全国纸烟消费量而统计之，其损失必将惊人。五年计划中粮食仅增产百分之十七余，而卷烟增产百分之七十七余，反欲使人民增多吸烟矣！如加重烟税，则吸者减少，让出烟田改种粮食，于国计民生，大有裨益。(4)重提前年政协会议提案，请政府派员调查沿海袋形海滩，组织民工围滩造田。

在1955年7月举行的全国人大一届二次会议上，陈嘉庚在会上发言，说关于根治黄河水害和开发黄河水利的综合规划，"乃我国历史上一件大事。此一伟大规划不但鼓舞全国人民，也鼓舞1200万热爱祖国之华侨，进而加强华侨对祖国人民政府之拥护与自豪"；他还批评了社会主义建设过程中的浪费现象，提出降低房屋建筑造价的具体意见；建议发展对南洋的贸易和营建厦门港，以加速我国工业化建设，再次提议在福建设立纺织厂。

1955年8月，陈嘉庚在庄明理、张楚琨、张其华、叶祖彬等陪同下第三次到祖国各地视察，北至伊宁，南达海南，行程二万五千里。他看到祖国建设发展迅速，十分高兴，沿途不断给毛泽东、周恩来和有关领导机关写信，反映情况，总共提出了15项建议。如在东北视察期间，曾到大连海运学院访问，发现该学院浪

陈嘉庚在第一届
全国人民代表大会上发言

费极大，办理不善，校舍简陋，估计每平方米造价不上40元，一问却说是200元。而且图书馆、科学馆、体育馆、礼堂等均无一有。陈嘉庚大为诧异，说这真是"闻所未闻"。回京后即写信向全国人大常委会和周总理报告，要求查究。他看到东北的一些造纸厂用原木造纸，且运输时多未经加工，就写信给周总理，建议"以后需用木材，应由产地锯木厂先锯去四面废料毛木，然后运交建屋工场化锯，既可减去半数运输费，其毛木废料，可供纸厂之需，此为眼前治标办法。今后应在产地多设锯木厂、造纸厂或单设纸浆厂，单取毛木废料，制造大量各样纸，成本既廉，除自用外，亦可供销国外，争取外汇，保存许多原木为将来之需要"。又如看到大连等东北城市十字路口都设置街心花园，既美观，行车又安全，建议推广。对中华民族祖先黄帝陵、轩辕氏庙，因缺乏专门机构管理，庙宇破损无人修理，古柏或朽或斜，任其自生自灭，建议设立专责机构，拨款维修妥加保护。再如看到新疆独山子石油矿区职工宿舍结构虽简，但设备齐全，既实用又省钱，胜过京沪职工宿舍，建议各地仿效推广。访问结束后，陈嘉庚曾对新华社记者说，"这是我所经历过的最引人入胜的旅行之一"。12月26日，陈嘉庚发表了《伟大祖国的伟大建设》一文，介绍视察16个省区30多个城市的见闻和感想。

1956年6月15日，陈嘉庚出席全国人大一届三次会议，26日在会上发言畅谈对开发福建资源的设想。认为"鹰厦铁路的通车，不但对于解放台湾有巨大作用，对于开发福建资源也有巨大作用"。龙岩专区不但有优良的铁矿，也有丰富的煤矿和其他矿，鹰厦铁路还应从漳平修建一条支线到龙岩。他对在福建大力发展糖业生产表示异议，认为"福建山多耕地少，如再让出大量土地种甘蔗，对粮食将更有问题"。而且动用大批资金在这方面就必定挤掉其他工业建设，是不明智的。再次建议在福建设立纺织厂，以解决福建人民的穿衣问题。

1957年2月，毛泽东召集全国政协委员到北京参加最高国务扩大会议，同时举行政协会议。就中共中央决定以相当长的一段时间进行整风运动，向到会人员打招呼。3月12日和14日，陈嘉庚分别在上述两会就橡胶工业原料问题作长篇发言，认为现世纪为橡胶时代，人类物质进步与橡胶分不开。阐述了橡胶

业的发展历程，并以自己经营橡胶的经验，建议化工部和各制胶厂采用廉价绉胶生产橡胶制品以节省外汇，表示如政府同意进行试制，“我愿自备外汇3万元，向新加坡购厚薄绉胶16吨，交上海各名厂制造最通销用品，以10吨制大小汽车轮胎千个，以3吨制人力车胎四五千个，以3吨制鞋一万余双，制成品后，试用两个月，成功与失败即可立见也”。

1957年6月26日，陈嘉庚出席在北京举行的全国人大一届四次会议，7月2日在会上发言，表示响应毛主席关于百家争鸣、帮助中国共产党整风的号召。他说“凡不平当鸣，不鸣则失毛主席美意”。认为这是解放以来政府励精图治、最为贤明豁达的措施。所以他作了题为“从治标治本两方面克服官僚主义”的长篇发言，《人民日报》在7月3日刊发了他的发言。他在发言中指出：“党员骄傲、内部矛盾、官僚主义、主观主义，需要改革与克服，我意骄傲和矛盾，一经政府严令警惕，或可如三反、五反的收效，独是官僚主义根深蒂固，大不相同，非但用命令告诫、口舌宣传所能奏效。而今日全国经济物业集中，权威操在政府各部门少数人之手，利害较前更大，必须针对官僚主义，如此方克服得来，其他问题自可迎刃而解。”“官僚主义系中国数千年的积习，病国蠹民莫不由此。人民政府成立后，早经宣示要予革除，如在会议上指摘，在文书上传达，不啻三令五申，无年不有。但效果甚微，甚或变本加厉，而领导传达之人，似负传达责任而已，自身未加检讨，故很难促使听者感化，因此官僚主义作风，旧者难改，新者又来，随时随地皆有发现。这种积重难返之势，非徒用口舌宣传所能奏效，要认真革除，应从治标治本两方面办法入手。”“治标办法，除宣传告诫外，各省应设查访机关，犯此风者即应免职，送往特设训练所或学校学习改造，结训后方得试用。至治本办法，须从正规学校教育做起。我国学校教育，系在半世纪以前仿效外国而设。但执教者都从旧社会出身，积习相沿无所改变，这即官僚主义孳长的来源。以我数十年接触所见，中国教师与外国教师作风绝不相类，乃知习俗害人，牢不易破，过去不正，贻误将来，欲图改革，必由增新教育始，此非一朝一夕之故，官僚主义病源在于惰慢性成，自亦不知其弊者。”“我国教育不振，根源由于师范学校之腐败，师资不得其人，则一切学校出身者底子已不端正，自然不能很好地为人民服务。犹幸有中国共产党起来革命，正确地运用马列主义，教导全国人民努力学习，提高政治觉悟，乃有今日排除腐朽反动，树立人民政权之成果。这次整风运动，自上而下地号召，自下而上地响应，长期激荡全面扫除，自能一变陋习革新风气。惟症结所在，就是所谓官僚主义，欲加根绝，非一年二年口舌宣传所能奏效，必须从整

肃学校教育做起。学校之中尤以师范学校为主要。师范学校为人民教师所自出,一个良好教师可以影响千百个学生,转移社会风气的潜力完全在此。""要打破官僚主义作风,必须树立劳动观点。课外劳动必须有教师领导,才有计划性,才能经常化。""根本改造故须以学校教育为基础……从校内勤劳,教师领导养成自身习惯,且可影响家庭社会,实事求是,作根本改革之办法。"

在这次大会上,陈嘉庚所提的提案有两项被采纳:1、鹰厦铁路已通,其终点站厦门临海有三处码头(嵩屿、厦门、集美),请政府及早计划分别筹建案。2.为节约米粮提高人民健康,请政府贯彻执行九二米方案及推行熟谷米案。两提案被列为第111、112号提案,由国务院分别交铁道部、粮食部研究办理。

3. 桑梓建设 魂牵梦萦

1950年8月12日,陈嘉庚在上海与上海集友银行负责人邱方坤谈论,说蒋帮飞机滥炸集美学校,增加了我筹集办学经费的困难。但不管怎样困难,总要想办法把被破坏的校舍修好,并加以扩大。还说他向周总理表示:我不懂政治,不会做政府的工作,不能有所贡献。总理说,今后我们国家要进行社会主义建设,需要外汇资金。他希望我号召华侨多寄侨汇,帮助祖国,这就是最好的贡献。陈嘉庚说,我一定遵照总理的指示去做。号召华侨多寄侨汇是我应该做的,但还得先从自己做起。我打算向海外亲友筹集资金来修复集美学校校舍和扩建厦大,这样既有利于学校,又有利于国家建设,一举两得。说着,就从口袋里掏出一张写好的电报稿,交邱方坤发往香港给他次子陈厥祥,请汇一笔款到厦门用于两校。9月5日,陈嘉庚回到集美定居。从此,他大部分时间用于修复和扩建厦大和集美的校舍,并筹建集美沿海堤岸和集美解放纪念碑。

福建是陈嘉庚的第一故乡,他对桑梓建设自然格外关注。1949年5月,陈嘉庚回国途经香港,即将北上庆贺建国,当时杭州、上海都已相继解放,福建全境的解放也指日可待。他在离开香港前,发表公开信,促请闽人迎接解放:"吾闽匍匐于军阀统治30余年,闽人疾首痛心,无法自救。今幸人民解放大军,横扫江南,前锋已入闽北,全省解放,指顾间事。庚适由海外归来,道出香港,光明在望,曷胜欢欣!惟念闽人如欲于以后新中国占一员,新政治参一语,值此黎明前夜,宜当奋发有为,不限任何方式,各就本位努力,从速策进和平,迎接解放。在闽蒋党之军政大员,尤宜放下屠刀,立功自赎,保存国家元气,减少地方损失。人民和平大道,处处予以自新。倘执迷不悟,作恶到底,身败名裂,闽人决不宽恕。福建乃华侨之故乡,闽人有救省之责任,坐待解放,识者之羞!恳切进言,幸速奋起!"

1949 年 8 月 31 日，陈嘉庚以南侨总会主席名义致电福建张鼎丞、方毅、叶飞，祝贺省人民政府成立。电文说："中外闽民，盼望解放，若大旱之望雨"，"公等荣膺主席及军旅之寄，闽民咸庆得人。将此驰贺，并盼全省迅速解放，救民水火，兴利除弊，无任祷切"。

陈嘉庚认为，福建省"山多田少，崎岖险峻，交通不便，面积 12 万多平方公里，人民 1200 万人，未有一寸铁路，此殆为世界所无，各项事业之不振，民生之困苦，与此当不无关系"。福建交通如此落后，铁路早建早好，不宜拖延。1952 年 5 月，他直接上书毛泽东，恳切陈述建设福建铁路的重要性和必要性。信中写道："福建乏铁路交通，如人身血脉麻痹，关系民生至重大，困苦难以言喻，尤以闽西为甚。五反后国基更巩固，万祈主席迅令开办，不但造福闽民，亦适应海外数百万闽侨之企盼。"毛泽东接信后，即批给其他中央领导同志阅研。陈嘉庚后来得知，福建铁路计划分两步，一步先从鹰潭到闽北，第二步才到厦门。为此，陈嘉庚于同年 12 月 5 日再次上书毛泽东："闽西南铁路，前年滕代远部长曾告庚，政府已有计划开办，兹闻五年内大建设，仅有筹及闽北，而闽北地广人稀，与台湾、南洋亦乏关系。现人民生活最惨苦者，即为闽南。庚非无病呻吟，实出于万不得已，敬为闽西南人民请命，如何乞示。"后来，中央决定福建铁路从鹰潭入闽后直达厦门，一步到位。鹰厦铁路连同厦门海堤于 1956 年 12 月建成通车，有力地促进了福建沿海和内地经济建设的发展。

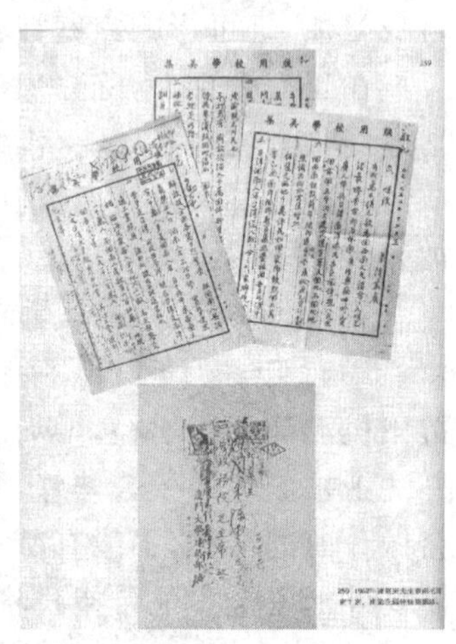

1952 年陈嘉庚致函毛泽东建议修建鹰厦铁路

1949 年冬，陈嘉庚回到集美，看到福建开始修建支前公路，就向党和政府建议在厦门海峡建设海堤，把厦门岛与集美联结起来。他曾对厦门市的领导说，英国人修建了一条长堤把新加坡和马来亚联结起来，厦门也可以这样做。1953 年 2 月，他正式向全国政协一届四次会议提议建设连通厦门—集美的高（高崎）集海堤，以改变厦门交通面貌，促进市区发展。当鹰厦铁路完成路段勘探、正式动工之时，他又建议：应再建一条杏林—集美的杏集海堤，使火车从角美经灌口、杏林进集美直达厦门，不需绕杏林湾多走 9 公里弯路，还可增加堤内 3 万多亩的农田。这些建议均被中央采纳，跨海的高集海堤和杏集海堤就建造起来了。但他

后来发现,高集海堤没有按他所建议的25米宽度建设,甚至连规划的21米也没有达到,也没有铺设双轨铁路及在高崎端设立交,杏集海堤也未建成不透水的海堤,十分有意见,批评工程领导做事缺乏远见和魄力,并拒绝出席通车典礼。

陈嘉庚对福州自来水问题十分关注,当他得知堂堂省会城市福州,仍然没有自来水设施,几十万市民只好长期饮用井水或河水,而且还影响防火,心里颇为着急。经过实地调查,他提出在福州建设自来水工程设施案。此案很快被福建省政府采纳实施,一举解决了福州市民长期饮水难及消防用水的大问题。1955年1月21日,福州市区遭蒋机轰炸,烧毁民宅店屋4000多间,群情激愤。陈嘉庚闻讯即于22日致电周总理说:“(福州)因自来建屋概用木板,街巷密狭,横直无序,卫生不讲,每遇大患,多以千数,急功克复,仍用木板,危险长存,请电示省长,严令市民勿蹈旧习,须归市政重新计划,建合卫生砖屋,可转祸为福也。”同一电又致省委叶飞副主席。他的意见得到重视和采纳。

1956年3月,陈嘉庚撰写《厦门的将来》一文,分析厦门港的优越条件,论证厦门港的前途,必能后来居上。说广州、厦门是我们对东南亚贸易的重要门户,把厦门港建设起来,不是一市一省的利益,而是关系邻近十余省的利益。又说篔筜港(今东渡港区)一带最适合建码头,预计将来交通发达,船舶往来日常百艘集中在此。建设篔筜港必须保留其南北宽度,至少500米,把它挖深,使一两万吨的船舶可以靠岸为止;东西横长仍须保持6公里;北畔近山,可建大小船坞及工厂,南畔近市可建货仓及其他。他强调“建设的事业,只可从大处着想,不能以寻常的眼光恃作较量的尺度”。他还绘制了厦门嵩屿和篔筜港图纸4张,供有关方面参考。

1958年,陈嘉庚身患重病,但仍坚持参政议政,为集美、厦大办学和华侨博物院建院事宜日夜操劳,费尽心机。1960年2月病情发展,转往北京治疗。病重期间,心中仍惦记厦门人民吃水供水问题,4月22日,由自己口述,叶祖彬笔录整理,写成《厦门供水问题》一文。文中说:“不久,台湾必定解放,我国将取得五强合法地位,我国与亚洲、拉美等各国贸易的发展也是必然的。因此,厦门市区范围扩大,将来人口可达数百万,各种企业工厂,甫在萌芽,未来用水甚形广大,不但居民饮食洗用,而工厂需水用量更多,轮船出口每日百只,尤须充分供应。现在坂头水库恐不及十分之二,未知当局有无长远计划,如有者,水库拟建闽南何处?我意,若乏他处,则九龙江最为适宜。”

三、爱侨护侨　不遗余力

陈嘉庚被誉为“华侨旗帜”、“华侨领袖”，被推举为华侨首席代表，是因为他的一生，集中反映了华侨反对帝国主义、殖民主义，维护祖国独立，争取国家富强的愿望；是因为他为华侨树立了爱国爱乡、兴办教育的光辉榜样。不论他身处异国他乡，或定居国内；也不论在创业拼搏时期抑或被拥戴为华侨领袖之后，他的心总是和海外千百万侨胞连在一起。他身体力行，大兴实业，为华侨就业创造机会；大办侨校，为华侨子弟创造上学条件；时时处处竭力维护华侨正当权益，是我国近现代史上爱侨护侨的楷模。

早在 20 世纪 20 年代，陈嘉庚就在海外反对英属马来亚当局公卖鸦片，搜刮华侨脂膏。20 世纪 30 年初，又起而反对当地政府歧视华人的政策。抗战胜利后，陈嘉庚从南洋实际情况和华侨根本利益出发，认为华侨唯一出路是与当地人民友好相处，共同发展当地民族经济。华侨要做到与当地人民友好相处，首先华侨本身要同心协力加强团结，否则难以形成集体力量。为此，陈嘉庚曾以南侨总会名义发出战后第一个通告，劝告广大侨胞要“亲爱互助，协力同志，俾于两三年内克复前业，效力建国，实践侨民天职！”通告还明确指出：“对战时华侨生命财产损失，应由各处侨领从速组织调查委员会，呈请中外政府，要求追回原物，赔偿损失，严惩凶手，务期达到目的。”南侨总会的通告对战后华侨社会的安定团结起了促进作用。1945 年 12 月，南侨总会又发出通告第三号、第四号，登报征求敌寇占领期间对华侨所施暴行的有关材料，内容分军事、刑杀、贪污、奸淫、奸贼、损失、政治七项，汇编成《大战与南侨》一书。并针对当时华侨社会有人大唱团结高调，但却着意经营自己的帮派的情况在各报发表《我之华侨团结观》一文，主张“各帮学校应统一办理，各帮大小会馆及无数同宗会，亦须减少合并”，并提出了具体解决办法。

维护华侨社会声誉一向为陈嘉庚所关注。1948 年 3 月，前马来亚英军总司令白思华在伦敦发表了关于马来亚战役的报告书。为了掩盖其无耻投降劣迹，白思华竟然在报告书中夸大敌情，歪曲事实，嫁祸于人，从而激起华侨华人极大愤慨。为了澄清历史事实，陈嘉庚于当月公开发表《致英国陆军部备忘录》，列举七项当年史实痛斥白思华的错误言论，“要求做出忠实修正与道歉，否则华侨为说明马来亚战争真相，将另作报告书，以正视听”。

陈嘉庚回国定居后，作为华侨的首席代表，不负国人和侨胞重托，在新的领

导岗位上，积极参政议政，大胆直言，旗帜鲜明，不遗余力地维护华侨正当权益。

1950 年 5 月，他在全国政协一届二次会议上发言说："华侨在各地有 1000 多万人，或受殖民地政府苛待，或被当地民族排斥，损失惨况，不可胜计，海外孤儿告诉无门。自我中央人民政府成立，惟望早日建立外交关系，派出使领，以正常外交手续，予以切实保护。"他十分关注新中国第一部国家大法——《中华人民共和国宪法》的制定，当获悉宪法草案第 98 条规定"中华人民共和国保护华侨的正当权利和利益"时，倍感欣慰地说："宪法草案有这么一条，对于国外华侨就是很大的鼓舞。"后来，他又在《光明日报》发表重要谈话说："宪法草案明白规定，华侨同国内全体人民一样是国家的主人，华侨同国内人民一样都选出代表参加全国人民代表大会，行使人民拥有的国家最高权力。由此可见，祖国是何等重视、何等热爱她在国外的儿女。宪法草案对华侨的关怀和照顾用立法手续固定下来，这就更加巩固国外华侨的自信心，使他们更加团结，热爱祖国。"

经过友好协商谈判，我国与印度尼西亚共和国关于华侨双重国籍问题的条约，于 1955 年 5 月正式签订，陈嘉庚表示高兴和庆贺。他在 5 月 5 日的《厦门日报》上发表文章说："华侨是沟通我国人民与住在国人民团结友谊的桥梁。双重国籍问题合理解决了，在印度尼西亚的华侨，根据自愿，无论选择哪个国籍，我相信都会进一步加强彼此的友谊关系；同时，我也相信，任何国际问题只要双方赤诚相见，循着和平协商的途径，都会达到相互谅解和顺利解决。"

1956 年 9 月，国务院中侨委筹备成立中华全国归国华侨联合会(即全国侨联)，酝酿由陈嘉庚出任主席，这自然是众望所归，非他莫属。但他开始不肯接受，说："我回国不是来做官的！在新加坡的告别会上，我就再三声明，我回国的主要目的是帮助建设。"后经多方劝进，请"以国家民族利益为重，以鼓励华侨的爱国热情为重"，他才答应下来。全国侨联于 1956 年 10 月在北京成立，陈嘉庚被选为首届主席。他在开幕词中号召华侨积极参加祖国社会主义建设："华侨一向爱国爱乡，很愿意对祖国和家乡有所贡献，可是旧时代的中国，在国际上处于被压迫的地位，内政又非常腐败，那时候，华侨要在家乡安居也有困难，更谈不到建设祖国和家乡。到了新中国成立以后，情形就完全不同了。长期以来，华侨期望祖国强盛，现在这个愿望已经实现了。在这个伟大的祖国，华侨可以和全国人民一道，贡献自己的力量，参加建设事业，实现建设家乡的理想了。"他还说："当前归国华侨联合会应该更广泛地团结和组织归侨、侨眷和华侨，加强社会主义教育，进一步鼓励并帮助他们参加祖国建设事业。爱国侨胞对推动和平解放台湾

的事业，应该和祖国人民一道，担负起应负的责任。归国华侨联合会应该经常向有关部门反映侨情，积极提出建议，使以后的工作做得更好。”

全国侨联第一届委员会第一次会议全体代表

海外侨胞素来敬仰陈嘉庚的实事求是，敢于讲真话，不说假话的品德。他们身在异国他乡，受环境的限制，加上帝国主义和反动势力的造谣歪曲，不能真正了解祖国，但他们相信陈嘉庚，通过陈嘉庚的著作、文章、讲话、对外通信、会晤交谈等，了解新中国的面貌和各方面的成就及有关政策。陈嘉庚也善于听取和集中华侨对祖国的期望和要求，反映华侨的实际情况和问题，供党和政府在制定有关政策时参考。

像对第一故乡的祖国怀有深厚感情一样，陈嘉庚对第二故乡新加坡也一往情深，回国定居后，仍密切注视和关心着那里发生的各种事态。1956年，新加坡人民（主要是广大华侨华人）正热烈开展争取公民权运动。陈嘉庚在北京会见来访的新加坡中华总商会会长高德根时，非常赞同新加坡人民争取公民权运动，说“过去在殖民政府统治下的新加坡人民，除了英籍民外，其余都被当作外国人看待，即使已在新加坡居住数十年，也享受不到丝毫的公民权利。虽然如此，但他们仍然热心公益慈善福利事业，对当地社会尽其应尽的责任”。“现在你们新加坡即将自治独立，你们既已把新加坡作为永久居留的家乡，就要争取成为新加坡的公民，效忠新加坡，并要比过去在殖民主义者统治下的我们一辈，更加努力为你们的新国家效力。”高德根认为陈嘉庚讲得非常通情达理，盛赞陈嘉庚是“走在

时代前列的人，实在不愧为一个伟大的先知先觉者”。1959 年 6 月，新加坡市议会举行选举，在 54 个议席中，人民行动党获得 43 个议席，取得了胜利。该党执政后，宣布新加坡脱离马来亚，实行自治，李光耀担任总理。第二故乡人民反对殖民主义统治、争取独立自主斗争的胜利，使陈嘉庚格外兴奋。他写了一封信给李光耀表示祝贺，信中说：“闻这次新加坡独立选举，贵党几为全坡人民拥护者，这为各处选举所罕有而光荣也。且甫就职宣布政策，公务员要勤俭廉洁，以身作则，对社会务善去恶，贫苦人民设法改良生活，有立即实行者，有须俟将来者，我闻讯之下欣庆无任。诸君素志怀抱，今日政权在握，目的可达，足以实施有为，公私幸福必能达到也。我自来未入何党，惟善恶必分而已。昔年往延安见其政治对民众措施，如现贵党一样爱民如子，这不外务善去恶二字而已。稍有常识者多能了解，无所谓眼光与何党派，而知其终必能成功胜利也。”

1959 年，印尼发生大规模排华暴行，华侨生命财产损失惨重。陈嘉庚对此表示极大的愤慨和痛心。他在全国侨联一届四次会议上，首先回顾了华侨和印尼人民友好相处的悠久历史，指出华侨对印尼做出过不可磨灭的贡献，“但是，现在印度尼西亚的一些别有用心的势力，却以怨报德，公然把华侨当作敌对国家的侨民看待，对他们进行惨无人道的迫害，这完全是一种忘恩负义的行为。我们伟大的祖国是海外华侨最有力的靠山。我国政府和人民对于在印度尼西亚遭到非人道的待遇的侨胞特别关切。我们热烈欢迎一切要求回国的侨胞重返祖国的怀抱”。在祖国政府和人民有力声援下，许多印尼华侨相继回到祖国并得到妥善安置，在各地安居乐业，这也是对反华逆流的有力反击。

1959 年 5 月 14 日厦门华侨博物院开幕

1956 年，陈嘉庚经与厦门大学人类博物馆馆长林惠祥教授反复磋商，发起创办华侨博物院，自捐 10 万元。9 月 20 日，由秘书代笔写《倡办华侨博物院缘起》，铅印广为寄发。他说：“博物馆作为一种文化教育机构，与图书馆、学校同样重要，但方式直观，作用更为广泛。”“华侨在国外常见博物馆，回到国内却不多见，对祖国难免发生相形见绌之感。”因此建议在华侨出入的重要港口厦门设博物馆，并拟招厦门大学人类博物馆加入，名为“华侨博物院”，不冠以厦门地名。因为华侨热爱祖国的文物，来源不限于一地；配合教学、科研的机构其本身就带有全国性；它向国内人民介绍南洋情况，向华侨开放，帮助他们发展海外华侨的文教事业，在其属下还要设立若干个馆，所以称其为“院”。他还呼吁国内外华侨踊跃捐献文物。

四、关心台湾　心系统一

台湾问题涉及国家主权和领土完整，关系国家统一和民族安危，在陈嘉庚的心目中占据重要的位置。陈嘉庚在建设鳌园时，特地请人在纪念碑前的石壁上刻下《世界地图》、《中国地图》、《福建省地图》和《台湾省全图》等，并亲自撰写《台湾史略》，勒石为记。《台湾史略》写道：“台湾为我国东南一大岛，唐宋闽粤人民逐渐移植，构成该岛大部分之居民。明季曾被荷兰侵占，后郑成功起兵逐之，自是人民移植者益众。清初收隶福建，清季改省。甲午战败，全岛沦为日属，被凌轹者五十年。第二次世界大战结束，依开罗宣言与波茨坦公告，台湾归还中国。解放胜利后一时为美帝国主义支持下之蒋匪帮所窃据，不久终归剪灭，回复领土完整。”这表明了他对祖国统一大业的信心和期待。

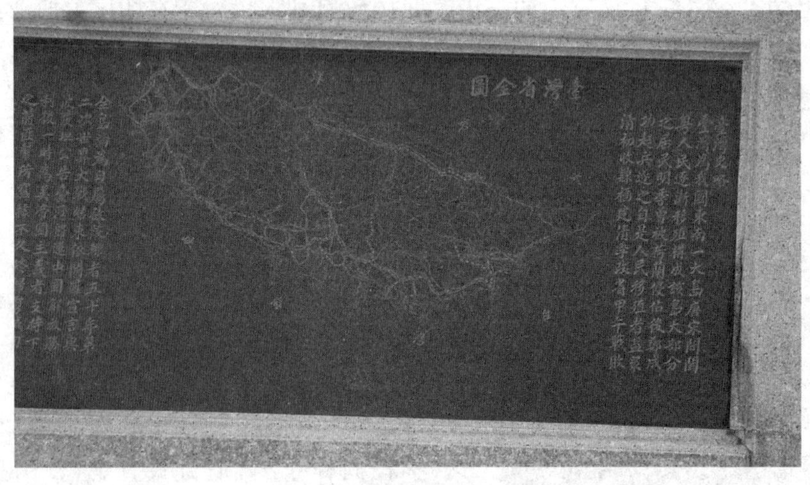

台湾省全图

1950年6月27日,美帝国主义悍然派出第十三航空队和第七舰队进驻台湾海峡,粗暴干涉我内政,严重侵犯我主权,妄图阻挠我解放台湾。周恩来立即发表声明,严厉谴责美国侵略行径。指出:“台湾是中国神圣不可侵犯的领土,决不容许美国侵占,也决不容许交给联合国托管。解放台湾是中国的主权和内政,决不容许他国干涉。”7月4日,陈嘉庚对《福建日报》记者发表谈话,坚决拥护周总理的严正声明,并义正词严地指出:“台湾是中国的领土,中国人民执行其解放台湾的任务,这是天经地义的事,中国人民有权这样做,绝不容外国干涉!”同时,他还号召海外华侨进一步团结起来,反对美帝干涉,支援解放台湾。

1954年8月23日,全国各党派各人民团体发表解放台湾联合宣言。陈嘉庚立即响应宣言号召,并于9月28日对《光明日报》记者发表谈话。他针对西方有些别有用心的人散布所谓“台湾归属未定”谬论,从历史上反复论证台湾自古以来就是中国的领土。他说:“台湾是中国的领土,解放台湾是我们的内政问题,任何人都不能否认这铁一般的事实。从远一点看,台湾的开发和明朝的郑成功有很大的关系,郑成功是福建南安县人,由于他带了许多福建同乡渡海去建设他的根据地,台湾的建设才得以逐步发展。从近一点看,当日本帝国主义侵占台湾以前,台湾曾属福建省,台湾和福建的关系有如唇齿之相依,福建漳泉地区的老百姓,几乎家家户户都有亲人去台湾谋生,海峡里的闽台航船,来来往往,不绝于道。如果说台湾不是中国的领土,有谁相信么?全中国人民都关心台湾的解放,闽南人尤其关心台湾的解放,因为台湾同胞当中,很多是他们的血亲。”

1956年初,国务院总理兼全国政协主席周恩来在全国政协二届二次会议上,首次公开发出和平解放台湾的号召。陈嘉庚当即在会上发言,表示拥护周恩来的号召。他说:“这个号召很快就会深入到台湾人民的心坎,800万台湾人民之中有将近600万人是闽南人,他们说的话和我现在讲的话一样,是厦门语系的话。他们有很多是当时追随民族英雄郑成功到台湾去的后代,他们在那里反抗过清朝的统治,也抵抗过日本殖民统治者。他们还有不少人是在台湾有家,在闽南也有家的。几年来由于美帝国主义霸占台湾和蒋介石卖国集团的统治,使他们父子兄弟之间未能团聚或互相来往,过着痛苦的生活。当他们听到周恩来主席对他们的关怀和号召,一定会感到无比的温暖和兴奋。”接着,他列举祖国和家乡近年来快速发展的事实,号召台湾同胞和国民党人员回到祖国怀抱。他说:“祖国建设的成就是这样辉煌,家乡面貌的改变是这样巨大,福建铁路很快就要通车了,火车要一直开到厦门市,他们一定会非常振奋。在这里我要告诉在台湾

的国民党人员，福建人民对你们勾结美帝国主义，奴役台湾同胞的罪行是痛恨的，但是只要你们响应周主席的号召，幡然改悔，走和平解放台湾的道路，使台湾同胞回到祖国怀抱，福建人民也将和全国人民一样宽大对待你们，不咎既往。”

同年10月5日，陈嘉庚在中华全国归国华侨联合会成立大会的开幕词中，再次号召海外国民党人员为和平解放台湾而努力。他说：“当我们为祖国的日益强盛而感到自豪的时候，我们不能忘记台湾还在外国势力控制之下。台湾是中国的领土，中国人民一定要解放台湾！”他还说：“海外的国民党人，比较老一辈的很多和我们一同参加过孙中山先生领导的同盟会，在抗日战争时期，我们又曾密切合作，为筹款抗日而共同努力，他们本来也期望祖国强盛，但其中一部分因为目前对祖国的真相不够了解，所以对祖国采取了怀疑或者对立的态度。我们希望他们回到爱国的行列来，共同推动和平解放台湾的事业！如果他们对祖国还有怀疑，可以回来考察。他们回来，我们当竭诚欢迎；他们要再出国，我们当以礼相送。”为了和平统一祖国，陈嘉庚一再以老同盟会员身份，热切希望海外国民党人以国家民族大义为重，在新的历史条件下，实现国共再次合作，共创华夏历史新篇章。

1958年9月8日，陈嘉庚在《人民日报》发表题为《华侨决心为解放台湾贡献力量》的书面谈话。在此之前，他还召集北京归侨举行座谈会，讨论华侨如何广交朋友，扩大爱国大团结，为和平解放台湾多做贡献。

1961年陈嘉庚病重，弥留之际对祖国统一大业仍念念不忘，留下了“台湾必须归中国”的遗愿！

五、临终遗嘱　身后哀荣

1958年1月间，陈嘉庚发现右额眼眶上隆起一粒肿瘤，经诊断是鳞状上皮癌，立即到上海华东医院治疗；2月，转到北京治疗。6月，病势转危，不能起床。经过治疗，病情得以控制，出院高高兴兴回集美。1960年2月，因多次发生脑血管痉挛，并伴有点状眼出血，决定往北京治病。2月14日，离开集美，因头痛厉害，分别在福州、上海稍作逗留。17日，到达北京。18日，由卫生部约请天津、北京的脑系科、眼科、肿瘤科专家对陈嘉庚会诊。经十多天治疗，病情减轻，行动自如，精神也好。当时，第二子陈厥祥夫妇从香港赶来守候。3月，出现脑溢血，病情严重，曾与庄明理谈了一些往事，也谈了他身后的若干问题：“一、自己身后的事，死后不要火化，希望运回集美安葬。二、人总要死，死不要紧，最要紧是国家

前途。中国有两派,旧的一派是国民党,这一派很坏;新的一派是共产党,她领导全国人民建设社会主义。人都有一死,早死晚死不要紧,最要紧是国家。国民党过去做尽坏事,他们逃到台湾去了,那些人一生自私自利,假公行私,现在还在捣乱。我们必须尽早解放台湾,台湾必须归中国。三、集美学校一定要继续办下去。香港集友银行是集美学校的校产,每年都有股息和汇利。厦门、上海两所集友银行,也是校产,它们赚钱不多,只要不亏本就可以。学校要继续办下去。"当时随侍在旁的有陈嘉庚的第八子陈国怀和孙儿陈联辉及集美学校委员会建筑部主任叶祖彬、陈嘉庚的警卫员林和成。周总理和彭真副委员长得知陈嘉庚病况突变,先后赶来探视,并关切地询问:嘉庚老人病变前有什么交代?庄明理等人即将陈嘉庚交代的三件事向总理汇报。周总理指示:第一,应按嘉老的意愿办理。第二,解放台湾是全国人民包括台湾同胞、爱国侨胞的共同愿望。嘉老关心台湾回归祖国,他的爱国精神给广大华侨树立良好榜样。他的愿望一定会实现。嘉老如醒过来,请告诉他,台湾回归祖国一定要实现,请他放心。第三,集美学校一定照嘉老的意见继续办下去,一定要把它办得更好,请他放心。

1961 年 8 月 12 日零时十五分,陈嘉庚在北京医院逝世,享年 87 岁。当天,北京各大报纸登出了陈嘉庚逝世消息和治丧委员会的讣告。"陈嘉庚先生治丧委员会"以周恩来为主任委员,委员包括方方、王汉杰、王雨亭、王亚南、王源兴、尤扬祖、叶飞、叶振汉、朱德、包尔汉、李维汉、李任江、李文陵、庄希泉、庄明理、陈毅、陈叔通、陈其尤、陈丕显、陈其瑗、陈绍宽、沈钧儒、何香凝、金仲华、柯庆施、胡愈之、徐冰、陶铸、连贯、张鼎丞、张苏、张楚琨、梁灵光、彭真、黄炎培、黄长水、黄钦书、杨秀峰、廖承志、蔡廷锴、蚁美厚。8 月 14 日,遗体入殓,周恩来总理等领导人参加入殓仪式。接着,首都各界人士 3000 多人前往吊唁。毛泽东主席、朱德委员长、宋庆龄副主席、董必武副主席等党和国家领导人都送了花圈。

8 月 15 日上午,首都各界举行公祭陈嘉庚大会,有 2000 多人出席。主祭人是周恩来总理,陪祭人有朱德委员长、陈毅副总理等 13 人。华侨事务委员会主任廖承志致悼词。

公祭结束后起灵,由周恩来总理、朱德委员长领先执绋,在哀乐声中护送灵柩上灵车,然后用专列载往厦门。专列经过天津、济南、南京、上海、杭州、鹰潭和永安时,当地党政部门和侨联负责人,都到车站献花圈致祭。

8 月 20 日下午,运载灵柩的专列抵达集美,由中共福建省委书记林一心、副省长梁灵光及从北京护送灵柩南来的侨务委员会副主任庄希泉等领先执绋,将

周恩来、朱德等党和国家领导人为陈嘉庚执绋起灵

灵柩送到鳌园墓地，十八时举行下葬仪式。集美师生和各界人士近万人，怀着悲痛的心情与这位爱国老人告别。陈嘉庚先生安息了，但他自尊、自爱、自强、追求真理、追求进步，为使中华民族振兴、立足于世界先进民族之林而牺牲毕生财力、心力的精神却永远活在人们心中。

陈嘉庚逝世之后，除福建省各地外，北京、上海、广州、南宁、武汉、长沙、开封、西安、保定、无锡、旅大、潮安、普宁、海口等许多城市的归侨、侨眷和各界代表，也分别集会追悼。在海外，新加坡、印尼、缅甸等地，也都举行追悼大会。新加坡中华总商会联合各界于 9 月 10 日举行隆重大会，追悼这位不平凡的老人，参加者近一万人。

斯人已逝，风范长存！

第五章 嘉庚精神 万世流芳

陈嘉庚一生开拓实业、倾资办学、团结抗战、赤诚爱国,他的高尚情操、优秀品质、伟大精神赢得党和国家领导人、中外名人学者、学会团体等的高度评价和广泛赞誉。陈嘉庚的一生贯穿着爱国主义的一条红线,他的精神是对中华民族精神的弘扬和发展,是中华民族精神的生动体现。

一、中外评论陈嘉庚

1. 陈嘉庚生前的有关评论

1919 年黄炎培先生在《陈嘉庚毁家兴学记》中写到,陈嘉庚"心力强毅而锐敏,不苟言笑,利害烛于几先,计划定于倾顷;临事不惊,功成不居;严于处物,而宽于处人","君之散财,非为名高,非为情感,盖卓然有主旨如此"。

1927 年德国人 Dr Bleom 所著《中国之"司丁列思"(Stinnes)——名闻海外之陈君嘉庚》(林选青译)一文中写到:"于此可见陈君不独是一大实业家也,亦是一大商业家也。陈君资产既如此富,才能又如是之大,而其勤劳治事,又非常人可比。"陈君"为人如此,可钦可羡,实世上之难得者也!"

1938 年周恩来在武汉国民政府军事委员会政治部工作期间,曾和一道工作的同志说过:"陈嘉庚先生早年参加同盟会,赞成'恢复中华,创立民国'的宗旨。别人做不到的,他做到了,倾资兴学就是其爱国主义的最为难能可贵的表现。"1941 年秋天,周恩来又一次谈到陈嘉庚:"嘉庚先生的兴学精神,永远要受到尊重和爱护。""嘉庚先生铮铮铁骨、刚正不阿的高贵品质,同样闪烁着民族的光辉。"1949 年 6 月,周恩来在会见陈嘉庚时说:"嘉庚先生十年来为抗日所做的贡献、所受的磨难我是知道的,中国共产党和中国人民也是不会忘记的。"

1945 年 10 月,陈嘉庚学会在香港设立,次年香港分会出版了刊物"嘉庚风",这"风"字代表陈嘉庚的风格和做人的态度,甚至可以说是陈嘉庚的人生观或人生哲学。叶采真(即叶渊)写《我所认识的陈嘉庚》,从人格、事功、志趣三个方面评价歌颂陈嘉庚,说他坚定地树立了正确的人生观、世界观。所以,"他对于义务的竞争始终如一，奉献毕生，文明精神确实难能可贵”。

1945年11月，重庆市各界500多人联合举行“陈嘉庚安全庆祝大会”。大会向陈嘉庚的致敬电中写道：“暴敌投降，公莅星岛，消息传来，万众欢腾。顷由十团体发起庆祝大会，本月十八日举行，贺辞满壁，到者盈门，会上公决，奉电致敬。祝公康强，为国宣力，和平永奠，端赖老成。盼赋归欤，群情所企，海天万里，无任神驰。”毛泽东同志送来条幅“华侨旗帜，民族光辉”；周恩来和王若飞祝词“为民族解放尽最大努力，为团结抗战受无限苦辛，诽言不能伤，威武不能屈，庆安全健在，再为民请命！”这可谓是中共第一代领导人对陈嘉庚最有代表性的高度评价。大会主席邵力子先生发言：“陈先生的一生就是兴实业、办教育、勤劳国事，言人之所不敢言，为人之所不敢为。”黄炎培说：“发了财的人，而肯全拿出来的，只有陈先生。”冯玉祥贺诗：“陈先生，即嘉庚，对人好，谋国忠，一言一动皆大公，闻已返旧居，远道得讯喜难名。”郭沫若代表文协发言：“陈先生是诚实公正的人，能为老百姓多说几句诚实公正的话。我们人民要求安居乐业。水够深，火够热，我们决不容许再使水加深，再使火加热。陈先生现在是受着各方面人士庆祝他个人的安全，同时陈先生正在忧虑全国人民的安全！我以良心来庆祝他的健康，庆祝全中国人民自己免掉内战的健康！”

2. 陈嘉庚逝世后的有关评论

1961年8月12日，陈嘉庚在北京病逝。8月15日，首都各界代表2000多人举行隆重的公祭，主祭人即“陈嘉庚先生治丧委员会”主任委员周恩来。华侨事务委员会主任廖承志致悼词说：“陈嘉庚先生是华侨的领袖人物，是一个爱国爱乡，热心公益教育事业的爱国老人……”廖承志在《华侨旗帜，民族光辉》悼念文章中也写道：“嘉庚先生有高尚的品质，崇高的民族气节。他持正不阿，明辨是非，嫉恶若仇，不断进步。他是华侨大工商业家，但他从不贪图个人享受，无论在海外，在国内，他的个人生活是俭朴的。”文中还说，海外华侨世代相传，有不少的优良传统，陈嘉庚是兼而有之，并且加以发扬光大，所以他成为华侨的领袖人物决非偶然。

国务院副总理陈毅在吊唁中说：“陈嘉庚是一个有骨气的中国人，作为一个华侨来说，他是杰出的爱国主义者，追随革命，善始善终，这些是值得后人学习的。”全国人大副委员长何香凝题词：“华侨爱国爱乡，热心教育事业的楷模。”全国侨联副主席方方写了一段悼词：“嘉庚陈公，爱国可风；坚持正义，贯彻始终。理有未彻，追求靡穷；日进月新，真理是从。兴学育才，不懈不松；夙兴夜寐，克己

奉公。台湾未复，念念在衷；遗嘱重申，中华一统。美帝必亡，世界大同；懿欤陈公！声若洪钟。……”全国人大副委员长、政协副主席陈叔通也写了挽诗：“八十八年如一日，赤心爱国不求知，与人肝胆能相见，风义平生最可师。元凶窃国务诛除，抗日声中义愤摅，解放归来遵领导，陈词意态自安舒。……”中国民主建国会主任委员黄炎培在《我所敬佩的陈嘉庚先生》悼文中说：“我所认识的不少资本家，尽管是‘民族资本家’，很少像陈嘉庚先生尽其所入归公，一点不留私有。我愿再说一遍：陈嘉庚先生是我几十年间最敬佩的朋友中间的一个。”

新加坡中华总商会联合各界追悼陈嘉庚

1961年9月10日，新加坡中华总商会联合各界追悼陈嘉庚，有300多个单位的代表和各界人士近万人参加。会场的正中悬挂着陈嘉庚的遗像，上方写着“万世流芳”四大字，两旁悬挂挽联：（右）“前半生兴学，后半生纾难。”（左）“是一代正气，亦一代完人。”中华总商会会长高德根致悼词说：“陈先生的丰功伟绩，其光辉将照耀千古。他的精神人格，将垂为后人典范楷模。他一生表现了完整无疵的崇高人格，到处受人敬爱钦仰，奉为表率。”我们追念陈嘉庚的丰功伟绩，“更重要的，是要表扬陈先生那种忘我为人的仁爱襟怀，明辨是非的强烈正义感，毁家兴学的伟大牺牲精神。”

黄奕欢在报告陈嘉庚生平事迹后说：“天下不少人的地位声誉，建筑在财富

的基础上。一旦情况变化，财富丧失，地位与声誉也跟着丧失。嘉庚先生生平所作所为，显然也和财富有关，但当他财富丧失之后，他的地位、声誉和事功，反而日隆一日，可见除了财富以外，他还拥有更重要更伟大的精神力量。而且他生平所得来的财富，是那么毫无保留地献给大众，使'陈嘉庚'三个字的涵义，成为'博爱'与'牺牲'的涵义。""他真正疾恶如仇，他真正大公无私。他既不同于只求个人成功不计他人祸福者，更不同于伪善取巧欺世盗名者。"这些评价相当精辟准确。

追悼会会场还挂着陈嘉庚生前知交、戚友及社团的挽联近百副，其中有："为民纾难同心同力齐奋斗，毁家兴学立功立德永辉煌。""数十年为慈善，为教育，出钱出力，伟大精神垂宇宙；亿万代感宏恩，感仁德，铭史铭碑，辉煌功绩耀鳌园。""生为人杰，死作神明，遗爱遍南荒，异代应来寻故迹；义薄云天，名垂宇宙，招魂同北望，哭公何止是私情。"

在印尼、缅甸、香港、澳门等地各界追悼会，也有许多挽联和挽词，例如："谋国爱乡，华侨先导；毁家兴学，千古一人。""业创星马，望重南天，半辈经营成巨子；校开美厦，名闻中外，一生正义是完人。""热爱国家，荣名垂后世；振兴文教，功业足千秋。"等等。

3. 改革开放以后的有关评论

党和国家领导人的题词评论。1981 年中共中央总书记胡耀邦在庆祝中国共产党成立 60 周年大会上，肯定了陈嘉庚是"对中国人民革命胜利做出重要贡献的著名爱国人士"。1983 年 10 月，国家主席李先念到集美学村视察并题词曰："学习陈嘉庚先生为发展祖国教育事业而奋斗的精神。"1984 年，邓小平同志来到集美学村视察，为陈嘉庚先生诞辰 110 周年纪念画册题写书名"华侨旗帜 民族光辉 陈嘉庚"。在全国政协举行的首都各界纪念陈嘉庚诞辰 110 周年的集会上，国家副主席乌兰夫发表讲话，赞扬在陈嘉庚身上"集中地体现了华侨爱国爱乡的光荣传统，他紧紧地把个人命运和祖国命运结合在一起，为中华民族解放事业和中国人民革命胜利做出了重大贡献，赢得了全国人民和广大侨胞的尊敬。他的历史功绩是不可磨灭的！"同年 11 月 30 日，全国政协主席邓颖超在参观集美学村后说："中国出了个陈嘉庚，足以自豪。他热爱祖国，胸怀世界，真是华侨旗帜。"

1990 年 11 月，中共中央政治局常委、书记处书记李瑞环在厦大举行的"陈嘉庚奖第三次颁奖暨'陈嘉庚星'命名大会"上讲道："陈嘉庚先生对中华民族充

華僑旗幟 民族光輝
陳嘉庚

1984 年邓小平同志为陈嘉庚先生诞辰 110 周年题词

满了深情挚爱，为中华民族的振兴做出了终身奉献……”1993 年 9 月，全国人大委员长乔石为集美学校 80 周年校庆题词：“弘扬嘉庚先生伟大的爱国主义精神，促进经济腾飞、教育发达和祖国统一大业。”

1994 年 6 月，中共中央总书记、国家主席江泽民视察厦门时说：“陈嘉庚先生报效祖国的赤子之心令人敬佩，他热心教育令人称颂、敬仰，厦门人民、福建人民、全国人民都应该怀念他，学习他。”他还指出：“要发扬陈嘉庚先生爱国精神、重视教育的思想，努力办好教育，加快人才培养。”为纪念陈嘉庚先生诞辰 120 周年，江泽民同志又题词：“弘扬嘉庚爱国精神，振兴中华教育事业。”国务院总理李鹏题词：“爱国爱乡，兴教兴学。”

1994 年 10 月 20 日，国务院副总理李岚清在福建省暨厦门市纪念陈嘉庚先生诞辰 120 周年大会上讲话，在转达江泽民和李鹏的上述题词后，对陈嘉庚作了崇高评价：“陈嘉庚的名字是同中国近代华侨史、教育史密切地联系在一起的。他的一生是爱国爱乡、兴教兴学、服务社会、造福人类的一生。在半个世纪的奋斗生涯中，他为民族的独立、解放和祖国的统一、富强，特别是为发展教育事业和振兴中华，做出了卓越的贡献。他为祖国和人民留下了光辉的业绩和陈嘉庚精神，赢得了全国人民、海外华侨的尊敬和爱戴，为人民树立了学习的榜样。”“陈嘉庚的一生紧跟时代步伐，矢志追求真理，把热爱祖国、热爱中国共产党和热爱社会主义统一起来，形成了陈嘉庚先生伟大的爱国主义精神。”他还讲到陈嘉庚“兴

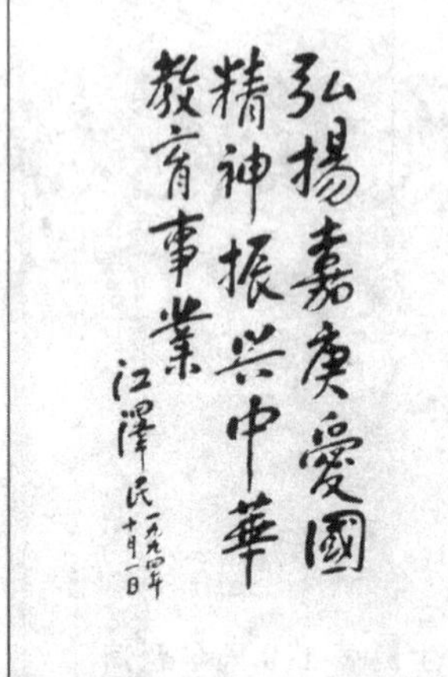

江泽民总书记题词

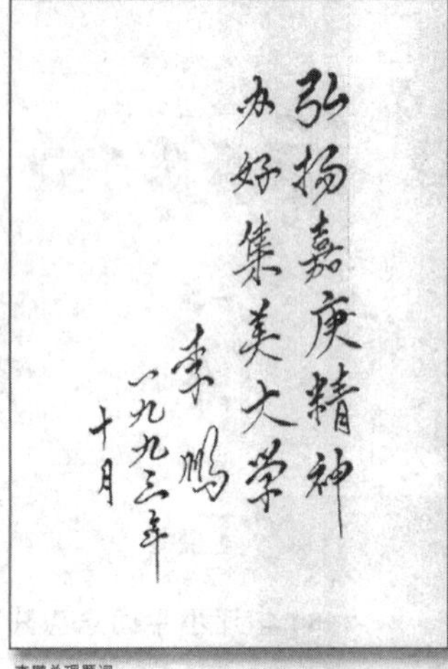

李鹏总理题词

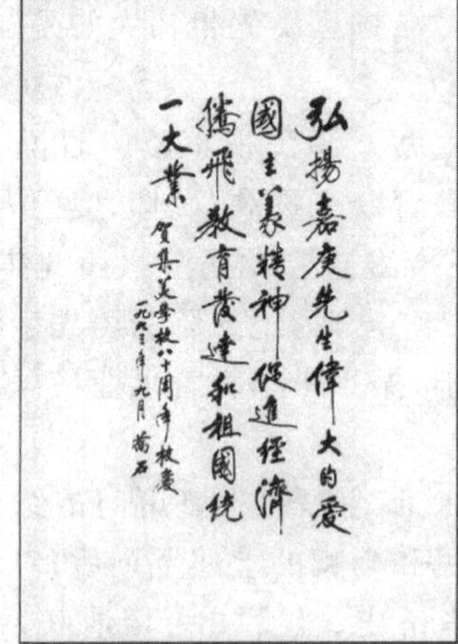

乔石委员长题词

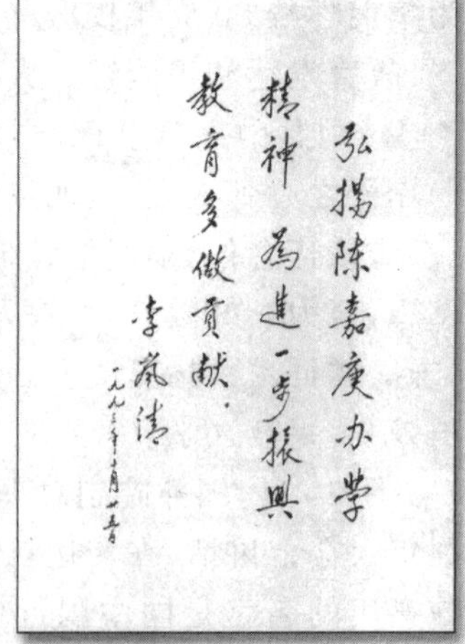

李岚清副总理题词

江泽民、李鹏、乔石、李岚清题词

教兴学是他爱国爱乡的生动体现，爱国爱乡是他兴教兴学的力量源泉”。“他把一生积累用于教育，充分表现出陈嘉庚先生牺牲小我，成就大我，倾其心血，矢志教育的崇高品德……”

2003 年李岚清接受记者采访时又强调：“陈嘉庚先生是当之无愧的爱国侨

领，他为祖国的教育事业倾注了全部精力和家产，堪称捐资办学和助学的楷模，我们应当永远尊敬他、缅怀他和纪念他。恢复他创办集美学村的办学理念，一定要把集美大学办好办出成效，这是我多年来关注该校的出发点，否则我们如何对得起他老人家的在天之灵！”

2010 年 7 月，国务院总理温家宝在全国教育工作会议上说：“我们的企业家和社会各界，都要关心教育事业，把支持教育事业作为自己光荣的社会责任，办教育不以赢利为目的。在这方面，爱国华侨陈嘉庚先生就是杰出的榜样。”

2014 年 10 月 17 日，中共中央总书记、国家主席习近平总书记在给厦门集美校友总会回信中指出：“陈嘉庚先生是‘华侨旗帜、民族光辉’。我曾长期在福建工作，对陈嘉庚先生为祖国特别是为家乡福建作出的贡献有切身感受。他爱国兴学，投身救亡斗争，推动华侨团结，争取民族解放，是侨界的一代领袖和楷模。他艰苦创业、自强不息的精神，以国家为重、以民族为重的品格，关心祖国建设、倾心教育事业的诚心，永远值得学习。实现中华民族伟大复兴，是海内外中华儿女的共同心愿，也是陈嘉庚先生等前辈先人的毕生追求。希望广大华侨华人弘扬‘嘉庚精神’，深怀爱国之情，坚守报国之志，同祖国人民一道不懈奋斗，共圆民族复兴之梦。”

研究论著和回忆文章对陈嘉庚的评论。关于陈嘉庚和陈嘉庚精神的研究论文、著作、讲话等文献成百上千，硕果累累，限于篇幅，这里只能摘录若干评论。

陈碧笙、杨国桢合著的《陈嘉庚传》写到，“陈嘉庚是当代华侨最杰出的领袖，是华侨史上划时代的人物”；“他不仅是一个著名的企业家、慈善家、兴学家和社会改革家，而且还是一个杰出的政治家”；“他是华侨史上第一个把东南亚各地华侨组织在一个统一的团体之内的领袖人物”；他也“是华侨史上第一个勇敢地站出来捍卫华侨利益的领袖人物”；他还“是华侨史上第一个把东南亚华侨利益与祖国命运密切联结在一起的领袖人物”，可以说他是“孙中山以后中国现代民族资产阶级的一位杰出的代表人物”。

作为陈嘉庚生前好友、全国政协委员、侨联顾问张楚琨在《陈嘉庚光辉的一生》文中，以“华侨史上有一个光辉的名字，永远铭刻在千百万华侨的心里，受到祖国人民的尊敬和怀念”开头，说这名字和“倾资办学”、“爱国爱乡”、“诚毅”、“坚持正义”等词联在一起。文中说：“陈嘉庚就是这样敢怒敢骂、敢斗争、敢除恶务尽，表现了他的民族气节。”

曾任南侨总会委员的黄奕欢写《赤子丹心照汗青》，讲陈嘉庚“是 20 世纪初

期新马华侨社会的杰出领袖，也是全南洋华侨的主要领导人”。“他的当仁不让、鞠躬尽瘁的爱国精神，以及他的敢言、敢怒、敢做的作风，获得绝大多数侨领的拥护与支持……他的伟大的爱国精神，成为当时及后世的楷模。”黄奕欢认为陈嘉庚能以身作则、贯彻始终、大公无私；“他的所作所为，一依是否合理，是否合义，是否符合大众的要求为权衡，不含私念在内。他的疾恶好善，严辨忠奸，正如他自己说的，是出于‘爱国天性’。他‘倾家兴学’，也不忘为国家、民族的存亡大声疾呼……他的牺牲精神，是常人难以企及的”。

曾掩护陈嘉庚避难印尼爪哇的黄丹季，在《疾风知劲草》的回忆文章中，说他有幸与陈嘉庚生活在一起(三年多的避难生涯)，“感受到严父般的教导，慈母般的温馨”。他由衷地感受到：“嘉庚先生非凡地深悟‘诚’和‘毅’两字真诠，他的高贵品德，一生事迹，都是由这两字真诠的发挥。他的嘉德懿行，书之不尽，他的令名，将永垂史册！”

王增炳、骆怀东在《教育事业家陈嘉庚》书中认为陈嘉庚办学的成绩是巨大的，“他的教育思想具有其独特之处，他办学的特点与经验，是值得认真总结的”，“他完全可以作为‘中国现代教育家’载入史册而当之无愧”。

1994 年 6 月，中国扶贫基金会会长项南在《回忆陈嘉庚》一书序言中说：“陈嘉庚一生对中华民族和南洋各族作出的贡献，是巨大的，是跨越国界和跨越世纪的。”他认为“陈嘉庚最大的精神力量，还在于他不信鬼，不信邪，昂然挺立，不向任何黑暗势力低头。即使他的对手比他强过多少倍，他也要为正义斗争到底”。不管是对英国、荷兰，还是对日本、国民党当局都是如此。因此“从他身上迸发出来的这股伟大的精神力量，是我们民族取之不尽的精神财富。他受到国内外广大人民的无比崇敬，是当之无愧的”。

中科院院士、农工民主党主席、全国人大副委员长卢嘉锡在《我所认识的陈嘉庚》回忆文章中，充满着对陈嘉庚的钦佩和敬重，认为“他是一位永远值得后世怀念和学习的典范人物”。卢嘉锡指出：“爱祖国，重气节，倾资兴学，不图名利，自奉俭朴，一切以国家和民族的利益为根据、为依归……这一切并不带任何‘新潮味’，却是臻于极境的懿德嘉行，是陈嘉庚留给下一代的极可宝贵的精神财富，它将永远垂范后世，永放光芒！”

1999 年 6 月，福建省委书记陈明义为雷克啸编著的《陈嘉庚精神》一书作序，他在序言中写着：“陈嘉庚先生几十年如一日，爱国爱乡，疾恶如仇，倾资兴学，无私奉献，舍万贯家资而真诚无悔，历百般波折而矢志不渝，为祖国、为人民、

为华侨社会、为中华民族做出了不可磨灭的贡献。""陈嘉庚先生为国家和民族鞠躬尽瘁，死而后已，其爱国之心、报国之行赢得了世人的敬仰。"陈嘉庚既为一代楷模，也是时代先驱。

新加坡作家吴体仁所著《殖产橡胶拓荒人》，讲陈嘉庚1937年后"既出力，又出钱，战时的困心衡虑，忧勤谋国，比较过去平时，劳苦更甚"。1945年日敌投降后，陈嘉庚"办报社以张大义，伸公论，辟邪恶，正视听……且针砭败政，笔伐口诛，威于斧钺，真是姜性其人，越老越辣！"

澳大利亚学者杨进发对陈嘉庚的研究较长久，成果颇丰。他以《评论陈嘉庚》一文作为《陈嘉庚研究文集》一书的结束，他高度概括了"陈嘉庚的一生，给人以多面化的形象：一位自强不息的工业与企业家；一位高瞻远瞩、不耻下问的社会改革者；一位因公忘私、倾家兴学的教育先驱；一位严峻的家长、慈祥的族长；一位敢怒、敢言、敢想、敢做、敢当的社会与政治人物"。一言以蔽之，陈嘉庚"是东南亚近代史上的一位工业与企业家、社会改革家、教育与慈善家，一位有深远影响力的社会领袖与政治的门内汉。他既是华族社会中的传奇人物，也是亚洲近代史上的一位传奇人物"。

陈嘉庚国际学会发起人、诺贝尔奖获得者杨振宁认为"陈嘉庚先生是一个了不起的人物……在中国的历史上，这样子努力倾资兴学，应该是从陈嘉庚先生开始的"。

香港大学校长王赓武认为："在中国近代史上，东南亚华侨史上，甚至是亚洲近代史上，陈嘉庚是一位杰出的社会和政治领导人。""他付出毕生精力，倾尽个人财富，在中国和海外发展教育，培养人才，为推动社会的文明进步，做出了巨大牺牲和卓越的贡献。在人类历史上，这是极少有的人物。"

二、陈嘉庚精神的内涵

随着人们对陈嘉庚事迹了解的加深，陈嘉庚威望的提高和影响的扩大，成为一位备受海内外人士敬仰的人物，"陈嘉庚精神"的提出与探究就成为必然了。

1. 陈嘉庚精神的提出

根据厦门大学朱立文研究员的认真考证，"陈嘉庚精神（或嘉庚精神）"的出现，有文字记载的最早是1940年11月9日厦大校友会在长汀编印的《厦大通讯》（第2卷第9、10期），厦大师生欢迎陈嘉庚率"南洋华侨回国慰劳视察团"至长汀之时，出版"欢迎陈嘉庚先生专号"，内刊有何励生题名"嘉庚精神"的文章，

指出'嘉庚精神'就是我们的精神，我们非但应该随时记住效法而已，并且应该发扬光大！

1983年10月20日，《厦门大学》校刊为庆祝集美学校七十周年校庆，发表题为"大力发扬'嘉庚精神'"的评论员文章，指出"陈嘉庚先生之所以为后人所敬仰，被誉为'华侨旗帜，民族光辉'，是因为陈先生以他一生的伟大实践，造就了可贵的'嘉庚精神'"。1985年《集美校友》(总26期)发表邓远佤撰写的《学习"嘉庚精神"的感受——纪念陈嘉庚创办水产航海学校65周年》一文。1989年起，集美陈嘉庚研究会会刊陆续发表以"弘扬嘉庚精神"、"运用陈嘉庚精神"等为题的文章，如集美中学赵霆的文章写到："陈嘉庚的精神是一部人生价值的最好教材，是净化人们心灵的神圣殿堂，是我们学习的最好榜样……"1991年3月《厦门大学》校刊校庆特刊发表了原校长汪德耀写的《陈嘉庚精神永放光芒》一文。

1992年8月20日，陈嘉庚国际学会在香港成立，其宗旨就是要"弘扬陈嘉庚精神，凝聚各界精英，服务社会，造福人群"。大会致词及该会会讯创刊题写的贺词也都提及"陈嘉庚精神"，表明这种提法越来越成为海内外有识之士的共识。

1994年江泽民总书记为集美大学题写校名；李鹏总理则题词："弘扬嘉庚精神，办好集美大学"。按照这个指示，集美大学首任校长黄金陵就提出把"陈嘉庚精神"作为集美大学师生的一门必修课，把弘扬陈嘉庚精神作为建校的根本，并编写出版了《陈嘉庚精神文献选编》。

2. 陈嘉庚精神的内涵

对于陈嘉庚精神的内涵，不同的学者有不同的论述，见仁见智。1940年《厦大通讯》中何励生阐明陈嘉庚精神包括"牺牲精神"、"信义精神"、"勤俭精神"、"求是精神"、"奋斗精神"和"报国精神"等六个方面。1983年《厦门大学》校刊发表的《大力发扬嘉庚精神》认为陈嘉庚精神"不但体现在他的坚定的政治立场和疾恶如仇的正义感方面，而且体现在他爱国爱乡、倾资办学的伟大事业上"。第26期《集美校友》邓远佤的文章提到陈嘉庚精神的含义，"应是集中在他强烈的爱国思想和他诚毅、大公无私、明辨是非、疾恶如仇、不说假话、不畏强暴、言必信、行必果、与人相处肝胆相照等的高风亮节，在兴学、经营工商业、政治态度、待人接物等场合，随时表现出来，感人肺腑"！1996年厦门大学朱立文撰写的《陈嘉庚精神与当代海外华人》认为，陈嘉庚精神的内涵主要包含"坚持正义，重铸民魂；开拓实业，服务社会；兴学育才，造福人类"三个方面，并指出陈嘉庚精神还表现在不贪名、不贪功、节俭律己等许多方面。1998年集美洪诗农写《张楚琨先生

谈陈嘉庚精神》，文中讲张楚琨与陈嘉庚的密切交往长达24年，任陈嘉庚基金会顾问、中国华侨历史学会会长等职，"他对陈嘉庚精神有着深刻、精辟的理解"；认为陈嘉庚精神可以概括为："华侨旗帜、民族光辉、弘扬诚毅、振兴中华、教育为本、科技兴国、统一大业、造福人群"这样32个字。后来集美陈嘉庚研究会陈水扬建议在"科技兴国"之后增加"勤能补拙、俭可养廉"八个字，使陈嘉庚精神的含义扩大为"40个字来概括更为完美"。到了1999年，我国第一本以"陈嘉庚精神"为书名的论著由雷克啸编著、福建人民出版社出版了。该书第六章指明，陈嘉庚精神是我们民族宝贵的精神财富，其内涵包括爱国爱乡、疾恶如仇、勇于进取、无私奉献和克己奉公等。

陈嘉庚在特定的社会环境下，经历了长期复杂的历史阶段，凭着良心、责任、信念和毅力，执著于他服膺的道德、理念和事业，集思想政治、经济实业、文化教育、社会活动诸方面之大成，形成了一系列的崇高精神和高贵品质。陈嘉庚汲取了中国优秀的传统文化，又因"久客南洋"而受到西方文化一定程度的熏陶，融合古今中外，弃芜存菁，兼容并包，使陈嘉庚精神的基本内涵丰富多元，既含有他服膺向往的"轻金钱重义务，诚信果毅，疾恶好善，爱乡爱国诸点"，也包括他倡导和身体力行的无私奉献、急公忘私、勤敏俭约、艰苦创业等。我们认为，陈嘉庚精神的内涵集中反映在"天下兴亡、匹夫有责"的爱国精神；重义轻利、公而忘私的奉献精神；诚实守信、嫉恶好善的重德精神；刚健果毅、坚韧不拔的自强精神；艰苦朴素、勤勉节俭的清廉精神；与时偕行、革故鼎新的创新精神等六个方面。如果用最简洁的文字来表达，则可以概括为"忠、公、诚、毅、勤俭、革新"八个字。其中爱国精神谓之"忠"，是陈嘉庚精神的本质特征；奉献精神谓之"公"，是陈嘉庚精神的主要体现；重德精神谓之"诚"，自强精神谓之"毅"，"诚"和"毅"是陈嘉庚精神的精髓所在；清廉精神谓之"勤俭"，是陈嘉庚精神的传统本色；与时偕行、革故鼎新的创新精神谓之"革新"，是陈嘉庚精神的时代特点。

忠——陈嘉庚精神的本质特征

陈嘉庚一生公而忘私、忧国忧民、刚正不阿、忠于祖国和中华民族，是中国近现代史上杰出的爱国主义者，他的爱国主义思想和活动是随着时代巨轮的前进而发展的，在近现代中国和东南亚华族史上有着典型的意义，因而成为一面"华侨旗帜"。

在抗日战争以前，具有"正统"观念的陈嘉庚把爱国和反清、拥护孙中山支援辛亥革命结合起来，恪守"天下兴亡、匹夫有责"的古训，以拯救国家危难为己任，

认为“教育不振则实业不兴，国民之生计日绌”，把兴办教育和实业，发扬民族文化同振兴中华联系起来，希图实现他报效祖国的抱负。全国抗战开始后，陈嘉庚团结华侨奔走呼号，支援祖国抗战，拥护实行持久抗战和全面抗战。1940 年他率领南侨慰劳团回祖国考察，期间多次声言要“凭良心与人格”说话，这种“良心”正是赤诚的爱国之心，这种“人格”就是坚持真理、刚正不阿的人格。这次祖国之行成为他一生最大的思想转折，使他的爱国主义思想注入了崭新的内容。他忠奸分明、疾恶如仇，用是否“忠心抗日”作为试金石去衡量一切政党和个人，把个人生命财产置于度外来维护国家利益和民族的尊严，对蒋介石集团的种种倒行逆施严加揭露抨击，对汪精卫集团的叛国投敌罪行予以无情痛斥，提出过一个经修改为“敌未出国土前，言和即汉奸”的提案，这被邹韬奋称为“古今中外最伟大的提案”。讲究大是大非、勇于伸张正义的陈嘉庚，以其德高望重，在南侨总会第一次会员代表大会上再次当选为南侨总会主席，会上有代表发言：“总会陈主席嘉庚，公忠谋国，一生如一日”，“而识足以辨奸，才足以服众，德望足为群伦钦式，徒因守正不阿，刚毅质直，每当有事之时，辄招无根之谤”，充分显现了他那股嫉恶好善、威武不屈的浩然正气。

解放战争时期，陈嘉庚旗帜鲜明地支持共产党领导的人民解放战争，他说：“日寇败降两年以来，余揭示蒋氏祸国罪状，向中外人士声讨，已历多次。……余为国家民族前途计，亦为公理正义计，故不能苟安缄默也。”他对蒋介石国民党政府的腐败与祸国罪行的揭批更加淋漓尽致，数次呼出若要国民党政府还政于民无异于“与虎谋皮”的警世之言！他勇于与外国反动势力作斗争，不论是对荷兰、英国殖民者，还是对日本、美国侵略者，都表现出可贵的民族气节。

1949 年陈嘉庚应邀回祖国参加新政协筹备会，1950 年他回祖国定居后，他的爱国主义思想更得以充实、升华。他与中国共产党肝胆相照，积极地参政议政；他关注海峡两岸关系的发展，维护祖国统一，为家乡建设和祖国事业的兴旺献计献策，成为一名新中国的积极建设者；特别是他临终前仍强调“最要紧的是国家前途”，可见“忠”是陈嘉庚精神的核心和本质。

公——陈嘉庚精神的主要体现

陈嘉庚早年就有教育兴邦的愿望，“思欲尽国民一分子之天职”。他抱定“教育为立国之本，兴学乃国民天职”，又抱定“金钱取之于社会，用之于社会”的格言，并“立志一生所获财利，概办教育，为社会服务”，基本上是沿着“爱国——救国——强国”的轨迹逐步提高办学的思想境界的。陈嘉庚热心办学、矢志不移，

几乎倾注了他毕生的精力与财产。正如黄炎培先生所评:“发了财的人,而肯全拿出来的,只有陈先生一人。”像他这样公而忘私、奉献社会、鞠躬尽瘁、死而后已,在中外教育史上乃“千古一人”也。

陈嘉庚从创办“惕斋学塾”直至逝世的67年间,创办和资助过的学校逾百所,为祖国和人类社会的进步培养了数以十万计的人才,在当代堪称“桃李满天下”者“恐只有陈嘉庚先生一人可以当之无愧”。陈嘉庚倾资办学的理论和实践形成了自己的特色和体系,可概括为整体规划、全面发展、广育人才、严格管理、慎择师长、重视师资、讲究质量、改革充实。他倾资办学的时间之长、规模之大、育人之多、毅力之坚乃中外罕见,业绩早已蜚声环球,这是他对人类社会的最大贡献,必然成为陈嘉庚精神的主要体现。他临终前那“台湾必须归中国”和“集美学校要继续办下去”的两句话,最突出地说明了爱国主义和倾资办学是陈嘉庚精神的不朽基石。

诚毅——陈嘉庚精神的精髓所在

陈嘉庚对“诚”与“毅”的真谛非凡地深悟,与胞弟陈敬贤于1918年把“诚毅”定为集美学校的校训,并写入校歌,还制定了具体可行的考核标准,要求学生遵循。他说:“做老实人、办老实事、说老实话,是为‘诚’,艰苦奋斗、百折不挠是为‘毅’。简言之力求做到‘诚以为国,毅以处事’。”陈嘉庚以身作则、严于律己,不但是“诚毅”的积极倡导者,而且是其实践楷模。

诚毅

陈嘉庚提倡忠于实事、实践信用与义务、待人诚恳不欺、不作浮夸虚伪之言、反对武断和不正当的游戏等,这些可概括为实事求是、言信行果的为人之道。他从小塑造着诚实谦逊的性格,谦称自己倡办大学“绵力有限,唯具无限诚意”,期望海内外同胞真诚协作办教育。1929年,陈嘉庚为公司分行重订章程,新章程许多页的眉头印有警语,诸如:“日日思无过,不如日日能改过”;“与同业竞争,要用优美之精神与诚恳之态度”;“招待乡人,要诚实;招待妇女,要温和”。这既体现了陈嘉庚精神在诚实诚

意方面的规定，也意味着这些美德将得到传播。陈嘉庚曾经说："世上有三种话，即漂亮话、敷衍话、老实话。漂亮话我未有学习，敷衍话难免使诸君失望，老实话恐有一部分人不喜听，余均凭事实与良心而言。"陈嘉庚是一位"言人之所不敢言，为人之所不敢为"的"诚实公正的人，能为老百姓多说几句诚实公正的话"。他把"诚信"看作是伟大领袖者所应具备的基本条件。

陈嘉庚对"毅"的解释是：提倡肯负责任、做事不中辍、尝试不成仍继续前进、反对私自放任、苟安偷懒、半途而废或容易满足等，意即做事要有善始善终、再接再厉、不怕失败的坚韧不拔的精神。陈嘉庚有着非凡的毅力，不同程度地反映在他忠心报国、倾资兴学、攻讦奸贼、坚信胜利、振兴经济、著书演说、勤俭节约、开拓革新等方面，他一生的艰辛旅程正是这种顽强毅力的真实写照。他认为"世界无难事，唯在毅力与责任耳"。"体育运动贵在坚持，竞赛的目的是使'优者益勉，负者振奋'，养成坚毅的精神和良好的德性。"当陈嘉庚公司陷入困境，有人劝他停办或缩小"两校"的规模，他果断说："余不忍放弃义务，毅力支持"，表示"果不幸因肩负校费致商业完全失败，此系个人之荣枯"。可以说"诚毅"的根须触及了陈嘉庚精神的每一个角落，是其精髓所在。

勤俭——陈嘉庚精神的传统本色

陈嘉庚信奉"勤能补拙，俭可养廉"的古训，对勤俭的认识极深刻、其实践最长久和彻底，展示了中华民族勤劳俭朴和吃苦耐劳的传统本色，这也成了陈嘉庚精神在国内外具有普遍适应性而盛扬的源泉之一。

少年时代的陈嘉庚就懂得勤劳好学，"念不可赋闲度日"。他认为"勤"是许多商业巨子成功的三大条件之一，以勤律己，一直到晚年患病仍坚持自理生活。陈嘉庚抗战期间回国，躬身前线又踏访后方，风雨兼程，凡"种种利国福民的事业，无不筚路蓝缕，惨淡经营"。对于办学中的巨细事情都亲自研究裁定，"唯日孜孜无敢逸豫"、努力苦干的例子俯拾皆是。"无事要找事做，不要等事做"；"智识生于勤奋，昏愚出于懒惰"之类的警语，蕴涵了陈嘉庚严谨的工作态度、一丝不苟的工作作风；离开夜以继日地操劳、含辛茹苦地积累，要造就出他辉煌的业绩便不可思议了。

陈嘉庚年轻时就"守职勤俭，未尝枉费一文钱"；一生节衣缩食，简朴持身，粗饭淡菜，穿戴随便，家具摆设也何其简陋。他的床铺、沙发、写字台是"老"字号的，蚊帐、衣服、鞋袜是"补"字号的。他生前好友黄奕欢在陈嘉庚追悼会上说到："只要看到他平日起居饮食的自奉之俭，简直叫你不敢相信。谁会相信衣服上常

陈嘉庚故居的沙发
新的待客,旧的自己坐

多补缀的人,竟是慨献千万元兴学的人呢?谁会相信时不时叫一角钱汤面充饥的人,竟是名闻天下的陈嘉庚呢?"

1919年陈嘉庚在集美学校秋季开学式上讲话时指出:"本校性质如何?即省俭是也。中国今日贫困极矣,吾既为中国人,则种种举动应以节俭为本。鄙人在新加坡时,地处繁华,每月除正当费用外不及二元,所以如此者,盖以个人少费一文,即为吾家储一文,亦即为吾国多储一文,积少成多,以之兴学,此余之本意,亦即本校之性质也。"

陈嘉庚对公益事业慷千金之慨,而对自身与家属用钱近乎苛求。他给公司员工郑重提醒:"财有限而用无穷,当量入以为出";"金玉非宝,节俭是宝"等。他规定师生务必俭朴,强调过在抗战艰难时期尤当实行节约。他"自回国以来历十余省,对欢迎及宴饮无谓应酬,概行辞谢"。他从"成由勤俭败由奢"的古训出发,无时无处不模范地贯彻着勤俭的原则。

革新——陈嘉庚精神的时代特色

陈嘉庚早年在顺安米店一向"公忠守职"。到了他30岁时,家道中落,对此,陈嘉庚并不气馁,决心把责任担当起来,开始对企业做一番清理和调整,并向债权人宣布:"立志不计久暂,力能做到者,决代还清,以免遗憾也。"表现了他讲义气、甘于吃苦、自强不息的志向,也为他日后独立经营实业乃至发展成一位富商巨贾打下了坚实的基础。

陈嘉庚认为"一种实业的成功,不在初创时有无雄厚的资本,而在经营得法与否"。他紧跟时代涌动不息的改革浪潮,兴利除弊,革新社会颓风陋俗,探索新式教育,改革企业管理体制、华侨社团领导体制等。他大力提倡移风易俗,树立良好的社会风气,对社会生活领域的改革尤为广泛,主要包括:

改革丧仪——陈嘉庚认为华侨社会里,人死了不立即发丧,留柩多日,宴客赌博,出丧则大吹大擂、弄龙装戏等,"愚妄至极,铺张浪费至极"。

改革服饰——陈嘉庚认为衣服式样是一个国家社会教化程度和文野高低的体现。他于1934年、1938年向国民政府提出废止胡服长衫马褂;他主张妇女服装以便于工作、节约朴素为原则。

革除陋俗——陈嘉庚认为侈奢无度的嫁娶、过生日、丧事、作功德、迎神、盂兰会等有损国计民生；迷信风水、烧纸钱，收童养媳，纯属愚昧陋俗；赌博、狂饮、嫖娼、吸毒等未见其福、唯见其祸；同席共食不讲卫生，开会、宴请不准时等不良习惯都应革除。

革除不良教子法与遗财子孙观念——陈嘉庚认为在家教中溺爱子女，以欺诈、利诱、威吓等荒唐的办法教唆、哄骗儿童的祸害无穷。他强调“须知贤而多财则损志，愚而多财则益过”，反对遗留财产给子孙后代。

改善住屋的卫生条件——陈嘉庚主张学习西方国家的经验，建房屋要符合空气流通、日光充足、清洁卫生的条件。他提出农村应废私厕，建公厕。此外，陈嘉庚还主张禁止官营彩票，禁止跳舞营业，禁止吸食鸦片……他锐意改革的范畴广、力度大，堪称一名改革家。

陈嘉庚一生有相当丰富的生活经验，热心社会公益慈善事业及爱国运动，担任过重要的社会组织领导职务；毕生思尽天职、勤劳国事、居安思危、老而弥坚，也是杰出的社会活动家。陈嘉庚崇德尚义、务实廉明、不务名、不居功的道德情操使他修身自省的人格更趋完美。总之，陈嘉庚精神的内涵丰富多元，非常值得继续研究学习与弘扬。

陈嘉庚光辉的一生贯穿着一条主线，这就是高度的爱国主义精神。陈嘉庚精神的核心就是爱国主义，爱国主义是他一生恪守的信念，也是他一生行为的准则。他的爱国主义精神反映了中国近现代历史主题的要求，具有如下特征：其一是争取民族独立，一切以民族幸福为前提、为依归；其二是争取人民大众的民主、反对独裁；其三是一心为着国家的富强和家乡的繁荣，在长达几十年的奋斗生涯中，他把毕生的精力贡献给民族的独立、解放和祖国的统一、富强。陈嘉庚以令人敬佩的勇气和赤诚，维护国家民族利益，拥护中国共产党领导，坚决反对帝国主义侵略，反对国民党反动统治；他事业有成而无私大公，倾巨资兴办教育，为科教兴国殚精竭虑；新中国成立后，他致力于我国社会主义建设，鼓励华侨支持家乡建设，积极推进华侨爱国大团结，努力促进祖国的和平统一大业；他对祖国充满了深情挚爱，为中华民族的振兴做出了终生奉献。

三、陈嘉庚精神和中华民族精神

民族精神，是指一个民族在共同长期生活和社会实践中形成的，为本民族大多数成员所认同的价值取向、思维方式、道德规范、精神气质的总和。它集中体

现了一个民族在一定的自然环境和社会历史条件下生存和发展的独特方式，反映了一个民族的心理特征、文化传统、精神风貌，是一个民族赖以生存和发展的精神支柱。中华民族在历史发展长河中形成了一系列的优良传统和精神品质，主要如：爱国主义、团结统一、独立自主、自强不息、诚实守信、勤劳俭朴、艰苦奋斗、追求崇高的人格等等，这些文化传统是根深蒂固的，“这么一个大载体是海内外华人团结奋斗的精神依托，而陈嘉庚正是我们中华民族的光辉代表”（钱伟长语）。这些传统随着时代变化和社会进步不断扬弃和发展，对陈嘉庚的价值观念、生活方式、成长过程都有深刻影响，换言之，他的思维意识、道德情操、品质意志、言行举止正是中华民族精神在他身上的体现，陈嘉庚精神正是继承和发扬中华民族优秀文化传统的结果。它的多元化内涵，不但能从中华民族精神中找到基本因子，而且蕴含有 20 世纪中国的时代特色。

1. 爱国主义

在中华民族的悠久历史中，爱国主义始终发挥着民族精神的核心作用。爱国主义包含着情感、思想、行为三个基本方面。一个人只有做到爱国的情感、思想和行为三者的一致，尽己所能为国家和人民作了力所能及的贡献，才是真正的爱国者，而陈嘉庚正是这样的典范，他以倾资兴办教育的方式体现自己的爱国情感，而他的爱国主义思想与行为是随着 20 世纪时代巨轮的前进而变化发展的。

陈嘉庚一生公而忘私、忧国忧民、刚正不阿，把忠于祖国、拥护中国共产党、热爱社会主义统一起来，造就了他伟大的爱国主义精神，这也正是陈嘉庚精神的核心和灵魂。他公字当头，凡事以国家民族利益为先，把一切都献给国家，国而忘家、公而忘私，正如郭沫若所说：“陈嘉庚为什么这样伟大呢？因为他做的事不是为他自己，是为老百姓。”

正是陈嘉庚在发扬民族传统、维护民族利益、伸张民族正气、坚持民族气节诸方面有突出的贡献，使他不愧为“民族光辉”。他晚年回国参政议政，爱国爱得异常真挚，爱乡爱得格外深沉，两者融为一体，使其爱国主义精神更充实升华。他临终前还念念不忘台湾必须回归中国、集美学校继续办学、嘱咐遗产全部归公，充分显现了陈嘉庚爱国主义精神的至高境界。

2. 团结统一

团结统一是中华民族的立身之本；民族团结国家统一始终是中华民族历史的主流，是中国发展进步的保障。中华民族是爱好和平的民族，中国坚持走和平发展的道路，永不称霸，永远不会侵略别国。中华民族爱好和平既表现在各兄弟

民族之间以和为贵、携手共进等方面，也表现在与世界其他民族的友好交往、休戚与共上。陈嘉庚作为"华侨旗帜"，也是团结的旗帜、友好的旗帜。陈嘉庚还是海外华侨与侨居国人民友好相处的倡导者，他呼吁华侨应该团结，提倡华侨应与当地人民搞好团结，以和平手段审慎从事，得到当地政府的信任和支持。

1940年陈嘉庚在重庆期间，多次设法劝说国共两党要团结抗战、不要分裂；他把国共两党看作是兄弟党、姐妹党，体现了陈嘉庚以民族利益为重和热衷和平与团结的精神。1946年陈嘉庚创办了《南侨日报》，其宗旨便是"本爱国真诚、求和平建设"。他心系台湾，为了祖国的统一大业做出了不懈的努力。

3. 自强不息

自强不息是中华民族生生不息的力量源泉，体现了中华民族勇于进取的精神世界。中华民族的先哲提出过"天行健，君子以自强不息"的思想，激励着无数中国人艰苦奋斗，顽强拼搏，它具体体现为"富贵不能淫、贫贱不能移、威武不能屈"的坚贞刚毅品质，体现为"夸父追日"、"精卫填海"、"大禹治水"、"愚公移山"等不屈不挠的精神。中华民族所以能在五千多年的历史进程中历经挫折而不屈，屡遭坎坷而不馁，靠的就是这种自强不息的精神。

陈嘉庚继承这种自强不息的民族精神并赋予新的内容。他在开拓实业和倾资兴学的长期过程中坚贞不渝、百折不挠，颇有爱拼才会赢的进取精神；他为救国富民驰骋海内外，不畏艰险，置生死于度外，站在斗争前列，历尽风险艰辛。他平生最服膺"正当之失败，无可耻辱，畏惧失败，才是耻辱"，认为它"足资警惕"，于1934年以《畏惧失败才是可耻》为题写下了自传，对他艰辛创业的历程作了总结。他确立的厦门大学校训"止于至善"和集美学校的校训"诚毅"，至今仍在激励着"两校"广大师生员工诚以待人、毅以处事，自强自立、追求完美。尤为可贵的是，他晚年在厦门为创办华侨博物院而"拼命三郎"式地苦干，那是一种全心全意为国为民服务的精神，这种自强不息、奋发图强的精神风貌，是留给后人的宝贵财富。

4. 诚实守信

诚信是中华民族的传统道德中的基本伦理规范，在中国先哲思想中占有重要地位。"诚"既是道德规范，也是道德修养的态度和方法，其本义是"勿自欺，勿欺人"，基本要求是真实。"信"是"五常"之一，是诚实不欺、遵守诺言的品德。诚与信内涵各有侧重又不可分割，常将诚与信合称。无诚则无信，诚广于信。这些处理人际关系的基本规范流传了数千年，仍将被传承和发扬下去。

陈嘉庚不但对诚信倡导践行，而且对“道德毅力”亲之信之。他说过“我自己所能者仅为诚、信、公、忠四个字……”“但知为人有道德毅力，便是世间上第一难得之奇才，亲之信之；反是，则离之绝之”。他引用古语曰：“人无信不立”、“不诚无物”。他还对中国汉字“诚信”作独特的拆字解释：“诚字拆开为言与成，意谓所言必成行方谓之诚”，“信字拆开，即人与言，谓人言必信是也。”所以陈嘉庚从小就学习讲老实话、干老实事、做老实人，一生诚实守信，说到做到，言必信、行必果，是诚信的榜样。

5. 勤劳俭朴

勤俭是中华民族的传统美德，先哲们将它看作是治国治家、兴国兴家的法宝。勤劳勇敢贯穿于中华民族社会生活的各个领域，体现了中华民族的民族性格和道德精神；勤劳是一切事业成功的保证，是兴家立国之本。“历览前贤国与家，成由勤俭败由奢”；“业精于勤，荒于嬉”；“家勤则兴，懒则衰；国勤则治，怠则乱；军勤则胜，惰则败。”这些古训深深植根于人心。在学生修业方面，强调“凡欲成就功业，非勤不达；能敏则学业精进，而无凝滞之弊”。勤与俭是相辅相成、相互补充的。

陈嘉庚一生对勤俭极重视、实践最彻底。他少时就懂勤劳好学、勇于吃苦耐劳；他的一生凡“种种利国福民的事业，无不筚路蓝缕，惨淡经营”。他艰苦朴素、厉行节约，平生奉行“应该用的钱，千万百万也不要吝惜；不应该用的钱一分也不要浪费”的用钱原则。他这样表[illegible]人，严格要求家人和公司员工、各级政府部门等，他把这种传统本色[illegible]的丧事也交代要简单办，这是何等崇高的品质。

此外，崇尚科学、开拓创新[illegible]美德，也是陈嘉庚精神的时代内涵。中国是世界四大文明古国之一，[illegible]多著名的科学家、文学家、思想家、史学家、教育家等，有着崇尚科学、追求知识、发展文教、勇于革新等等优良传统并延续至今，对人类文明进步和中华民族振兴起了无可估量的作用。陈嘉庚熟知中国历史，善于以史为鉴；极其重视文化知识，一贯尊重科学技术和人才。

陈嘉庚能在逆境中努力拼搏，独立奋战；当他的企业被迫收盘时，摆脱了“成败判荣辱，胜负论英雄”的世俗观念，明确了是非职责。他积极倡导改革，破旧立新，在开拓中求发展。他锐意革新的领域广、力度大，凸现了他改造社会的卓越才能。陈嘉庚认定民族精神维系于民族文化，总是强调要弘扬中华民族优秀传统文化；他对中国传统文化坚持古为今用，审慎扬弃、不断创新，展现了中华民族优秀文化的生命力。

总之,陈嘉庚精神与中华民族精神有着内在联系。中国共产党人在长期的革命和建设中,不断把中华民族精神提升到新的水平,陈嘉庚精神与众所周知的井冈山精神、长征精神、延安精神、西柏坡精神、雷锋精神、焦裕禄精神、抗洪精神、"两弹一星"精神等等一样,都是伟大的中华民族精神的发扬光大,是中华民族精神在近现代史中的新表现,为中华民族精神增添了富于时代精神的新内涵,是中华民族宝贵的精神财富,值得中华儿女倍加珍视与大力弘扬。

四、陈嘉庚精神的时代价值

陈嘉庚精神是中华民族宝贵的精神财富,学习、研究和弘扬陈嘉庚精神对于实现完成祖国统一大业,全面建设小康社会,加快推进社会主义现代化建设等历史任务有着重要的现实意义。

1. 促进祖国统一大业

陈嘉庚生前多次谈到台湾问题。1958 年 10 月,国防部长彭德怀发表《告台湾同胞书》,陈嘉庚亦发表谈话说:"台、澎是中国领土,金、马更是内海岛屿。""中国自己的事应该自己解决,毋须依靠外人,更不要依靠帝国主义来破坏自己祖国的领域和主权。"他临终还念念不忘国家前途,"台湾必须归中国"。他坚持正义,心系国家民族安危,反对霸权主义,捍卫民族尊严,维护世界和平,这些严正立场和民族气节仍然是当今时代所急需的。

早日实现祖国完全统一,实现中华民族的全面振兴,是海内外中华儿女的共同心愿,是中华民族的根本利益所在。中国共产党人始终把实现祖国的完全统一作为自己的历史使命,为此进行了长期不懈的奋斗。香港和澳门的顺利回归祖国,是祖国统一大业进程中的重要里程碑,使"一国两制"由科学构想变为生动现实。台湾前途系于祖国统一,对任何旨在制造"台湾独立"、"一中一台"等言行,两岸同胞都坚决反对;解决台湾问题完全是中国的内政,绝不容许外国势力插手台湾问题。

当前两岸关系形势严峻,摆在两岸同胞面前最紧迫的任务,是坚决制止"台独"的分裂活动,维护台海和平稳定。"台独"没有和平,分裂没有稳定。我们"坚持一个中国原则的立场决不妥协,争取和平谈判的努力决不放弃,与台湾同胞共谋两岸和平发展的诚意决不改变,坚决捍卫国家主权和领土完整的意志决不动摇,对'台独'决不容忍。"这充分反映了全国人民捍卫国家主权和领土完整的坚

定立场，以及以最大的诚意、尽最大的努力实现和平统一，但决不承诺放弃使用武力解决台湾问题的政治原则。

在华侨史上，陈嘉庚是第一个把东南亚各地华侨联合起来，组织在一个统一的团体之内的人，使东南亚华侨对祖国、对华侨社会做出更大的贡献。联合诞生希望，团结就是力量。我们应当弘扬陈嘉庚精神，高举团结的旗帜，团结几千万侨胞和台湾同胞，反“独”促“统”，为实现祖国的完全统一而奋斗！

2. 促进社会主义物质文明建设

陈嘉庚认定“国家之富强全在乎国民”，“义务不能待富而后行”，他竭尽国民一分子之天职，为振兴祖国致力于经济，经营实业达44年，其无与伦比的创业魄力与业绩，艰苦创业、开拓创新的精神，不畏失败的勇气和胆识都是值得后人学习和借鉴的，他为东南亚经济发展和祖国的独立与富强都做出了独特的贡献。陈嘉庚经营实业取得巨大成功，使他堪称一位杰出的华侨实业家、企业家和改革家。

全面建设小康社会，最根本的是坚持以经济建设为中心，不断解放和发展社会生产力。弘扬陈嘉庚精神，不仅可以促进物质技术的发展，而且可以使一定的物质技术力量发挥更好更大的作用；还可以引导企业家阶层，不断追求卓越，开拓创新，使现有的物质技术力量发挥更大的作用，并大力发展先进技术，尽快建立起我国现代化的物质技术基础。我党领导人民进行现代化建设，建设社会主义物质文明，能不能解决好发展问题，直接关系到人心向背、事业兴衰。所以党必须始终紧紧抓住发展这个执政兴国的第一要务，要立足现实，集中全国人民的智慧和力量，全面落实科学发展观，聚精会神搞建设，一心一意谋发展，构建社会主义和谐社会。

3. 促进社会主义精神文明建设

在当代中国发展先进文化，就是建设社会主义精神文明，这是我们进行改革开放和现代化建设的重要目标，也是搞好改革开放和现代化建设的重要保证。发展先进文化的中心环节是加强社会主义思想道德建设，要把依法治国与以德治国紧密结合起来；要弘扬爱国主义精神、以诚实守信为重点，倡导“爱国守法、明礼诚信、团结友善、勤俭自强、敬业奉献”的基本道德规范，做好思想政治工作。

陈嘉庚很重视德育建设，尤其是伦理道德修养。他认为德育在于“养成德性，裨益社会”，提出“为公众服务”，为国民尽义务。他一生重公义轻私利，坚持真理，明辨是非，讲究良心，注重人格，廉洁勤政的高尚品德为后人树立了典范，行高于世，有口皆碑，我们应以他为榜样努力塑造自己，践行“八荣八耻”的社会主义荣辱观，做一个文明、守法的公民，为精神文明建设做出应有的奉献。

陈嘉庚长期生活在国外，不仅不受西方腐朽文化的影响，而且敏锐地觉察到侨胞受其影响有“外化”的危险，因而积极在侨居地兴办华文学校。他把弘扬和培育民族精神，看成是关系中华民族生死存亡的大问题，每一个有民族意识的中华儿女听了都不能不受到强烈的震撼。我们必须保持高度警惕，大力弘扬和培育民族精神，把它纳入国民教育和精神文明建设的全过程。陈嘉庚坚决反对封建陋习，倡导健康文明的生活方式，《民俗非论集》和《住屋与卫生》在这方面作了大量的论述。陈嘉庚精神是我们改造落后文化的锐利武器，既有海纳百川的博大胸襟，又有抵制敌对文化入侵的战斗力，弘扬陈嘉庚精神是建设社会主义和谐社会与精神文明的需要。

4. 促进社会主义政治文明建设

陈嘉庚拥护中国共产党的领导又敢于直谏、不盲目附和；他不畏权势、不徇私情、不指鹿为马，有强烈的民主观，注重民主建设。他以其独特的参政议政方式，长期从事中国与新加坡两国的政治、社会、爱国运动，担任重要的职务主要有：1923 年起任新加坡怡和轩俱乐部总理至 1947 年(有间断过)，1929 年起任新加坡福建会馆主席达 20 年之久，1928 年任山东惨祸筹赈会会长，1938 年起任南洋华侨筹赈祖国难民总会主席等；1949 年后当选为中央人民政府委员，华东军政委员会委员，第一届、第二届全国人大常委，第二届、第三届全国政协副主席，第一届全国侨联主席等，不愧为风格独特的政治家、社会活动家。陈嘉庚在侨居地按章经营、依法纳税、遵纪守法；他是华侨利益的捍卫者和代言人，做了大量的侨务工作，推动华侨爱国大团结等等，这些对于我们发扬人民民主、依法治国，实现国家长治久安、民主富强都是宝贵的财富。

新时期我国要建设社会主义政治文明涉及许多方面的内容，核心是人民民主。我们应团结一切可以团结的力量，结成最广泛的统一战线，这是党执政兴国的重要法宝；要把一切可以调动的积极因素都调动起来，努力形成全体人民各尽所能、各得其所的和谐局面；要贯彻好侨务政策，做好侨务工作，充分发挥三千多万海外华侨华人的积极作用和独特优势，鼓励他们为祖国全面建设小康社会、实现祖国完全统一作出贡献。

5. 促进科教兴国和人才强国战略的实施

科教兴国就是全面落实科学技术是第一生产力的思想，坚持教育为本，增强

国家的科技实力及向现实生产力转化的能力，提高全民族的科学文化素质，加速实现国家的繁荣昌盛，这是事关国家兴衰和民族发展的大事。陈嘉庚重视科学和技术，尊重知识和人才。他当年强调教育实际上包括科学在内；他多次阐述科学兴国的思想："何谓根本，科学是也"；"科学建设为建国首要之图"；"而科学之发展，乃在专门大学"，"有专门大学之设立，则实业、教育、政治三者人才，乃能辈出"。在他看来，一个国家只要拥有数量足够、质量优良的这三大基本类型的人才，就会繁荣富强起来。陈嘉庚在新加坡广泛地接触了西方先进科技文化，视野更开阔，深感祖国"惟科学不讲，百业落后"的现实，强烈感受到要振兴国家就要发展科学。科学进步靠人才，人才培养靠教育，"教育为立国之本"等等警世之语，对于我国制定和实施科教兴国和人才强国战略有积极的作用。学习和弘扬陈嘉庚精神，对于全社会都重视教育、重视科技，推动政府和社会力量加大教育投入，普及义务教育，发展职业教育，提高高等教育的质量，努力把人口压力变为人才资源优势等方面都具有重大的现实意义和深远的历史意义。

五、陈嘉庚精神的国际影响

陈嘉庚精神不但属于全中国，影响着海内外中国人，而且对新加坡、东南亚乃至全世界均有不同程度的影响，它已超脱了政治范畴和社会制度，跨越了时间和空间的限制。下面列述四个最具影响力的事例：

1. 从"陈嘉庚奖"的设立和实施看

1988年元月在北京成立了陈嘉庚基金会，并设立了陈嘉庚奖，以奖励有突出贡献的科学家，也是对陈嘉庚崇尚科学的纪念。因该奖规格高、水准高、评审严、影响大而被认为是中国的诺贝尔奖——最高科学奖。它设八个奖，主要奖励在数理科学、生命科学、化学科学、农业科学、医学科学、地球科学、信息科学和技术科学八个领域有突出成就的科技人才。因它获奖成果突出，颁奖仪式隆重，受到各方面的高度评价。如1990年1月在北京举行第二次颁奖大会，江泽民总书记就到会并讲话；同年11月在厦门大学举行第三次颁奖大会时，中央政治局常委、书记处书记李瑞环到会讲话；1991年11月在上海举行第四次颁奖大会则有国务院副总理朱镕基发来贺信，黄菊市长讲话。这三届颁奖大会依次有杨振宁、李远哲、丁肇中三位诺贝尔奖获得者出席，而这三人又是"陈嘉庚国际学会"的主要发起人，其影响力可想而知。特别指出的是1998年4月第七届颁奖大会首次到新加坡举行，新加坡总统王鼎昌为8名获奖者颁发奖金奖章。陈嘉庚的侄儿

陈嘉庚科学奖基金会成立

陈共存说这是新中两国科学界史无前例的盛事；中国科协主席周光召则指出，中华民族应该发扬陈嘉庚创办教育的精神，陈嘉庚奖"强调的是得奖者的学术成就，而最大的意义是在于用了陈嘉庚的名字"。

"陈嘉庚奖"共评选8次、63位获奖者。2003年，在国务院领导的协调下，中科院和中国银行共同组成新的陈嘉庚科学奖基金会，所颁奖项也正式命名为"陈嘉庚科学奖"。

2. 从"陈嘉庚星"命名的意义看

1990年3月31日，国际小行星中心和小行星命名委员会在国际《小行星通报》刊物上发布公告，将中国紫金山天文台于1964年11月9日发现的、编为第2963号的小行星正式命名为"陈嘉庚星"。小行星是太阳系中的一种特殊天体，大多集中在火星和木星的轨道之间绕太阳运行。第2963号小行星与太阳的平均距离为43000万公里，绕太阳一周历时4.86年。命名"陈嘉庚星"的意义在于：为表彰和纪念陈嘉庚情系中华、赤诚报国的爱国精神，倾资办学、奉献社会的牺牲精神，奋斗不止、开拓创新的改革精神等。因获得国际小行星中心永久编号的小行星被确认和公布后具有历史性和永久性，即使千百年后，这一星名仍为国

际所公认，从而使陈嘉庚的名字和陈嘉庚精神连同“陈嘉庚星”永载史册，遨游太空，与日月同辉、与宇宙共存。这是陈嘉庚精神跨越时空的体现和标志。

3. 从“陈嘉庚国际学会”成立的意义看

1992 年 8 月 20 日在香港成立了陈嘉庚国际学会(1996 年转移到新加坡注册)，其宗旨是为了“弘扬陈嘉庚精神，凝聚各界精英，服务社会，造福人群”。这是陈嘉庚精神影响国际化的又一高规格的标志，因为它集合了当代最优秀的世界华人精英。它由诺贝尔奖获得者杨振宁、丁肇中、李远哲三位华人科学家与美国的加州大学柏克莱分校校长田长霖、香港大学校长王赓武等五人发起，由林绍良、李尚大、潘国驹、庄重文、徐四民、陈永裕、黄丹季、黄奕聪、李文正、李成枫、林子勤、庄启程、唐裕、施金城等 34 人共同倡议。有郭鹤年、马万祺、李兆基、黄克立、庄绍绥、施子清、林煤煅等来自美国、加拿大、德国、澳大利亚、日本、印尼、新加坡、马来西亚、菲律宾、泰国等国家和台湾、香港、澳门等地区的人士 400 多人给予祝贺；还有文汇报、宋庆龄基金会、旅港福建商会、新加坡福建会馆、新加坡怡和轩俱乐部、厦门大学、厦门侨办、集美校友总会等各地 200 余个单位共同敬贺。看一看发起人、倡议人的名单，读一读祝贺的名单和内容，想一想这些人的身份和地位，谁都会深深感受到陈嘉庚在国际名人心中的崇高地位，领略到陈嘉庚精神强劲的感召力和凝聚力。

4. 从“陈嘉庚大楼”落成的意义看

1997 年 4 月 12 日，“陈嘉庚大楼”在美国加州大学柏克莱分校举行落成庆典，加州大学柏克莱分校校长田长霖主持典礼，并与李远哲一起为大楼落成剪彩。这是美国高校历史上第一幢以华人名字命名的教学科研大楼，也是该校化学院中最重要的建筑物，而该化学院又是美国最优秀的学院，其化工科研成果卓著。陈嘉庚大楼的经费由各地华侨、华人、校友捐献，多达 3000 多万美元。陈嘉庚国际学会秘书长潘国驹说：“陈嘉庚大楼的建成，不仅把陈嘉庚先生的名字和事迹，作为中华民族的典范介绍到西方，同时也把陈嘉庚精神带到大洋的彼岸，在异邦的土地上扎根传播，生生不息。”这是陈嘉庚精神走向世界的新的里程碑。

六、陈嘉庚精神的继承和弘扬

1. 陈嘉庚精神的实践楷模

陈嘉庚精神是以倾资兴学为主要体现的，在陈嘉庚倾资兴学光辉事迹的感召下，华侨华人捐资兴学蔚然成风，不论是他的亲友、同乡或是属下公司员工，还

是他捐办学校的毕业生、社会贤达、知名人士都竞相仿效。在华人教育史上致力于倾资办学，陈嘉庚的确是空前的，但在他之后出现了不少陈嘉庚式的人物，在海外披荆斩棘、事业有成后支援祖国建设、兴办教育事业，成为陈嘉庚精神的忠实实践者。这里主要介绍李光前、陈六使、李尚大和李陆大。

陈嘉庚 1950 年回国前夕与李光前合影

李光前(1893—1967 年)是受陈嘉庚精神影响最直接最深刻的代表。他出生于福建南安县，1903 年随父赴新加坡。1916 年进入陈嘉庚属下公司，以他杰出的才能深得陈嘉庚的器重，业务上委以重任，不久成为陈家大女婿，大力支持辅助陈嘉庚的各项事业，尤其是支持陈嘉庚兴教兴学的事业。他是深受当地人民信赖和拥戴的继陈嘉庚之后的南洋华人领袖。1952 年，李光前用他的大半财产设立了“李氏基金会”，积极捐助文教及社会公益事业。1956 年，他在家乡创办了闽南又一著名学村——梅山学村。1967 年，李光前逝世后，基金会依然遵照他“取诸社会，用诸社会”的意愿，捐款支持各项科技文教活动。李光前对当地教育、经济的发展和社会进步所做的贡献，赢得当地政府和人民的高度称赞。1957 年，马来西亚柔佛苏丹授予他“拿督”荣衔。1958 年，马来西亚大学授予他名誉法学博士学位。1962 年 1 月，新加坡政府《宪报》正式公布聘任李光前为新加坡大学首任校长。1964 年马来西亚最高元首赐予爵位为 PMN，这是相当于相国的头衔，1966 年又晋封为丹斯理显爵。这是他一生中最高的荣誉。他不但是东南亚华人实业家、教育家，而且被誉为“东南亚教育最杰出的慈善家”。

李光前的长子李成义继任新加坡李氏基金主席后，弘扬先辈的奉献精神，仁义慷慨、慈善济世。据统计，李氏基金在近半个世纪中，用在社会公益慈善的捐献逾三亿元新加坡币。为表彰他的贡献，新加坡总统为李成义颁发了“公共服务星章”；福建省人民政府先后授予他“乐育英才”、“兴医利民”的奖匾和奖章。

陈六使(1897—1972 年)是陈嘉庚的族弟，著名华侨实业家、社会活动家和新加坡侨领之一。他 1897 年出生于集美，曾就读于集美小学。1916 年到新加

陈六使

坡谋生,在陈嘉庚属下工厂工作,因年轻干练,工作认真,被陈嘉庚委以重任。1923年与兄弟合资创设联和橡胶公司,自创益和公司,大力发展树胶生意,在十多年内,成为星马树胶界巨子。后又经营纸制品厂、水泥厂及保险业等,成为东南亚著名的华人企业家。1950年出任新加坡中华总商会会长及福建会馆主席。他一生追随陈嘉庚,在海外艰苦创业,见义勇为,维护当地华侨正当利益,不负众望,业绩辉煌。陈六使一生最突出的贡献是倡议和创办了南洋大学(后改为南洋理工大学),并捐献500万元作为建校基金。同时又以福建会馆主席身份捐献了523英亩在裕廊路地段的云南园作为南洋大学的校园。从1953年至1963年,陈六使不辞劳苦,担任南洋大学执行委员会主席,把全部身心都投入南大创校之中,对校舍的建筑、师资的聘任、科研仪器、图书资料、学生的福利、大学的学位等都付出了心血。在中华总商会会长任内,为华人争取公民权利和列华文为官方语文。在任福建会馆主席时期,对福建会馆属下各学校即道南、爱同、光华、南侨、崇福都扩建或新建了校舍。同时,他对集美学校和厦门大学的建设、维持和发展也做出了突出的贡献。陈六使于1972年逝世,1974年他的铜像被安放在南大校园,供世人瞻仰。同年设立了"陈六使奖学基金"。1998年南洋理工大学又设立了"陈六使中华语言文化教授基金",用于邀请杰出学者前来南大讲学。1997年12月香港南洋大学校友会出版了陈六使百年诞辰纪念文集以纪念他对南洋大学和本地教育的贡献。

1982年2月,新加坡福建会馆决定为陈嘉庚、李光前和陈六使三人建立铜像,借以缅怀和纪念他们一生的丰功伟绩。这项重要决定代表了当地广大华人的心愿和对这三位德高望重的前辈的崇高敬意。2003年10月,位于集美的敬贤公园里也树立了李光前、陈六使以及陈文确(陈六使的长兄)的铜像,以表达人们对他们的缅怀和感恩之情。

李尚大(1921—2008)出生于福建安溪县,是一位很知名的爱国侨领,曾在集

李尚大先生

美学校读书，始终谨记校主陈嘉庚的教诲，深谙人类先进的教育思想的精髓，堪为陈嘉庚精神的真实传人。他谦恭朴实、豁达坦诚、平易可亲；他淡泊名利、一向低调；他对家乡故国无比热爱，对教育事业执著追求，对慈善公益热心资助，被称赞为“嘉庚精神，尚大情怀”。他与胞弟李陆大共同出资 6000 多万元在家乡安溪县湖头镇创办了规模宏大的慈山学园，至今培养了成千上万的人才，众多海内外知名人士包括：王光美、贾庆林、田纪云、王汉斌、王兆国、卢嘉锡、罗豪才、庄炎林、梁披云、项南、胡平、陈明义、习近平、李远哲等人前往视察指导、题词纪念，以此表达对李尚大造福桑梓、实践陈嘉庚精神的崇敬和赞扬。李尚大还捐助燕京华侨大学、泉州黎明大学、厦大医学院、集美大学、集美中学等许多学校，捐献的资金达一亿多元。在居住国印度尼西亚，他做的好事不胜枚举，最为突出的是竭力使 30 多万侨亲结束了“圈地为牢”(1965 年因印尼排华，许多华侨已经放弃了印尼国籍但却没有回国，被印尼政府“圈地为牢”，不许读书，不给工作，生活悲惨)的生活，获得了新生。1994 年江泽民主席在印尼访问时特地接见了他与家人，对他说：“你在印尼做了许多好事，我代表国家感谢你；你在中国做了许多好事，我个人感谢你。”这是最高褒奖，饱含着祖国人民对李尚大先生的崇高赞誉。

李陆大(1923—2007 年)是李尚大的胞弟，新加坡实业家、慈善家。他早年也就读于集美中学和厦门大学，曾在集美财经学校任教。20 世纪 60 年代定居新加坡，任和声控股公司董事长。他毕生热心公益，惠泽故里，重教兴学，尊师敬老。自 20 世纪 80 年代与李尚大创办“慈山学园”以后，他为家乡各级学校捐资兴建的校舍和配套设施多达 10 万多平方米，累计捐献人民币逾 1.2 亿元，被授予“福建省捐赠公益事业突出贡献奖”金质奖章、“惠泽桑梓”奖匾和荣誉证书。1996 年 4 月，中科院紫金山天文台把第 3609 号小行星命名为“李陆大星”，以表彰他乐善好施、对中国扶贫事业所作的重要贡献，这是李陆大的至高荣誉。

此外，华侨华人捐资兴学突出的还有：李嘉诚创办汕头大学，包玉刚创办宁波大学、捐建上海包兆龙图书馆等，曾宪梓创办嘉应大学，邵逸夫捐建华东师大图书馆等多处工程，庄重文父子设立“庄重文文学奖”、“庄采芳奖学金”、捐建集

大重文楼，吴庆星创办仰恩大学，施金城创办安溪培文师范学校，钟铭选创办铭选中学和医院等等不胜枚举。他们中的不少人都说自己是受了陈嘉庚的影响。

1996 年 4 月 16 日，李陆大出席“李陆大星”命名典礼

2. 弘扬嘉庚精神，铭记诚毅校训

集美大学是在集美学村原集美航海学院、厦门水产学院、福建体育学院、集美师范高等专科学校和集美财经高等专科学校的基础上合并组成的。成立集美大学是陈嘉庚的夙愿，也是我国高等教育管理体制改革的必然要求。集美大学的缘起是陈嘉庚于 1918 年创办的集美师范，1994 年 10 月正式挂牌，1999 年实现实质性合并。在长期的办学实践中，陈嘉庚精神和“诚毅”校训深刻地影响着一代又一代集美师生。

陈嘉庚精神是中华民族宝贵的精神财富，更是集美大学最大的办学优势和金字招牌。早在合并之初，学校领导就提出要把弘扬陈嘉庚精神作为建校的根本，要把“宣传陈嘉庚、学习陈嘉庚”作为责无旁贷的义务，要把陈嘉庚精神作为集大师生的一门“必修课”。要通过各种方式使师生员工了解陈嘉庚，学习陈嘉庚。今天，我们弘扬陈嘉庚精神，就要进一步激发师生员工对祖国深厚的民族感情，提高爱国主义觉悟，坚定理想信念，不断增强民族自尊心、自信心和自豪感，正确处理国家、集体和个人之间的关系，坚持祖国和人民的根本利益高于一切，把个人的前途命运与祖国的前途命运紧密联系起来，把自己的学习、工作及发展与国家富强、社会进步紧密联系起来，认清时代赋予的重任，立志报效祖国。

全国政协主席贾庆林为集美大学陈嘉庚铜像揭幕

“诚毅”精神是陈嘉庚精神的重要组成部分，集中体现了陈嘉庚的道德品质和立身人格。“诚毅”二字，既是集美学校师生道德修养的准绳，也是陈嘉庚本人立身处世的写照。诚毅即“诚信果毅”；“诚以待人，毅以处事”；“诚以为国，实事求是，大公无私；毅以处事，百折不挠，努力奋斗”。

用“诚毅”校训教育和规范师生的言行，作为广大师生道德修养的准绳，已成为我校独有的传统精神。几十年来，“诚毅”校训激励着一代又一代集美学子，立志成才，报效祖国，成长为国家和民族的栋梁之才。“诚毅”校训已经深深地铭刻在集美学子的心里，产生了极其强烈的精神力量。“诚毅”二字，既有为人的道德标准，也有处事的意志体现。校训是学校文化的浓缩，是学校的精神和灵魂。铭记“诚毅”校训，就要在办学育人的过程中贯穿“诚毅”精神，使师生在学习、工作和生活中身体力行“诚毅”精神。充分认识以“诚”爱国，才能振兴中华；以“诚”办事，才能成就事业；以“诚”待人，才能赢得信任；以“诚”修身，才能完善自我。要把“诚毅”精神作为自己一生的行为准则，对祖国、对人民、对中国特色社会主义忠心耿耿、矢志不渝，对事业不懈追求、满腔热情，对工作勤勤恳恳、乐于奉献，对他人虚怀若谷、胸怀坦荡，使“诚毅”精神真正内化为当今每位集大人的优良品质，作为一生的做人准则。

我们有幸学习、工作、生活在陈嘉庚的故乡和他创办的学校，“近水楼台先得月”，没有人比我们更有条件沐浴他的光辉、感受他的风范、耳濡目染他的拳拳赤子之心。了解陈嘉庚，学习陈嘉庚，弘扬嘉庚精神，铭记诚毅校训，在构建社会主义和谐社会的进程中不断创造新的业绩，这是集大人的光荣使命和神圣职责。

附录一

陈嘉庚大事年表

1874 年 10 月 21 日(农历九月十二日)出生于福建省同安县集美社。

1882 年 8 岁。在南轩私塾就学。

1890 年 16 岁。奉父函召,第一次出洋新加坡。

1891 年 17 岁。在其父所营顺安米店学商。

1893 年 19 岁。归国与张氏成婚。

1895 年 21 岁。第二次出洋新加坡。

1898 年 24 岁。回国奔母丧。

1899 年 25 岁。携妻张氏第三次出洋新加坡。

1900 年 26 岁。归国葬母。

1903 年 29 岁。第四次出洋新加坡。

1904 年 30 岁。在此后三年间,创业颇有成果,奠定一定经济基础。

1910 年 36 岁。加入同盟会。被推举为新加坡中华总商会协理及道南学堂总理。

1911 年 37 岁。辛亥革命胜利,福建光复,被推为福建保安捐款委员会主席,筹款 20 多万元支援福建财政;另筹 5 万元接济孙中山先生。

1912 年 38 岁。携眷回国,筹办集美小学校。

1913 年 39 岁。集美小学校正式开学,购地扩建校舍和操场。第五次出洋新加坡。

1915 年 41 岁。经营航运,获利颇巨。

1917 年 43 岁。因两年来营业顺利,派胞弟敬贤回国创办集美师范和中学。

1918 年 44 岁。集美师范和中学正式开学。发起筹办新加坡南洋华侨中学。

1919 年 45 岁。新加坡南洋华侨中学正式开学。回国筹办厦门大学。组织同安县教育会。

1920 年 46 岁。集美学校增设女子师范和商科。创办水产科。

1921 年 47 岁。厦门大学在集美开学。

1922 年 48 岁。第六次出洋新加坡。

1923 年 49 岁。在新加坡创办《南洋商报》。当选怡和轩俱乐部总理。

1925年51岁。资产达1200万元，是他一生中得利及资产最巨之时。

1926年52岁。扩建南洋华侨中学校舍。创办集美农林学校。开始面临逆境，胶价暴跌，营业亏损甚巨。

1928年54岁。组织山东惨祸筹赈会，被推为主席，募款救济受祸难胞。

1934年60岁。企业收盘。

1937年63岁。“七七”事变发生，发起组织新加坡筹赈会，被推担任主席。

1938年64岁。被选为南洋华侨筹赈祖国难民总会主席。攻讦汪精卫投降卖国的行径。

1940年66岁。组织“南洋华侨回国慰劳视察团”，并回国到重庆、延安等地视察慰问。

1941年67岁。被推为南侨总会第二届主席。组织南洋闽侨总会。创办南洋华侨师范学校。12月，太平洋战争爆发，领导组织新加坡华侨抗敌动员总会。

1942年68岁。新加坡沦陷，避居爪哇三年，写成《南侨回忆录》。

1945年71岁。日本战败投降，重返新加坡。11月18日，重庆各界召开“陈嘉庚安全庆祝大会”，毛泽东特送条幅，题“华侨旗帜，民族光辉”八个大字。

1946年72岁。创办《南侨日报》。

1947年73岁。召开新加坡华侨大会，反对荷兰殖民军屠杀印尼巨港华侨暴行，议决准备对荷兰实行经济制裁。为集美各校开拓经费来源，在香港创办集友银行，实行以行养校，是史无前例的创举。

1949年75岁。应邀回国，9月在北京出席全国政协第一届全体会议，被选为常务委员。10月1日，参加中华人民共和国中央人民政府成立典礼，被选为中央人民政府委员、华侨事务委员会委员。

1950年76岁。最后一次出洋新加坡，结束未了事务。当年回国定居故乡集美，亲自主持集美、厦大两校校舍的修建。

1954年80岁。9月，出席第一届全国人民代表大会第一次会议，当选为全国人大常委会委员。12月，在全国政协二届一次会议上当选为全国政协副主席。

1955年81岁。视察东北、华北、西北、西南等地。

1956年82岁。当选为中华全国归国华侨联合会主席。

1959年85岁。在全国政协三届一次会议上再次当选为全国政协副主席。创立厦门华侨博物院。

1961年87岁。在北京逝世，遗体移集美鳌园安葬。

附录二

陈嘉庚公司分行章程的眉头警语

《陈嘉庚公司分行章程》系于1929年由陈嘉庚亲自制定，它体现了陈嘉庚办企业的指导思想与基本要求。在《章程》的各页眉头印有陈嘉庚亲自拟定的警语，共80条。这些警语深入浅出，引喻巧妙，含义精确。既是文明经商的经验总结，又是体现陈嘉庚精神的人生格言，富有教育哲理，发人深省。特辑录如下：

战士以干戈卫国，商人以国货救国。

店员不推销国货，犹如战士遇敌不奋勇。

外国人之富强，多借中国人之金钱。

人身之康健在精血，国家之富强在实业。

我退一寸，人进一尺；不兴国货，利权丧失。

商战之店员，强于兵战之甲士。

训练兵战在主将，训练商战在经理。

能自爱方能爱人，能爱家方能爱国。

爱国队中无有道德败坏之人，不尊重自己之人格，何能爱自己的国家。

借爱国猎高名，其名不永。借爱国图私利，其利易崩。

惟有真骨性方能爱国，惟有真事业方能救国。

厦集二校之经费，取给于本公司；本公司之营业，托力于全部店员。

直接为本公司之店员，间接为厦集二校之董事。

为学校董事有筹措经费之责，为本公司店员有发展营业之责。

为本公司多谋一分利益即为国家多培一个人才。

不为教育奋斗非国民，不为本公司奋斗非店员。

本公司是一社会之缩影，服务于本公司，即服务于社会。

热心为社会服务，未有不热心为本公司服务。

尊重本公司之职守，即为图谋社会之公益。

受人委托即当替人尽力，受本公司委托，即当替本公司尽职。

视人委托之事，一若自己之事；办本公司之事，亦若办自己之事。

不能尽职于公司，又何能尽职于自己。

公司遥远，耳目难及；不负委托，惟在尽职。

命令出于公司，努力在求自己。

在公司能为好店员，在社会便为好公民。

公司之规章，同于国家之法律。

法律济道德之穷，规章作办事之镜。

好国民守法律，好店员守规章。

法规为公共而设，非为一人而设。

人类有服从法规之精神，即有创造事业之能力。

日日思无过，不如日日能改过。

规章新订，人人宜阅；不问规章，规章虚设。

待人勿欺诈，欺诈必败；对客勿怠慢，怠慢必招尤。

以术愚人，利在一时；及被揭破，害归自己。

顾客遗物，还之惟谨；非义勿取，人格可敬。

隐语讥人，有伤口德；于人无损，于我何益。

与同业竞争，要用优美之精神与诚恳之态度。

货品损坏，买后退还。如系原有，换之勿缓。

肯努力，多推销；未见利，利不少。

谦恭和气，客必争趋；恶词厉色，人视畏途。

货物不合，听人换取；我无损失，人必欢喜。

视公司货物，要如自己货物。待入门顾客，要如自己亲戚。

货真价实，免费口舌；货假价贱，招人不悦。

招待乡人要诚实，招待妇女要温和。

货物如黄金，废弃货物于暗隅，犹若浪掷黄金于道路。

检查货物，不任损失，公司之利益，亦即个人之利益。

不查货底，存货莫明；暗里牺牲，其害非轻。

新货卸卖，旧货弃置，如此营业，安所求利。

多卖一份旧货，胜卖二份新货。

旧货为本，新货为利；本不取回，利何由至。

店费开支，逐日统计；方知盈亏，方知利弊。

得从何处得，失从何处失，要明其底蕴，全仗统计力。

天文家靠望远镜以窥天时，商业家靠算盘以计赢利。

非公而出，荒废店务；习惯养成，自绝前路。

一人不在店,一货减销路;利权暗中失,不可计其数。
为官守印,为贩守秤,为店员守柜面。
嬉游足以败身,勤劳方能进德。
人而无恒,终身无成。
好多便不精,好情便不纯。
欲念愈多,痛苦愈大。在职怨职,无职思职。蹉跎到老,必无一得。
见兔猎兔,见鹿弃兔,鹿既难得,兔亦走路。
业如不专,艺必不精。
智识生于勤劳,昏愚出于懒惰。
懒惰是立身之贼,勤奋是建业之基。
有坚强之精神,而后有伟大之事业。
临事畏缩,丈夫之辱。
欲成大事,先作小事。
不以小事而生忽心,不以大事而生畏念。
甘由苦中得来,逸由劳中得来。
动作迟慢,事事输人,商战场中必为败兵。
欲闲未真闲,心里大艰难;再觅正事做,精神自然安。
金玉非宝,节俭是宝。
有钱须思无钱日,莫待无时思悔迟。
待人要敬,自奉要约。
财有限而用无穷,当量入以为出。当省而不省,必致当用而不用。
交友多,好出游,不误家,必误身。
无是非之心非人也,无责任之心亦非人也。
做事敷衍是不负责任之表现。
无事要找事做,不要等事做。有事要赶紧做,不要慢慢做。
无事找事做,其人必可爱;有事推人做,其人必自害。
事事让人出头,终身无出头地;样样让人去做,终身无自做时。

附录三

陈嘉庚遗教二十则

一、我居星数十年,未尝犯过英政府一次罪。

二、儿孙自有儿孙福,不为儿孙作马牛。

三、宁人负我,毋我负人。

四、怨宜解,不宜结。

五、居安思危,安分自守。

六、饮水思源,不可忘本。

七、家庭之间,夫妇和好,互谅互爱;治家之道,仁慈孝义,克勤克俭。

八、服务社会是吾人应尽之天职。

九、不取不义之财。

十、仁义莫交财。

十一、能辨是非,做事有恒。

十二、服务社会,老而弥坚。

十三、吾人应安分守法,以培后盛。

十四、己所不欲,勿施于人。

十五、不可见利忘义。

十六、世间冥冥中确有因果,不可不信。

十七、凡做社会公益,应由近及远,不必骛远好高。

十八、凡做事须合情合理,如不合情理,应勿为之。

十九、我毕生以诚信勤俭办教育公益,为社会服务。

二十、明辨是非善恶,众人须知之,应如何笃行之。

(录自陈厥祥《集美志》第117~118页:陈嘉庚次子陈厥祥按:列举上述之先父遗教,系二三十年来,关于家族、社会之处世经验与为人之道,特将其重要者志之,以示我子侄孙辈,并期望集美青年乡亲,知所警惕,互相劝勉焉。)

附录四

陈嘉庚纪念胜地

集美学村的“陈嘉庚纪念胜地”是陈嘉庚先生故居、陈嘉庚生平事迹陈列馆、归来堂、鳌园和嘉庚公园的统称，1996 年由国家教委、民政部、文化部、文物局、共青团中央和解放军总政治部命名为“全国百个中小学爱国主义教育基地”，1997 年由中宣部确定为全国百个爱国主义教育示范基地之一。

陈嘉庚先生故居与归来园

陈嘉庚先生故居是一幢淡灰色的两层欧式小楼，建于 1918 年。陈嘉庚和胞弟陈敬贤回国期间工作和生活在这幢小楼里，集美师生与村民称陈嘉庚兄弟为“校主”和“二校主”，把这小楼叫“校主厝”。1938 年厦门沦陷后，集美校舍和民宅大多毁于日寇的狂轰滥炸。抗战胜利后多半没有能够修复。1950 年陈嘉庚回国定居集美，筹资并主持集美学村的大规模重建和扩建工程，包括学校校舍、公共设施和居民住宅，只有他的旧宅“校主厝”，依然残垣断壁、瓦砾杂草，没有修复。直到 1955 年人民政府拨款按照原貌重新修复后，1957 年底他才从原校董住宅(位于航海学院东门的诚毅楼)搬进去住，但 1961 年便因病去上海、北京治疗，从此而永远离开。

1980 年“校主厝”重新翻修后，按陈嘉庚居住时的原物原位陈列展示，挂上全国人大副委员长廖承志手书“陈嘉庚先生故居”制成的横匾。二楼西侧南面是陈嘉庚的办公室，摆放着写字桌、靠背椅和两张规格式样不相同的沙发。办公室北墙有一道门通向卧室，里面陈列着旧式简易木床、书橱和两只随陈嘉庚饱经沧桑的皮箱。床前茶几上有一个倒置的茶杯，烛泪累累，这是陈嘉庚用的“烛台”。穿卧室东侧小门进入卫生室，眼见盥洗用具有储水陶缸、脸盆、口盅、搪瓷痰盂，还有一些小瓶罐等。紧挨卧室和卫生室的餐室里只有一张圆木桌和十来只小圆木凳。在这里，陈嘉庚用集美本地的海产、小菜招待过许多中央领导人和国内外社会名流。在餐室的隔壁是特设的陈列室，陈嘉庚生前用过的棉背心、布伞、蚊帐、手杖、剃须刀和鞋帽等遗物，出于文物维护的需要，集中摆放在玻璃柜里向观众展示。二楼正中是会议室(也作会客室)。故居东侧几间陈列室展示的是有关“二校主”陈敬贤(1889—1936)短暂一生的文字、照片资料，介绍他辅佐胞兄发展实业和兴学办教的事迹。故居一层的各间是集美各校的校史陈列室。

陈嘉庚生活的年代对于我们大多数人来说，是越来越陌生，越来越遥远了。但只要饱览过集美学村旖旎风光，到过故居并有所用心地观看了陈嘉庚遗物的人们，无不被他的奉献精神所深深震撼：他用于自己的是那样俭朴、那样简单、那样有限，而他留给社会的是那样丰富、那样美好、那样永恒。

陈嘉庚生平事迹陈列馆位于故居西侧，共 3 层，分 3 个展室，即："经商南洋，情深乡国"、"倾资兴学，百折不挠"和"赤诚爱国、鞠躬尽瘁"，用大量珍贵的照片资料和实物介绍陈嘉庚光辉的一生。

归来堂在故居正前方嘉庚路南侧，建于 1962 年。陈嘉庚生前曾有过建归来堂的计划，用途是方便海外亲人回故里时歇宿和祭祖。他逝世后，周恩来总理指示将这一计划付诸实施。归来堂是单层建筑，由大厅、拜堂、内院、回廊和厢房组成，总面积 1000 平方米。拜堂内有一块"归来堂记"石碑，碑文是陈培锟应陈嘉庚之约于 1960 年 9 月撰稿由罗丹书写的。碑文说明了陈嘉庚建归来堂的用意是要子孙后代勿忘故国，大意是：陈嘉庚侨居海外数十年，一家数十口，如果建归来堂是给自己"娱老"，享受天伦之乐，"则骨肉犹隔重洋"，不可能；如果是为了留给子孙作遗产，"则堂奥难容生聚"，太小了；归来堂只建成一座小宗祠那样的规模，因为它"重于承先启后，而示以海外后人，惟父母之邦，当数典勿忘"。

归来园建于 1983 年，是归来堂的前庭。石板地面宽广平坦，盆栽、翠柏、灯柱对称成行。在这宁静而充满活力、舒展而不空荡的开放式庭园里，矗立着陈嘉庚的等身铜像。他左手拿着礼帽，右手握着手杖，面带笑容地望着远方，神采英拔、自信而慈祥。这是中国著名雕塑艺术家潘鹤教授的成功之作。铜像背后有一面大石屏，镶嵌着毛泽东主席对陈嘉庚一生功绩所概括的金灿灿的八个大字："华侨旗帜，民族光辉"。

鳌园和嘉庚公园

鳌园由门廊、集美解放纪念碑和陈嘉庚陵墓组成，位于集美学村东南海滨。那里原先是一座孤屿，上有鳌头宫（又名天妃宫），早已毁于日寇炮火。陈嘉庚在这座小宫庙的废址上填海筑堤，造地 8890 平方米，形成了半岛，花 10 年时间（1951 年—1961 年）、耗资 65 万元，亲自设计、刻意营建了一个举世无双的风景点——鳌园。

鳌园总面积近 1 万平方米，布局奇巧，在平面图上呈汉字繁体"圖"字形。进

入鳌园穿过一条长廊引道便是集美解放纪念碑,即“圖”中的“回”字;陈嘉庚墓前有一个拜亭,是“圖”中的“口”字;纪念碑与陵墓之间有一幅弧形的石屏,好像“圖”中的一横;陈嘉庚墓宛如一横上的一点;鳌园四周的石雕墙则是“圖”的外围“口”。园中建筑和雕刻,均体现他寓教于游、寓教于乐的思想,包含中外古今、天文地理、科技文教、书法绘画、动物植物、工农业生产等诸多方面,无所不有,无所不包,博大精深,是个博物大观。

鳌园由门廊、纪念碑、嘉庚墓组成。门廊长 50 米,中式庑廊,四向通透。两边的石壁,下部是陈嘉庚生平事迹摄影图片展览,上部是一色精美的青石浮雕,雕刻着中国古今历史故事 58 幅画面。这 58 幅历史人物故事的青石镂雕,是鳌园 666 幅石雕的精华。门廊外的围墙,有各种石雕 293 幅,其中浮雕 229 幅,沉雕 42 幅,影雕 20 幅,水泥雕 2 幅。此外,还有全国各界名人名流名家的书法楹联题刻,真草隶篆行各种书体均有,书法上乘,刻艺精湛,是福建石雕艺术的瑰宝。门廊左边“至诚道前知”下面的石刻分三部分,中间部分是“诸葛亮马前课”24 幅画面。前面是中国革命历史画面 7 幅。后面是 7 幅传统戏曲画面。

“诸葛亮马前课”是左边雕廊的核心,也是陈嘉庚思想观念的生动体现。马前课是诸葛孔明的预言,从占卦得之,自三国起每朝四句,清朝四句是:“水月有主,古月为君,十传绝统,相敬如宾。”根据陈嘉庚的解释,“水月有主”指清朝,“古月”指胡人,即满族人,四句的意思是:清入主中原,由顺治到宣统皇帝,传至十世而亡,但末代皇帝退位时并未遭到杀害,而是对他像宾客一般给以礼遇,满汉两族人民也和睦相处。民国四句是“豕后牛前,千人一口,五二倒置,朋来无咎”。“豕”指辛亥年,即猪年。1912 年 1 月 1 日中华民国政府成立,孙中山就任临时大总统这一年为壬子年,即鼠年,正是猪年与牛年之间。“千人一口”指“和”字,“五二”倒置,指“七七”事变,小国欺凌大国,“朋来无咎”指联合世界各国组成反法西斯同盟。四句的意思是:辛亥革命第二年即 1912 年,军阀伍廷芳到南京与孙中山讲和,“七七”事变爆发后,由于同盟国的帮助,结果取得胜利。接下去四句“四门窄辟”指日寇攻陷南京,“突如其来”指珍珠港事件。“晨鸡一声,其道大衰”,是指日寇侵华战争以 1945 年的失败告终,“鸡”指鸡年即 1945 年,“道”指日本武士道。接下去四句“拯患救难,是唯圣人,阳复而治,晦极生明”,意思是圣人毛泽东把人民从苦难中拯救出来,黑暗过去,光明到来。下面四句“贤不遗野,天下一家,无名无德,光耀中华”,指中华人民共和国成立前夕,共产党邀集天下贤达,召开新政协筹备会,商议建国大事,有才能的人都能发挥所长,天下人民亲如

一家。“无名无德”为老子所言，是指世界上如果人人都有人格有道德，就无所谓名德之人了，也就达到世界理想境界了。这是指新中国领导人不计名利，甘当人民公仆，中国前程一片光明。最后四句“占得此课，易数乃终，前古后今，其道无穷”，乃全书结语，意为占卦至此已尽，前后古今，不复战争，即可保永久和平，世界大同。《诸葛亮马前课》这本书是怎样产生的已经难以考究，但陈嘉庚对书中的预言所作的解释和深信不疑的态度，却充分表现了他对中国共产党和伟大领袖毛泽东的尊崇与信赖，充分表现了他关注祖国命运的赤子情怀。

集美解放纪念碑，是鳌园的主体建筑。碑高 28 米，象征中国共产党经过 28 年奋斗，取得了胜利，正面是毛泽东主席亲笔题写的“集美解放纪念碑”。毛主席为一个镇题写解放纪念碑碑名是仅有的一次。碑的背面是陈嘉庚撰写并手书的碑文，全文如下：“一八七四年，我出生于集美。十七岁往新加坡从商，并种黄梨树胶，设制造厂。辛亥革命归办集美学校。一九三八年日寇陷厦门，学校移安溪。我在新加坡召集南洋各属华侨代表，组织南洋华侨筹赈祖国难民总会，助抗战财力。日寇据高崎，国军守集美，炮战七年，校舍破坏大半。日寇败后，美国助蒋匪内战。一九四九年北京解放，我回国参加中国人民政治协商筹备会议；九月匪军据集美，拒战三日，解放后窜金门。十一月匪机来炸校舍及村宅，师生村民死伤惨重，校舍村宅破坏甚多。越年，我出洋数月回国，决意长住家乡，修建校舍，扩大规模。追念历次革命战争与本校废兴经过，建集美解放纪念碑，略述附载。座阶八级象征八年抗战，又三级象征三年内战，永垂观感。中华人民共和国一九五二年九月十二日陈嘉庚。”纪念碑的基座分 4 层，第一层座阶连基础共 13 级，第二层 10 级，第三层 8 级，第四层 3 级。13 级寓他的事业鼎盛的年月（1913—1926），10 级为遇到困难的年月（1926—1936），8 级为八年抗战（1937—1945），3 级为三年解放战争（1946—1949）。基座四周围栏浮雕，内容包括禽兽草木和为人处世的警语。碑前为一座高 7 米，宽 30 米的照壁，有 12 块浮雕，浮雕中间嵌中国、福建省、台湾省等多幅地图，反映了陈嘉庚期盼祖国统一的愿望。

陈嘉庚墓是国家级文物保护单位。墓坐子向午，呈寿龟形，墓盖用十三块六角形的青斗石镶拼而成。墓圹为“风”字壳，圹的内侧由 15 块青斗石浮雕镶嵌，上雕陈嘉庚先生前半生经历。周边的石雕记录先生倾资兴学、赤诚报国的一生。正南面白色花岗石墓碑上鎏金隶书，灿然昭灼着陈嘉庚的 4 个主要职务：中国人民政治协商会议全国委员会副主席、中华人民共和国全国人民代表大会常务委员会委员、中华人民共和国华侨事务委员会委员、中华全国归国华侨联合会主

席。墓前拜亭亭顶和四周横楣内外，墓后巨幅石屏两侧镌刻着知名人士的题词以及精雕细镂、栩栩如生的人物活动和花草虫鱼画面。

嘉庚公园面积3万平方米。周边建了一组仿古的歇山琉璃亭台楼阁建筑群，总建筑面积5500平方米，与鳌园融成一体，尽显秀美，于1994年10月陈嘉庚先生诞辰120周年时竣工，向游人开放。这块地是陈嘉庚生前购买和围海筑堤填造而来，计划用于建集美公园。陈嘉庚曾说，他苦心经营家乡建设是要把集美学村建成一座花园，“凡有诚意公益者，必先由近而及远”，“我前后曾游历20余省，所见各处名胜市镇山川，少有如本乡之雅妙，兹又加建厦集两海堤，如锦上添花，我家乡有此美好之山水，又属文化区域，故我对各校舍不得不加以注意，并希望此后四五年，每年费二三十万元，整修全校界内如花园”。

附录五

陈嘉庚与嘉庚建筑

著名华侨领袖陈嘉庚先生一生倾资兴学，在家乡厦门投资创立并亲自规划建设了著名的集美学村和厦门大学两处学校区，建成了一批具有独特风格的中西合璧的建筑，被称为“嘉庚建筑”。陈嘉庚先生熟悉中国文化传统，特别是闽南当地的传统民俗，结合他在南洋各地接触到的近代西方科技文化，他精心规划设计了这两处地方。嘉庚风格建筑不仅仅指的是建筑本身，还有陈嘉庚先生对集美学村和厦门大学的规划。

陈嘉庚先生不是专业的建筑师，但是他设计建造的建筑物美观、坚固、大方、经济，具有浓郁的民族和地方特色，彰显着独特的个性风格，成为构成厦门城市建筑风格、城市文化不可或缺的一部分，在中国城市规划建设史上占有非常重要的地位。现今，有一批建筑学专家学者专门从事嘉庚风格建筑的研究，集美学村和厦门大学后来兴建的建筑也是在尊重和延续嘉庚风格的基础上建设的。

集美学村创办于 1913 年，它是一处全面规划建设的包括小学、中学、师范、水产航海、商业等众多学校，加上图书馆、体育场、医院、公园等在内的学校城。在选址上，陈嘉庚先生选择了向南朝海边的地势较高岸边建造学校，完全符合了地方传统的风水观念。在规划上，因地制宜组成了严格对称、围合感强又主次分明的总体规划布局。集美学村面临海湾，景色优美，在海边利用几个突出的高地，组成几个分散集团式结构，最南边建有陈嘉庚先生墓园鳌园，此园规划沿海岸设置，布局严谨，为填海而建。鳌园由门廊、纪念碑、陈嘉庚墓组成。陈嘉庚先生建设鳌园时并没有设计图纸，都是走到哪建到哪，但是鳌园竣工时俯瞰竟呈现出一个繁体字的图书馆的“圖”字，让人不得不佩服陈嘉庚先生对规划建设的敏锐直觉。鳌园更集合了当时闽南技艺最高超的能工巧匠，为后代留下了一笔宝贵的具有爱国主义教育意义的石雕艺术品。

厦门大学创建于 1921 年，位于厦门岛东南部沿海山地上，背山面海，西临我国南方最大的佛寺南普陀，风景优美。利用临近的南普陀寺和北依的万石岩，因地布置主要教学楼和办公楼，并开辟了楼前的石质山坡为运动场的看台，使得主

楼形体突出，面向大海，海景极佳。原本建南楼群是由陈嘉庚先生委托美国设计师设计的，为品字形，五座楼局促在演武场西北一角，费用很高。陈嘉庚先生认为这样的建筑设计会将演武场的场地占去许多，势必影响将来整个学校的布局和发展，他把品字形楼房格局改为“一”字形，在演武场北面的中心，这样一来，五座大楼前拥有了广大的活动场地，雄伟壮丽，也大大降低了建筑成本。

1950 年，厦大扩建，陈嘉庚先生亲自主持扩建厦大的基建工程，先后兴建了建南大礼堂、图书馆、生物馆、化学馆、数学物理馆、医院以及作为师生宿舍的芙蓉楼四座、国光楼三座、丰庭楼三座和膳厅、游泳池、上弦场等，建筑面积近 6 万平方米。这一时期楼房的建筑风格较建校初期有所突破，白岩红砖琉璃瓦，骑楼走廊配以绿栏杆，传统民族风格又不乏南洋的亚热带风情，红绿白三色搭配，色彩调和，鲜艳夺目，是“嘉庚风格”新的典范，成为全国高校的一道独特的亮丽风景线。陈嘉庚先生认为学生宿舍建走廊可以在那里看报吃茶，使房间更宽敞，使住宿条件更加卫生，所以宿舍增建走廊。

嘉庚风格建筑体现了中西建筑文化的融合，具有独特的建筑形态和空间特征。其建筑呈现出闽南式屋顶，西洋式屋身，南洋建筑的拼花、细作、线脚等风格；其空间结构上注重与环境的协调；在选材用工上“凡本地可取之物料，宜尽先取本地生产之物为至要”。厦大群贤楼群、建南楼群均为“一主四从”的组团结构，即以主楼为中心，其他四幢从楼沿两侧对称“一字”排开，主楼以中式风格为主，从楼以西式风格为主。陈嘉庚先生深受中华传统儒家文化和多年南洋侨居生活的影响，汲取了中西文化不同的审美观，既注重中西交融又突出地方特色。

嘉庚建筑风格的形成，是陈嘉庚先生吸纳古今中外优秀建筑文化，并结合闽南传统建筑文化的结果。他兴建的楼宇，立面形态通常表现为古今结合、中西结合，往往是屋面中式、屋体西式、细部刻画南洋式；在建筑组团中主楼中式，其他西式（如厦门大学建南楼群、群贤楼群），或主楼西式，两侧中式，两端西式（如允恭楼群）。中式屋面的秀丽、挺拔、隔热、保湿的优点和西式屋体的通风、明亮、布局自由的长处在这里相得益彰，从而使东西方两种古老的建筑文化巧妙地融合在一起，展示出独特的魅力。

嘉庚建筑的整体、局部和细节之美，折射出陈嘉庚先生丰厚的建筑艺术修养和尊重自然、以人为本的建筑观。他兴建的一系列校舍大都“依山傍海，就势而筑”，有的利用原有的地形地貌加以改造，有的配以楼亭台阁点缀自然景观，有的将雕刻、绘画、园林艺术融入其间，较好地处理了建筑与环境的关系，使人工美和

自然美、整体美与局部美交相辉映，和谐统一。在细部的处理上，他充分利用闽南地区盛产各色花岗岩和釉面红砖的优势，充分发挥闽南能工巧匠的创造性，以镶嵌、叠砌的高超技艺，在柱头梁底、门楣窗楣、墙面转角、外廊立柱上拼饰图案，配搭色彩，进一步提升了校舍建筑的整体美感，展示了嘉庚建筑的细节之美。为了适应闽南地区气候湿热的特点，嘉庚建筑不仅窗大门阔，明亮通风，而且各楼的南面甚至南北两面均辟有雨盖走廊，可以遮风挡雨，避免日晒。大多数建筑物周围都留有足够的运动空间，形成所谓"有楼就有场"的结构布局，这种建筑设计更加适合师生学习运动和居住生活。

嘉庚建筑大量运用白色花岗岩、釉面红砖、橙色大瓦片和海蛎壳砂浆等闽南特有建筑材料。这不仅使得嘉庚建筑的工程造价大为降低，而且使得嘉庚建筑具有浓郁的地域风格。陈嘉庚先生就地取材和保持闽南建筑固有的风格的做法，是他注重民族特色和尊重自然环境的具体反映，也是他崇尚节俭、不事奢华的作风在建筑方面的自然流露。

嘉庚建筑在继承闽南红砖民居优点的基础上，改良仰合平板瓦为"嘉庚瓦"，革新双曲燕尾脊为三曲、六曲燕尾脊，总结优化传统的彩色出砖入石建筑技艺，以及尝试西洋式、南洋式、中国式、闽南式多元建筑风格的互相融合，体现了陈嘉庚先生善于博采众长、敢于突破传统、勇于创新求变的可贵精神和高瞻远瞩的发展观。嘉庚建筑在汲取欧式、南洋建筑精华的同时，不刻意追求洋化，不埋没本民族特色，而以"穿西装，戴斗笠"的形式实现民族风格与现代功能性结构的结合，集中体现了陈嘉庚先生爱国爱乡的赤子之情。

嘉庚建筑记录下陈嘉庚先生创办集美学村和厦门大学的艰辛历程，向后人展示着陈嘉庚先生崇高的人格风范。在集厦两校的创立过程中，从选址、规划、绘图到监督施工以至楼舍命名，陈嘉庚先生都倾注了巨大的心血。他曾于1919年专程回国近三年，亲自主持兴建了一大批早期校舍和公用建筑。1950年他回国定居故乡集美后，更以七八十岁的高龄，满腔热情地投身于家乡文化教育基础设施的建设。集美学校各校、集美鳌园、厦门大学和厦门华侨博物院，无不留下他巡视工地的忙碌身影。有陈嘉庚先生主持兴建的工程，不仅施工进度快，而且建筑质量特别好，各种费用俭省。他常说："应该用的钱，千万百万也不要吝惜；不应该花的钱，一分也不要浪费。"他为集美学村和厦门大学建筑了那么多的高楼华屋，却从不以自己的名字冠名，无私奉献的精神让人钦佩。

嘉庚建筑是陈嘉庚先生结合中西方建筑艺术、因地制宜的产物，是闽南最具

魅力的特征建筑之一，以其中西合璧、古朴大气、庄重恢弘和浓郁的闽南地域特点而屹立于中国建筑之林。陈嘉庚精神和嘉庚建筑都是中华大地上的瑰宝，是留给后人的一笔极其宝贵的财富。

附录六

集美学校的革命传统

在20世纪20年代，集美学校涌现出一批早期革命活动家，建立了闽西南第一个共青团支部，集美学校校友还在厦门大学组建了福建省第一个共产党支部，一批校友参加了毛泽东在广东创办的农民运动讲习所。此后许多校友奔赴各地创建党的地下组织，有的参与组建中共厦门市委、闽南特委、福建省委，成为各地党组织的创始人，为开辟闽西南革命根据地立下了不朽的功勋。30年代，大批校友走上革命道路，有的奔赴延安参加革命，有的战斗在敌人心脏，有的英勇牺牲在抗日战争最前线，许多校友成为我党我军的重要骨干。40年代，校友中产生了更多的我党地下工作者和游击队战士，许多优秀校友成长为卓越的领导人，为福建的解放和新中国的建立做出了重大的贡献。这些各个时期校友中涌现出来的老一辈革命家的革命斗争史及其大无畏的革命精神，成为集美学校的光荣革命传统，是新时期激励广大师生为建设中国特色社会主义事业而不懈奋斗的力量源泉。

一、各种思想的传播

集美学校师生从20世纪20年代起就站在反帝反封建革命斗争的前列，并坚持到集美解放，故被誉为福建的“民主堡垒，革命摇篮”，为我国的革命事业和新中国的建设，做出了一定的贡献。

五四运动之后，革命运动的浪潮波及厦门，各种思想和思潮竞相在集美传播，革命意识觉醒。社会主义派在学校中代销《新青年》、《向导》及《人民周报》等。师生思想活跃，热情高涨，为开展革命活动和接受中国共产党的领导奠定了坚实的基础。

1921年，校内师生开始纪念“五一”国际劳动节，宣传马克思主义思想；发起“太平洋会议研究”、致电“太平洋会议”，反对帝国主义侵略；1922年，学生的活动已经开始涉及社会。1923年，成立了《集美学生对日外交后援会》，发出通电，分赴各地游行、宣传、演讲，特别是千余名师生参加了厦门各界交涉旅大问题的大游行示威活动；校内开始出现党中央的机关刊物——《向导》和本校师范部学生出版的革命刊物——《集师学生》周刊。这些进步活动和刊物，推动了学校建立革命组织的进程。

二、早期共产党领导下的革命活动

1921 年 7 月中国共产党成立，11 月，发出建立、发展地方组织，加强马克思主义宣传及开展工人、青年、妇女运动的通告。1925 年 1 月中国共产党在上海召开的第四次全国代表大会决定在未建立共产党组织的地方应努力开展工作，尽快建立党团组织。此后，共产主义思潮和共产党的各项主张在中国大地迅速传播。1925 年 5 月共青团广东区委根据福建青年协进社的要求和共青团通讯员罗明(集美校友)的建议，决定派蓝裕业到厦门筹备共青团组织。6 月初，蓝裕业以国民会议促进会代表的身份到集美学村，根据罗明开列的同学进行联系，从左派学生、学生运动的积极分子中吸收李觉民、罗扬才、邱泮林、刘端生、罗良厚、罗贤开、罗朝金等 7 人加入共青团。中旬，在集美学校成立了闽西南第一个共青团支部——共青团集美学校支部，并根据恽代英的介绍任命李觉民为支部书记，隶属共青团广东区委领导。团支部的成立，推动了集美学校和闽西南地区反帝反封建运动的开展。

1926 年 2 月，中共厦门大学支部成立，党支书为罗扬才，成员有罗秋天、李觉民等。3 月集美学校各部学生的党支部和集美小学部教师党支部相继成立。与此同时，师范部毕业生罗明根据中共广东区委的指示，以国民党中央农民部特派员的身份到闽南招收第六届广东农民运动讲习所学员 9 名，其中 8 人是集美学校的学生，他们是：郭滴人、朱积垒、李联琨、朱文昭、温加福、王奎福、胡永东、黄昭明，他们在农民运动讲习所先后加入了中国共产党。1926 年 10 月 12 日北伐军入闽后，数以百计的集美进步学生，先后返回其原籍龙岩、漳州、泉州各县和厦门市开展革命活动，发展和组建国民党左派及其县区组织；发展共产党党员，建立中共支部，领导工农运动，成立政治监察署、农民协会，建立工农武装游击队等等，把革命的红色种子撒遍闽西南大地。

1927 年初，罗明奉命在漳州组建中共闽南特委。在 20 余名委员中，集美校友有组织部长刘端生、宣传部长翁振华(泽生)，秘书长邱泮林、委员朱积垒、郭滴人、罗扬才、胡永东等，参与领导全面发展厦门、闽西、闽南各县革命工作。但在 4 月 9 日，厦门发生了反革命政变，时任厦门总工会委员长的罗扬才被捕，数日后被秘密押往福州杀害。这时，集美革命师生多数奉调离校工作，未毕业的则在白色恐怖下转入地下，坚持斗争。

三、集美各校师生反抗日本侵略

集美学校师生素有光荣的爱国传统，从 1928 年起，就与在新加坡领导华侨

反对日本暴行的校主陈嘉庚遥相呼应，开展反日活动。“七七”事变之后，中华民族处在生死存亡的关头，集美学校师生同仇敌忾共赴国难，根据形势需要成立各种组织，利用一切条件，采用各种形式，广泛深入地开展抗日宣传活动，肩负起宣传抗日救亡的重任，在社会上引起强烈反响。

1928年5月“济南惨案”发生后，集美各校学生组织“反对日本出兵山东委员会”，后来又与“反抗日本侵略国权大会”合并，改组为“反日备战大同盟”。又经各校联席会议决议，组织全校义勇队，实施严格的军事训练。

1931年9月“九一八”事变发生，消息传到集美，举校愤慨，于9月26日成立“集美抗日救国会”。该会制定了“组织大纲”与“宣传大纲”，教职工、学生以及集美学村各界皆为会员，分队进行宣传工作，并在集美码头检查、抵制日货。为了推动厦门地区的抗日工作，统一及充实闽南的抗日力量，集美抗日救国会又派代表到各地进行联络，于11月24日召集闽南各地抗日团体，在集美学校大礼堂召开代表大会，决议组织“闽南各地抗日团体联合会”，后又改称“闽南抗日总会”，设会所于厦门。在整个闽南的抗日救亡运动中，集美学校师生起了中坚和骨干作用。

1937年“七七”事变后，集美各校师生有不少走上抗日前线。如骁勇善战、屡建奇功、壮烈殉国的民族女英雄李林（原名李秀若）烈士，就是在1937年夏奔赴雁北抗日前线的。

1937年8月12日，集美抗敌后援会成立。10月公布了《集美师范、中学战时青年后方服务团组织与训练大纲》后，集美各校包括中学相继成立了战时青年后方服务团。1938年2月，集美小学也组织了“儿童救亡会”干事会。3月，集美联合中学的课外活动指导委员会决定设立文艺、绘画、戏剧、音乐、书法、演说、时事、日本、南洋等十二种研究会。同年秋季，集美剧团和音乐研究会成立。同时还通过出版《集美周刊》、集美图书馆订阅书报刊物、举行以抗敌为内容的各种竞赛活动等等，向广大师生和城乡民众广泛宣传抗日救国主张。

集美学校内迁安溪后，遵照陈嘉庚致陈村牧“国难日亟，希激励员生，抱定牺牲苦干精神，努力抗敌救国工作”的指示，师生继续组织多种多样的抗日救国活动，组织各种演讲队、歌咏队、宣传队等深入各地宣传，足迹遍及安溪等六个县境。《集美周刊》在抗战期间每期都分栏报道集美各校师生宣传抗日活动的重要内容，还出版《抗敌专号》数期，登载了大量团结抗日的文章和消息，使广大师生深受鼓舞。同时还开展抗日救国的捐献、征募工作，如：储（献）金救国、征募棉

衣、募集救国公债、捐募购机款等。

四、解放战争时期的革命活动

解放战争时期，集美各校存在中共闽浙赣（闽中）和闽粤赣（闽西南）两个地下党组织，他们密切配合，协同作战，开展了一个又一个反美、反蒋的学生爱国运动，锤炼了数以百计的爱国革命青年。1945 年 9 月，集美高水和附设在集美高水的省立水产学校组建一个党支部。1946 年 2 月，集美高中、初中、高商师生从安溪回到集美，根据上级党组织的指示，成立了闽中集美学校工委会。同时，在中等各校发展了一批党员，分别建立了集美高水党支部，省水党支部，后发展为南（安）同（安）县工委；集美中学（男生）党支部和集美女生党支部。集美学校工委会隶属中共泉州中心县委。1946 年 4 月以后划归中共厦门市工委。1948 年，工委会设立地下交通站。闽中地下党三年中先后发展党员近百名，发展团员一大批。

1948 年 3 月和 8 月，安（溪）南（安）同（安）边区（闽西南白区党组织）和中共厦门临时工作委员会先后派遣中共党员来集美学校建立党小组，分别秘密地开展工作，团结了一大批思想进步、要求革命、在群众中有一定影响的教师和同学，组织他们学习马列主义书籍、党章，为扩大党的组织、壮大革命队伍奠定了基础。1949 年 2 月中共集美学校支部成立，党支部成立后，先后发展党员 20 余人。

1948 年，闽中地下党员刘崇基被聘任为集美高水校长。为了敦聘进步教师办好学校，他请上海海关地下党员王兆勋协助代聘教师。王兆勋秘密向党组织汇报后，经过多方联系，聘请了一批教员到集美高水，其中有党员 4 人，成立了一个党小组。该党小组教师利用合法渠道在集美高水宣传进步思想，支持、参与学生进步活动，支持校长民主办学，做出了积极贡献。上海解放后他们返回上海。

在解放战争时期，集美学校地下党组织还以各种形式组织党团员和进步学生学习马列主义、毛泽东著作及革命书刊，团结更多的青年学生，结成了最广泛的统一战线，开辟第二战场与帝国主义和国民党反动派坚决斗争。集美学校党组织还根据上级指示：要将培养与输送政治素质好、业务技术强的海员，作为一项政治任务完成。从 1946 年春开始，党组织就致力于在实践中考察、锻炼、培养优秀的高水学生入党。1948 年 10 月，原高水教师、厦门工委书记刘双恩奉调前往香港华润公司，参与筹建华夏公司和船队，购买“东方轮”。集美高水校长刘崇基和一批集美高水毕业的党员共 17 人也从各地调往华夏公司“东方轮”工作，为打破美蒋的军事封锁和经济禁运，把急需的物资运往解放区，把在香港的民主人士秘密送往北京参加新政协会议，做出了重大贡献。在解放前夕，刘双恩在华润党组织的领导下，策划了国民党招商局远洋客货轮“辽江”号船长方枕流率轮起义，在政治上产生了很大的影响。

1949年初开始，集美学校党组织先后陆续秘密输送了数百名学生党团员、进步青年，分赴闽南各县游击区，扩大游击队伍，支持农村游击战争，配合我军解放闽南各地。

1949年9月23日，集美解放。

附录七

集美大学校史沿革

1918年3月10日，陈嘉庚先生创办的集美师范和中学正式开学，当年12月报请教育部立案，定名为“集美师范学校”，附设中学及男、女小学。

1920年2月，水产科正式开学。

1920年8月，商科正式开学。

1921年2月，女子师范正式开学。2月23日，定“福建私立集美学校”为总校名。9月，学校分为师范、中实(包括中学、水产科、商科)、女师(女小隶之)、小学、幼稚园等5个部。

1924年1月，水产科改称为水产部，商科改称为商业部。

1925年1月，水产部改称为高级水产航海部。1925年至1927年，开办高级师范选科，分为文、理、史、地、艺术、体育各系。

1926年春，农林部正式开学。9月，开办国学专门部。

1927年3月，各部改组为校，师范部改为高级中学校(6月，改称为师范学校)，附设前期师范和后期师范；女子师范部改为女子初级中学校，附设前期师范和女子小学；高级水产航海部改为高级水产航海学校；商业部改为商业学校。国学专门部改为国学专门学校，9月因师资问题，移并厦门大学文科代办。农林部改为农林学校。学校体制改为校董制，校董代表校主监察各校一切事宜。

1927年9月，集美幼稚师范学校成立。

1929年6月，师范、中学又合并为中学校。

1931年夏，试验乡村师范学校成立。

1933年12月，高级师范、乡村师范、幼稚师范合并为师范学校。

1934年2月，公布《福建私立集美学校组织大纲》。

1936年6月，福建省政府以“统制”为名，通令全省私立师范学校停办。陈嘉庚函电请求保留集美师范学校，无效。集美师范学校停止招生。8月，师范学校与中学合并办学，至1940年最后一组学生毕业即停办。

1937年10月，日寇侵入金门，厦门、集美已成为前线。10月13日，师范中学迁往安溪文庙；10月27日，商业学校迁往安溪后垵乡；12月7日，农林学校迁往安溪同美乡；12月16日，水产航海学校迁往安溪官桥乡。

1938 年 1 月 3 日，集美学校举行临时全校校务联席会议，决定：各中等学校一律迁入安溪县城文庙校舍，合并办理，定名为“福建私立集美联合中学”，各校改设为科。

1939 年 1 月，水产航海、商业和农林各科脱离联合中学，定名为“福建私立集美职业学校”。迁往大田县。

1941 年 8 月，水产航海、商业和农林各自独立为校。

1942 年 8 月，为方便闽南各县渔民子弟就学，集美高级水产航海职业学校又从大田迁到安溪南街。

1944 年 2 月，省教育厅将省立“高级水产职业学校”委托集美高级水产航海职业学校代管，1946 年夏分出，迁往莆田县。

1945 年 8 月，高级商业职业学校、高级农林职业学校、高级水产航海学校相继复员，迁回集美。

1947 年 2 月，因生源问题，高级农林职业学校停办。

1951 年 1 月 16 日，教育部电准试办集美水产商船专科学校(简称“水专”)，2 月开始招生，由集美高级水产航海职业学校(简称“高水”)负责办理。8 月，水专独立成校。9 月，省立高级水产职业学校并入集美高水。10 月，省立高级航空机械商船学校(原址在福州马尾)的航海科并入集美高水。1952 年 9 月，厦门大学航务专修科与集美水专两校合并，在集美成立“国立福建航海专科学校”(简称“航专”)。12 月 1 日，集美高级商业职业学校改名为“福建私立集美财经学校”；12 月 15 日，集美高级水产航海职业学校改名为“福建私立集美水产航海学校”。学校虽然仍保持“私立”，但是人民政府在各个方面给予学校亲切关怀和大力支持，办学经费由国家补助到充足，教学由教育主管部门负责指导，毕业生由国家负责分配。

1953 年 8 月，根据高教部决定，福建航专迁往大连，与东北航海学院、上海航务学院三校合并，成立大连海运学院。

1955 年 12 月，陈嘉庚先生决定把集美学校董事会改组为集美学校委员会，并于 1956 年 1 月聘请各校领导及有关人员共 17 人，组织成立“福建省厦门市私立集美学校委员会”(简称“校委会”)，负责主持有关各校机构设置、办学规模、经费分配、基本建设及公共活动的联系等事宜，与中学、财经、水产航海等三校平行联系。

1956 年秋，私立集美财经学校改归福建省工业厅领导。

1957 年 1 月，福建私立集美水产航海学校划归水产部、交通部领导。

1958 年 3 月 18 日，在陈嘉庚先生的要求下，征得政府同意，水产、航海分开建校，分别定名为“福建省厦门市私立集美水产学校”（后改名为集美水产学校，现升格为厦门海洋职业技术学院）、“福建省厦门市私立集美航海学校”；分别归水产部和交通部领导。

1958 年 6 月，交通部将集美航海学校交给福建省交通厅领导。

1960 年春，省交通厅决定筹办“福建交通专科学校”，在集美航海学校附办。后又决定独立办理，于 1960 年 8 月 5 日迁往闽侯枕峰。

1959 年 3 月，泉州食品工业学校、厦门纺织工业学校并入集美财经学校，改称为“集美轻工业学校”。

1960 年 9 月 1 日，集美轻工业学校增办大学部，学校改称为“福建集美轻工业学院”。

1961 年 11 月，经上级批准，“福建省厦门市私立集美航海学校”改称为“福建集美航海学校”，次年春省交通专科学校的中专部分并入集美航海学校。

1962 年 3 月，福建省政府决定，集美轻工业学院大专部分下马停办，恢复“集美轻工业学校”旧称。

1964 年 1 月，航海学校重新归属交通部领导，定名“集美航海学校”。1965 年 8 月，下放给交通部广州海运局领导。

1965 年春，集美轻工业学校正式分为轻工、财经两校。财经学校定名为“福建财经学校”，轻工学校迁往南平，与南平造纸学校合并，定名为“福建轻工业学校”。

1969 年底，福建财经学校被迫停办。

1970 年 6 月，集美航海学校停办，并入厦门大学海洋系，教职员除部分转到厦门大学外，其余均下放到中、小学和其他单位。

1971 年 9 月，国务院、中央军委决定上海水产学院迁往福建。1972 年 5 月，福建省革命委员会决定搬迁来闽的上海水产学院定址集美，改名“厦门水产学院”，归福建省领导。11 月 1 日在集美正式开学。

1972 年初，厦门大学海洋系航海专业搬回集美航海学校校址，开展教育革命。

1973 年 8 月 1 日，福建省革命委员会政治部、生产指挥部根据国务院“科教计字（1973）192”文件批复，联合发出《同意厦门大学航海系改办集美航海学校的

通知》,决定复办集美航海学校,划归交通部远洋运输总公司领导。

1973 年,福建省革命委员会批准福建财经学校复办。划归省财政厅领导。

1974 年,在原福建航海俱乐部的地址上创办了福建体育学校(原航海俱乐部经陈嘉庚亲自指定建在集美镇的义山顶,1959 年兴建,1961 年完工),属省体委领导。(该校的缘起可追溯到 1958 年 7 月 30 日在福州市白塔寺创办的福建体育专科学校,1959 年 7 月,在福建体育专科学校和省体育训练大队的基础上成立福建体育学院,地址设在福州市北门灰炉头。1962 年 3 月,福建省委决定撤销福建体育学院。)

1978 年起,厦门水产学院归属国家水产总局和福建省双重领导,以国家水产总局领导为主。1979 年 5 月 17 日,教育部和国家水产总局通知:恢复上海水产学院,厦门水产学院在厦门继续办学。原厦门水产学院一分为二,1980 年上半年,上海水产学院迁回上海。

1978 年 12 月,在福建体育学校的基础上复办了福建体育学院,由省文教办及省教育局负责统管,省体委分管。

1978 年 12 月,经国务院批准集美航海学校改办为大专,定名"集美航海专科学校",直属交通部。

1979 年 4 月,经国务院和省、市批准,在厦门师范学校大专班基础上成立"厦门师范专科学校"。为纪念陈嘉庚先生倾资兴学,恢复和发展他所创办的师范教育,经省人民政府批准,于 1980 年 7 月改名为集美师范专科学校。

1983 年 1 月,经省人民政府批准,福建财经学校恢复"集美财经学校"原名。

1985 年 1 月 23 日,福建省人民政府下文:《同意创办集美财政专科学校,同时要继续办好集美财经学校》。

1989 年 5 月 11 日,经国家教委批准,集美航海专科学校升格为"集美航海学院"。

1993 年 10 月 15 日,福建省人民政府发出《关于筹建集美大学的决定》(闽政[1993]综 311 号)文件。1994 年 1 月 8 日,集美大学筹建委员会在集美体育馆揭牌。

1994 年 10 月 20 日,在纪念陈嘉庚先生诞辰 120 周年之际,由集美学村原有的集美航海学院、厦门水产学院、福建体育学院、集美财政高等专科学校和集美师范高等专科学校五所院校合并组建的集美大学,正式挂牌成立。

1995 年 3 月 13 日,省教委批准成立集美大学工商管理学院,由厦门市人民

政府和陈嘉庚国际学会联合创办，是隶属于集美大学的二级学院。

1998 年 7 月 6 日，交通部、农业部和福建省政府在北京签订了集美航海学院、集美大学水产学院划转福建省管理的协议。

1998 年 11 月 23 日，福建省教委和福建省财政厅、厦门市政府在福州举行了集美大学财经学院、集美大学师范学院办学协议书签字仪式。

1998 年 11 月 25 日，福建省教委下发《关于集美大学体育学院划归集美大学领导管理的通知》；11 月 27 日，省教委、省财政厅联合下发《关于集美大学财经学院划归集美大学领导管理的通知》。

1999 年 1 月，集美大学实现实质性合并。

2003 年 4 月，集美大学成立诚毅学院（独立学院）。

参考文献

1.陈嘉庚著:《南侨回忆录》,1993年集美陈嘉庚研究会翻印。

2.陈嘉庚著:《陈嘉庚言论集》,新加坡怡和轩俱乐部、新加坡陈嘉庚基金、中国厦门集美陈嘉庚研究会2004年联合出版。

3.陈嘉庚著:《新中国观感集》,新加坡怡和轩俱乐部、新加坡陈嘉庚基金、中国厦门集美陈嘉庚研究会2004年联合出版。

4.陈碧笙、陈毅明编:《陈嘉庚年谱》,福建人民出版社1986年版。

5.陈碧笙、杨国桢著:《陈嘉庚传》,福建人民出版社1981年版。

6.王增炳、骆怀东编:《教育事业家陈嘉庚》,教育科学出版社1989年版。

7.曾昭铎著:《陈嘉庚 华侨旗帜 民族光辉》,中央文献出版社1999年版。

8.黄金陵、王建立主编:《陈嘉庚精神文献选编》,福建人民出版社1996年版。

9.全国政协文史资料研究委员会、全国侨联、福建省政协合编:《回忆陈嘉庚》,文史资料出版社1984年版。

10.王增炳、陈毅明、林鹤龄编:《陈嘉庚教育文集》,福建教育出版社1989年版。

11.朱立文主编:《陈嘉庚爱国主义思想研究》,今日中国出版社1993年版。

12.雷克啸编著:《陈嘉庚精神》,福建人民出版社1999年版。

13.集美陈嘉庚研究会编:《陈嘉庚研究》,1985—2003年各期。

14.校史编写组编:《集美学校七十年》,福建人民出版社1983年版。

15.周日升主编:《集美学校八十年校史》,鹭江出版社1993年版。

16.朱晨光、梁振坤主编:《集美学校80—90周年(1993—2003)》,中央文献出版社2003年版。

17.陈少斌著:《陈嘉庚研究文集》,集美陈嘉庚研究会编印,内部资料。

18.蔡鹤影著:《陈村牧与集美学校》,中央文献出版社2004年版。

19.陈毅明、汤璐聪编:《南侨机工抗战纪实》,鹭江出版社2005年版。

20.张其华著:《陈嘉庚在归来的日子里》,中央文献出版社2003年版。

21.集美区政协、集美陈嘉庚研究会编:《陈敬贤先生纪念集》,内部资料。

22.骆怀东编著:《集美航海学院校史》,厦门大学出版社 1990 年版。

23.朱立文著:《在缅怀陈嘉庚先生的日子里》,内部资料。

24.集美校友总会编:《集美校友》(期刊),1988—2006 年各期。

25.黄顺通、刘正英著:《陈嘉庚与集美鳌园》。